Otto Mayr

Geld und Zahlungsverkehr

Einkommen – Wirtschaft – Banken

Mit Kopiervorlagen

BRIGG Pädagogik

Gedruckt auf umweltbewusst gefertigtem, chlorfrei gebleichtem
und alterungsbeständigem Papier.

1. Auflage 2010
Nach den seit 2006 amtlich gültigen Regelungen der Rechtschreibung
© by Brigg Pädagogik Verlag GmbH, Augsburg
Alle Rechte vorbehalten.
Das Werk und seine Teile sind urheberrechtlich geschützt. Jede Nutzung in anderen als den gesetzlich zugelassenen Fällen bedarf der vorherigen schriftlichen Einwilligung des Verlages. Hinweis zu § 52a UrhG: Weder das Werk noch seine Teile dürfen ohne eine solche Einwilligung eingescannt und in ein Netzwerk eingestellt werden. Dies gilt auch für Intranets von Schulen und sonstigen Bildungseinrichtungen.

ISBN 978-3-87101-**504**-5   www.brigg-paedagogik.de

Inhalt

Vorwort 5

Thema 1: Produktion und Entlohnung im Unternehmen 6
Ziele der Wirtschafts- und Finanzpolitik [Info-Blatt] 8
Unternehmen produzieren Güter und Dienstleistungen [Info-Blatt] 9
Aufgaben und Ziele von Unternehmen [Info-Blatt] 10
Löhne als Produktionskosten [Info-Blatt] 11
Die Suche nach dem gerechten Lohn [Info-Blatt] 12
Gerechter Lohn? – Meinungen von Beschäftigten [Folienvorlagen] 13
Gibt es den „gerechten Lohn"? (1) Die summarische Arbeitsbewertung [Info-Blatt] 16
Orientierungsbeispiel: Entgeltgruppe 6 [Info-Blatt] 18
Orientierungsbeispiel: Entgeltgruppe 12 [Info-Blatt] 19
Gibt es den „gerechten Lohn"? (2) Die analytische Arbeitsbewertung [Info-Blatt] 20
Analytische Arbeitsbewertung [Info-Blatt] 21
Wovon ist die Höhe des Entgelts abhängig? [Arbeitsblatt] 22

Thema 2: Lohn – Gehalt – Entgelt 24
Die Entlohnung der Arbeitnehmer [Info-Blatt] 26
Verschiedene Formen des Entgelts [Info-Blatt] 28
Die neue Form des Entgelts – das ERA [Info-Blatt] 31
Entgeltgruppenübersicht EG 1 – EG 12 [Folienvorlagen] 32
Die IG Metall zur Einführung des ERA [Info-Blatt] 36
Die Hierarchie bestimmt das Einkommen [Info-Blatt] 37
Die Hierarchie bestimmt das Einkommen [Arbeitsblatt] 38
Brutto ist nicht gleich netto! [Info-Blatt] 40
Brutto ist nicht gleich netto! – Aktuelles Zahlenmaterial [Folienvorlage] 41
Wie sieht eine Entgeltabrechnung aus? [Arbeitsblatt] 42
Geringfügige Beschäftigung [Info-Blatt] 44
Mindestlöhne in der Diskussion [Info-Blatt] 45

Thema 3: Die Kaufkraft des Lohnes 47
Wovon hängt die Kaufkraft des Lohnes ab? [Info-Blatt] 49
Nominallohn und Reallohn – ein Unterschied [Info-Blatt] 50
Lohn-Preis-Spirale [Info-Blatt] 51
Lohnkaufkraft – damals und heute [Info-Blatt] 52
Wovon hängt die Kaufkraft des Lohnes ab (1)? [Arbeitsblatt] 53
Wovon hängt die Kaufkraft des Lohnes ab (2)? [Arbeitsblatt] 55
Eine Lohn-Preis-Spirale – was ist das? [Arbeitsblatt] 57

Thema 4: Wirtschaften mit dem Einkommen 59
Warum sparen die Menschen? [Info-Blatt] 61
Sparen – Grundsatzüberlegungen [Info-Blatt] 62
Sparen und Geld ausgeben in Deutschland [Folienvorlage] 63
Notwendig, wünschenswert, überflüssig? [Info-Blatt] 64
Geld sparen oder Geld ausgeben? [Arbeitsblatt] 65
Welche Sparformen gibt es? [Info-Blatt] 67
Welche Sparformen gibt es? [Arbeitsblatt] 69
Kreditaufnahme und Verschuldung [Info-Blatt] 71
8 goldene Regeln für Kredite [Info-Blatt] 73
5 Tipps zum Online-Kredit [Info-Blatt] 74
„Ich bin ein Kredithai" – ein Abzocker berichtet [Info-Blatt] 75
Die Privatinsolvenz – ein Ausweg aus der Schuldenfalle [Info-Blatt] 77
Kinder in der Schuldenfalle [Info-Blatt] 78
Haushalts- und Taschengeldplan [Info-Blatt] 79
„Du denkst, es geht nicht mehr weiter …" [Info-Blatt] 80
Für Schüler: Geld dazuverdienen – aber wie? [Info-Blatt] 81
Sparen und Anlegen für Kinder und Jugendliche [Info-Blatt] 83

Thema 5: Die Funktionen des Geldes 85
Die Geschichte des Geldes [Info-Blatt] 87
Ein Heller und ein Batzen [Info-Blatt] 89

Die Funktionen des Geldes [Info-Blatt] 90
Die Geschichte des Geldes [Arbeitsblatt] 91
Die Aufgaben des Geldes [Arbeitsblatt] 93
Kleine deutsche Währungsgeschichte [Info-Blatt] 95

Thema 6: Die Aufgabenbereiche der Geldinstitute 97
Die Aufgabenbereiche der Geldinstitute [Info-Blatt] 99
Geldinstitute bieten viele Dienstleistungen [Info-Blatt] 100
Unterschiedliche Formen der Geldanlage [Info-Blatt] 101
Der bargeldlose Zahlungsverkehr [Info-Blatt] 102
Vorteile und Gefahren von Kreditkarten [Arbeitsblatt] 107
Die Aufgabenbereiche der Geldinstitute [Arbeitsblatt] 109
Training: Der bargeldlose Zahlungsverkehr [Arbeitsblatt] 111
Geänderte Geschäftsbedingungen [Info-Blatt] 119
Bezahlen per Überweisung (1, 2) [Info-Blatt] 120
Bezahlen per Überweisung (3) [Arbeitsblatt] 122

Thema 7: Einkommens- und Vermögenspolitik in der sozialen Marktwirtschaft 123
Vermögenspolitik [Info-Blatt] 125
Vermögensumverteilung [Info-Blatt] 126
Vermögensbildung [Info-Blatt] 127
Wozu auf Konsum verzichten? [Info-Blatt] 128
Förderung durch den Staat [Info-Blatt] 129
Das Einkommen privater Haushalte [Info-Blatt] 130
Einkommens- und Vermögenspolitik in der sozialen Marktwirtschaft [Arbeitsblatt] 131

Thema 8: Staatshaushalt und Steuern 133
Staatshaushalt und Steuern [Info-Blatt] 135
Problem Staatsverschuldung [Info-Blatt] 136
Grundsätze der Steuerpolitik [Info-Blatt] 139
Unser Steuersystem [Info-Blatt] 144
Wichtige Steuerarten [Info-Blatt] 145
Staatshaushalt und Steuern [Arbeitsblatt] 147

Thema 9: Der Aufbau des Bankwesens in der BRD 149
Das deutsche Bankwesen [Info-Blatt] 151
Das deutsche Bankwesen [Arbeitsblatt] 153
Die deutsche Bundesbank [Info-Blatt] 155
Instrumente der Geldpolitik [Info-Blatt] 157
Die Deutsche Bundesbank steuert das Geldwesen [Info-Blatt] 158
Aufgaben der Deutschen Bundesbank [Arbeitsblatt] 159
Die Deutsche Bundesbank steuert das Geldwesen [Arbeitsblatt] 161

Thema 10: Der Wirtschaftskreislauf 163
Der einfache Wirtschaftskreislauf [Info-Blatt] 165
Der erweiterte Wirtschaftskreislauf [Info-Blatt] 166
Der vollständige Wirtschaftskreislauf [Info-Blatt] 167
Auswirkungen auf den Wirtschaftskreislauf [Info-Blatt] 168
Der einfache Wirtschaftskreislauf [Arbeitsblatt] 169

Thema 11: Geld und Moral 171
Unmoralische Einkommenshöhen – raffgierige Manager? [Info-Blatt] 173
Sportler-Einkommen [Info-Blatt] 174
Das Einkommen unserer Politiker [Info-Blatt] 175
Köhler forderte schon im Jahr 2009 mehr Verantwortung und Moral [Info-Blatt] 177
Zur Diskussion gestellt [Info-Blatt] 178
Ex-Banker fordert Millionen [Info-Blatt] 179

Thema 12: Planspiel Börse 181
Die Börse – ein Marktplatz [Info-Blatt] 183
Die Aktie – Grundwissen [Info-Blatt] 184
Planspiel Börse – Die Spielregeln in Kürze [Info-Blatt] 187
Planspiel Börse – Teilnahmebedingungen [Info-Blatt] 188
Tipps für die Aktienanlage zum Planspiel Börse [Info-Blatt] 189

Kleines Geld- und Wirtschaftslexikon 190

Vorwort

Der dritte Band unserer Reihe „Arbeit und Wirtschaft" beinhaltet den Bereich Geld und Zahlungsverkehr. Alle Aspekte dieser Thematik werden angesprochen und vermitteln einen umfassenden Einblick in das Thema.

Ein funktionierendes Wirtschaftssystem ist von elementarer Bedeutung für den Fortbestand einer Gesellschaft, für Wohlstand und sozialen Frieden. Wirtschaftliche Zusammenhänge beeinflussen das Leben der Menschen in hohem Maße und Geld ist das entscheidende Kriterium für eine intakte Wirtschaft: Geld regiert die Welt. Dieser Tatsache trägt dieser Band Rechnung und analysiert die Rolle von Geld und Zahlungsverkehr für jeden Einzelnen von uns, für die Wirtschaft und den gesamten Staat.

Die einzelnen Elemente werden dabei nicht voneinander getrennt betrachtet, vielmehr wird in den insgesamt zwölf Kapiteln immer das Zusammenspiel der verschiedenen Komponenten betont. Ausgehend von der Entlohnung im Unternehmen wird die Rolle von Lohn und Gehalt aus der Sicht des Arbeitnehmers und des Arbeitgebers dargestellt. Die Schülerinnen und Schüler erkennen die Bedeutung der Kaufkraft des Lohnes: Eine wirtschaftlich stabile Lebensführung hängt maßgeblich von dem vernünftigen Umgang mit dem jeweiligen Einkommen ab.

Ein Blick zurück gibt Aufschluss über die Geschichte des Geldes und führt bis hin zu den aktuellen Aufgaben von Zahlungsmitteln. Die verschiedenen Formen des bargeldlosen Zahlungsverkehrs bilden einen weiteren Schwerpunkt des Bandes.
Zum Thema Zahlungsverkehr wird ein spezielles Training angeboten; hier können die Schülerinnen und Schüler beweisen, dass sie mit dem realen Geldverkehr des täglichen Lebens vertraut sind.

Anschließend wird vor allem die Rolle des Staates beleuchtet. Die Schülerinnen und Schüler gewinnen einen Einblick in die Einkommens- und Vermögenspolitik der sozialen Marktwirtschaft, in den Aufbau des Staatshaushalts und des Bankwesens.

Die Darstellung des erweiterten Wirtschaftskreislaufs, in dem die gegenseitigen Abhängigkeiten der tragenden Elemente (private Haushalte und Unternehmen, Geldinstitute, Export und Import) erkennbar sind, rundet das Thema ab.

Aus aktuellem Anlass soll am Ende noch ein Blick auf den Zusammenhang zwischen Geld und Moral zum Nachdenken anregen. Thema 12 stellt das Projekt „Planspiel Börse" vor.

Noch ein Hinweis zum Gebrauch:
Arbeitsblätter beinhalten konkrete Arbeitsaufgaben für die Schülerinnen und Schüler. Info-Blätter bieten weiterführende Texte, interessante Zusatzinformationen und teilweise Arbeitsanregungen. Folien können Sie aus den Einstiegsseiten erstellen.

Otto Mayr

Thema 1: Produktion und Entlohnung im Unternehmen

Lernziele

Wichtige wirtschafts- und finanzpolitische Ziele kennenlernen
Erkennen, dass Unternehmen Güter und Dienstleistungen produzieren
Aufgabe und Ziele der Unternehmen bewusst machen
Löhne als Produktionskosten begreifen
Die Frage nach dem gerechten Lohn diskutieren
Die zwei Verfahren der Arbeitsbewertung (summarische und analytische Arbeitsbewertung) kennenlernen

Arbeitsmittel/Medien

1 Folienvorlage (Berufe im Vergleich), 3 Folienvorlagen (Gerechter Lohn – Meinungen von Beschäftigten), 11 Informationsblätter, 1 Arbeitsblatt

Zusatz:
- 46 56169 „Einkommen" (80 min)
- 46 02547 „Made in Germany – Erfolgsstrategien der klassischen Industrieproduktion (103 min)
- 46 56163 „Betrieb, Organisation und betrieblicher Leistungsprozess" (80 min)
- 46 54181 „Produktionsketten" (24 min)
- 46 56848 „Produktion"

Folienvorlage

100 Berufe im Vergleich
Wer verdient was?

Quelle: stern 2/2010, Titel

I. Hinführung

Folie (Berufe im Vergleich)　　　　　　　　TA: **Produktion und Entlohnung im Unternehmen**

II. Erarbeitung

Ziele der Wirtschafts- und Finanzpolitik (Info-Blatt)	Das magische Sechseck: • Angemessenes Wirtschaftswachstum • Stabiles Preisniveau • Außenwirtschaftliches Gleichgewicht • Gerechte Einkommens- und Vermögensverteilung • Schutz der natürlichen Umwelt • Vollbeschäftigung
Unternehmen produzieren Güter und Dienstleistungen (Info-Blatt)	= eigentliche Aufgabe der Unternehmen
Aufgaben und Ziele von Unternehmen (Info-Blatt)	Sie versorgen die Menschen mit Gütern und Dienstleistungen und stellen Arbeitsplätze zur Verfügung. Unternehmen sind wirtschaftliche, soziale und ökologische Systeme.
Löhne als Produktionskosten (Info-Blatt)	Aus Sicht der Unternehmen sind Löhne vor allem Kosten.
Die Suche nach dem gerechten Lohn (Info-Blatt, Folien)	Entgelt, Lohn, Gehalt, Lohnzuschlag, Tarifvertrag Meinungen von Beschäftigten
Gibt es den „gerechten" Lohn? (Info-Blatt)	Die summarische Arbeitsbewertung Die analytische Arbeitsbewertung

III. Vertiefung

Gesamtwiederholung:　　　　　　　　　　Weiterbildung: Ausbildungsstand und Fachkönnen
Was kann man tun, um ein gutes Entgelt　　verbessern, Verantwortung übernehmen ...
zu beziehen?

IV. Sicherung

Wovon ist die Höhe des Entgelts
abhängig? (AB)

V. Lösungen

S. 9:
Bau eines Kachelofens – Gepäckverladung am Flughafen – Anbau von Weizen – Reparatur eines Pkws – Hausbau – Fleckvieh-Zucht – Herstellung von Christbaumschmuck

S. 17:
Der wesentliche Unterschied: Es wird nicht mehr zwischen Arbeitern und Angestellten, zwischen Männern und Frauen unterschieden; es gilt nur die Beschreibung des Arbeitsplatzes für die Berechnung des Entgelts.
Außerdem wird der Tarifvertrag durchlässig.
Besonders „belohnt" wird die Weiterbildungswilligkeit der Mitarbeiter.

Ziele der Wirtschafts- und Finanzpolitik

Die Soziale Marktwirtschaft der Bundesrepublik Deutschland bemüht sich, freie Märkte unter Berücksichtigung der Grundwerte Freiheit und Gerechtigkeit mit sozialem Ausgleich zu verbinden. In diesem Zusammenhang spielt auch eine gerechte Einkommensverteilung eine bedeutende Rolle.

Die Wirtschaftspolitik eines Staates leitet ihre Ziele aus gesellschaftlichen Werten ab, die in Form von Regierungserklärungen formuliert werden. Die wichtigsten wirtschaftspolitischen Ziele in der Bundesrepublik sind im sogenannten „Magischen Sechseck" beschrieben:

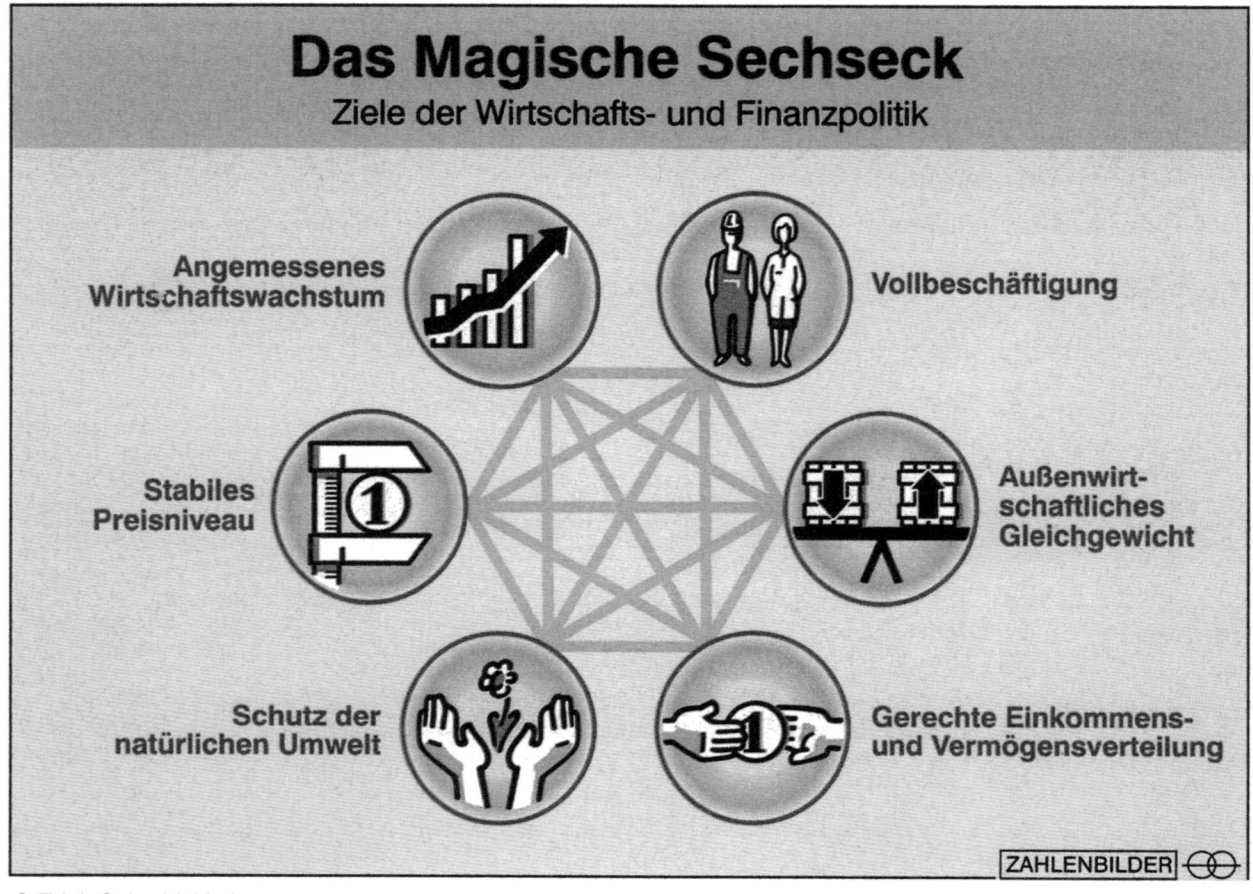

Das Magische Sechseck
Ziele der Wirtschafts- und Finanzpolitik

- Angemessenes Wirtschaftswachstum
- Vollbeschäftigung
- Stabiles Preisniveau
- Außenwirtschaftliches Gleichgewicht
- Schutz der natürlichen Umwelt
- Gerechte Einkommens- und Vermögensverteilung

© Erich Schmidt Verlag   ZAHLENBILDER 200 515

- Vollbeschäftigung garantiert den Arbeitnehmern Sicherheit und Freiheit, Arbeitslosigkeit wirft dagegen existenzielle Probleme auf.
- Preisstabilität ermöglicht Gerechtigkeit und Sicherheit, da eine Inflation die Einkommens- und Vermögensverteilung zuungunsten der Sparer verändert und wirtschaftliche Unsicherheiten mit sich bringt.
- Wirtschaftswachstum kann einen Zuwachs an materieller Freiheit bedeuten, soll Arbeitsplätze sichern und zur sozialen Absicherung dienen.
- Das außenwirtschaftliche Gleichgewicht verhindert eine Auslandsverschuldung, die zu Währungskrisen führen kann.
- Eine gerechte Einkommensverteilung schafft Zufriedenheit und Sicherheit; eine extrem ungleiche Verteilung führt zu Konflikten.
- Der Erhalt der natürlichen Umwelt vermittelt Sicherheit und Gerechtigkeit im Blick auf die nächsten Generationen.

Unternehmen produzieren Güter und Dienstleistungen

Die Produktion von Gütern und Dienstleistungen ist die eigentliche Aufgabe von Unternehmen. Davon hängt sowohl ihre Daseinsberechtigung als auch ihre Überlebensfähigkeit ab. Zur Produktion zählen die industrielle Herstellung von Gütern, die Erbringung von Dienstleistungen sowie die Aktivitäten der Vermarktung.

```
                       Produktion
          ┌───────────────┼───────────────┐
Industrielle Herstellung  Erbringung von Dienstleistungen  Aktivitäten der Vermarktung
```

Zur Erstellung von Gütern und Dienstleistungen müssen die Produktionsfaktoren Arbeit, Kapital und Boden angemessen kombiniert werden. Um bestimmte Produkte in einer bestimmten Menge zu produzieren, muss man dabei die Kombination von Produktionsfaktoren wählen, bei der die niedrigsten Kosten entstehen.

Arbeitsaufgabe
Welche Waren, welche Dienstleistungen werden in diesen Unternehmen produziert?

Aufgaben und Ziele von Unternehmen

Von Autos für den deutschen und amerikanischen Markt bis zur Milchtüte für den Supermarkt am Stadtrand: Unternehmen produzieren Güter und Dienstleistungen für den Fremdbedarf. Sie wirtschaften selbstständig und haben das Ziel, Gewinne zu erzielen. Sie versorgen die Menschen mit Gütern und Dienstleistungen, stellen Arbeitsplätze zur Verfügung und sorgen damit für ein geregeltes Einkommen ihrer Beschäftigten.

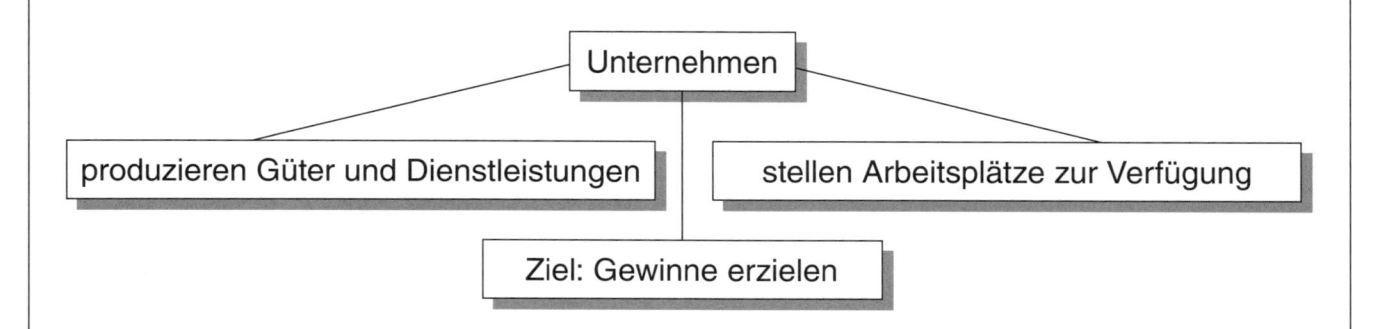

```
                        Unternehmen
         ┌──────────────────┼──────────────────┐
produzieren Güter            │          stellen Arbeitsplätze
und Dienstleistungen         │          zur Verfügung
                    Ziel: Gewinne erzielen
```

Um Güter und Dienstleistungen produzieren zu können, müssen sie die dafür notwendigen Mittel auf Beschaffungs-, Arbeits- und Geldmärkten besorgen, diese in Güter und Dienstleistungen umwandeln und sie schließlich auf Absatzmärkten anbieten.
Einfacher ausgedrückt: Wenn eine Firma mit einer neuen Automarke Gewinn erzielen will, braucht sie zunächst die Materialien, die zum Bau des Fahrzeugs nötig sind, die Menschen, die dieses Fahrzeug konstruieren und bauen, und die notwendigen finanziellen Mittel, um dieses Konzept auch in die Tat umsetzen zu können. Dabei stehen die Firmen in Konkurrenz mit anderen Unternehmen, die ihre Waren ebenfalls auf den Absatzmärkten anbieten.

Unternehmen sind komplexe **wirtschaftliche Systeme**, die eine vernünftige Organisation brauchen, um ihre Ziele erreichen zu können. Gewinn und Verlust sind dabei die wichtigsten Entscheidungskriterien. Schließlich steht bei dauerhaften Verlusten die Existenz eines Unternehmens auf dem Spiel, was für den Arbeitnehmer den Verlust des Arbeitsplatzes und des Einkommens bedeutet.

Unternehmen sind aber auch komplexe **soziale Systeme**. Wenn ein Unternehmen die in der Firma beschäftigten Menschen nicht bloß als eine am Arbeitsmarkt erworbene Ware behandeln will, müssen die Bedürfnisse, Interessen und Ideen der Beschäftigten berücksichtigt werden.

Unternehmen sind nicht zuletzt **ökologische Systeme**, die auch durch den gesellschaftlichen Wertewandel und das staatliche Handeln beeinflusst werden. So ist z. B. ein geringer CO_2-Ausstoß zum Schutz des Weltklimas gesellschaftlich erwünscht und wird von Seiten des Staates per Gesetz verordnet. Dies bedeutet für die Unternehmen häufig eine zusätzliche Kostenbelastung und eine Einschränkung der eigenen Handlungsspielräume, die sie ungern auf sich nehmen.

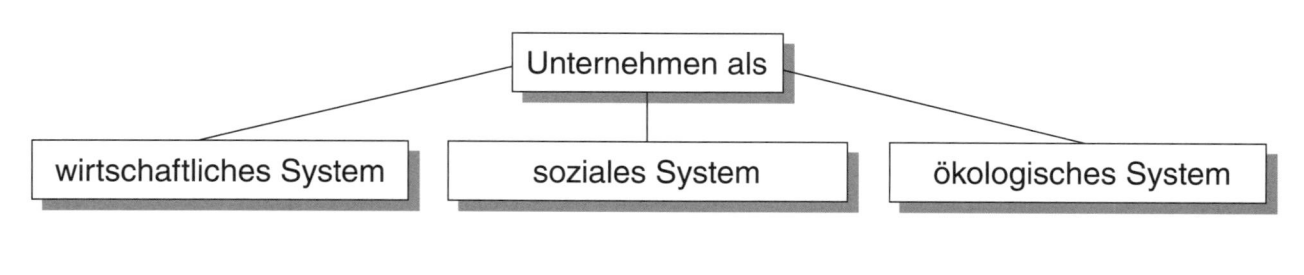

```
                    Unternehmen als
         ┌──────────────────┼──────────────────┐
wirtschaftliches System   soziales System    ökologisches System
```

Löhne als Produktionskosten

Ein Unternehmen ist nicht nur ein wirtschaftliches, sondern auch ein soziales System. Während Arbeitnehmer und Unternehmer ein gleiches Interesse an der Existenzsicherung des Unternehmens haben, sind ihre übrigen Interessen häufig verschieden:

- Während die Arbeitnehmer leistungsgerechte Löhne sowie soziale Absicherung anstreben, sind Löhne aus der Sicht der Unternehmen vor allem Kosten.
- Während Arbeitnehmer ihre Zeit in Arbeit und Freizeit aufteilen, gilt das Interesse der Unternehmen der Auslastung ihrer Anlagen.
- Während Arbeitnehmer eine dauerhafte Beschäftigung mit sicherem Einkommen zum Ziel haben, müssen Unternehmen schnell auf Veränderungen der Auftragslage reagieren.

Bei der Frage nach der Lohnhöhe werden die meisten Arbeitnehmer auf ihre Lohn- oder Gehaltsabrechnung schauen und schnell eine Antwort geben können.
Doch für den Arbeitgeber sieht die Rechnung anders aus. Da zählt nicht nur das, was auf der Lohnabrechnung steht. Aus den Arbeits- und Tarifverträgen, aus gesetzlichen Bestimmungen und aus der Sozialversicherung entstehen noch weitere Personalkosten. Zu den gewichtigsten Zusatzkosten gehört der Arbeitgeberanteil zur Sozialversicherung (Renten-, Kranken-, Arbeitslosen- und Pflegeversicherung). Aber auch freiwillige Leistungen wie beispielsweise Jubiläums-Gratifikationen fließen in die Berechnung der Personalzusatzkosten ein.

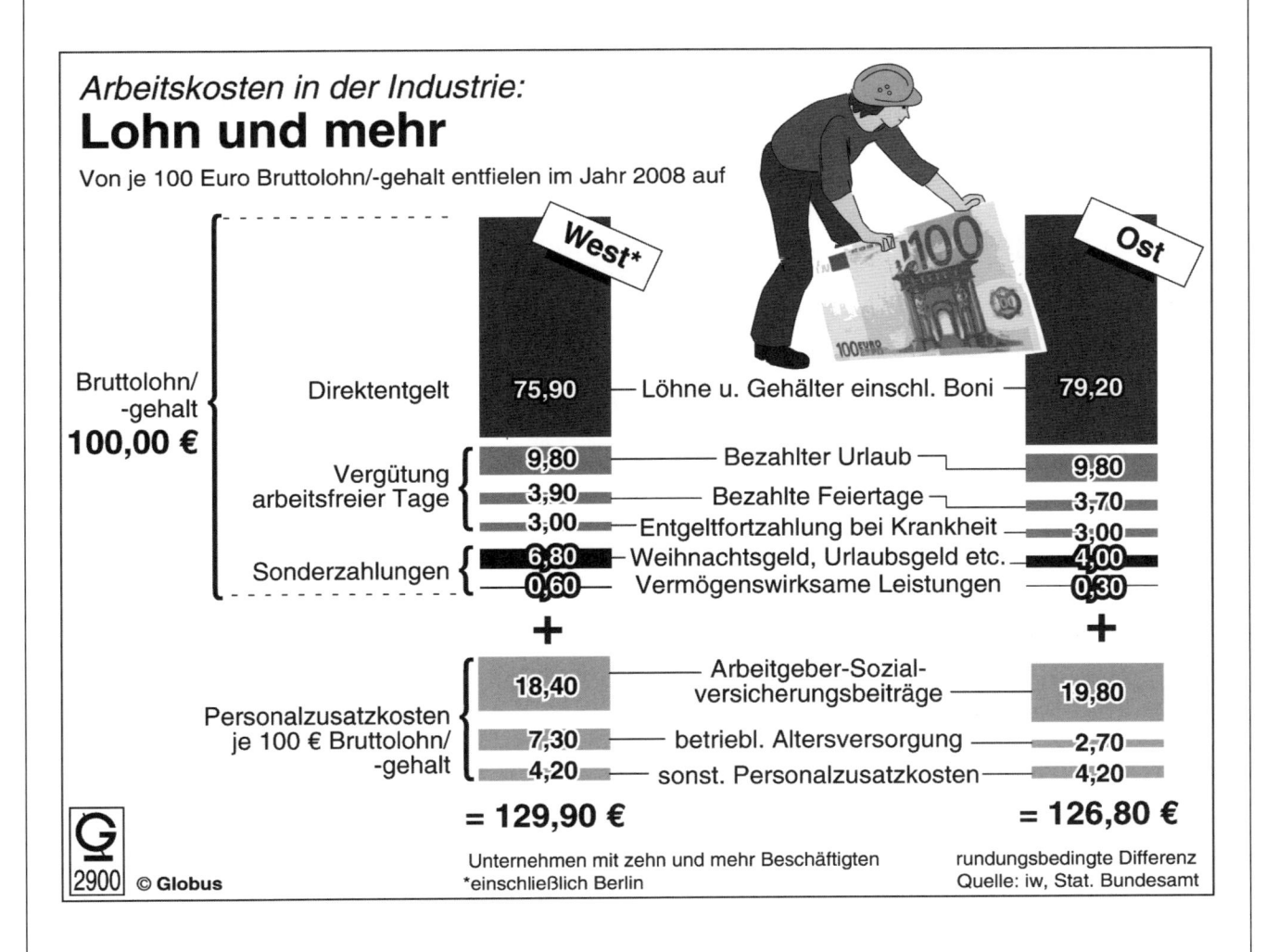

Arbeitskosten in der Industrie:
Lohn und mehr

Von je 100 Euro Bruttolohn/-gehalt entfielen im Jahr 2008 auf

		West*		Ost
Bruttolohn/-gehalt **100,00 €**	Direktentgelt	75,90	Löhne u. Gehälter einschl. Boni	79,20
	Vergütung arbeitsfreier Tage	9,80	Bezahlter Urlaub	9,80
		3,90	Bezahlte Feiertage	3,70
		3,00	Entgeltfortzahlung bei Krankheit	3,00
	Sonderzahlungen	6,80	Weihnachtsgeld, Urlaubsgeld etc.	4,00
		0,60	Vermögenswirksame Leistungen	0,30
		+		**+**
Personalzusatzkosten je 100 € Bruttolohn/-gehalt		18,40	Arbeitgeber-Sozialversicherungsbeiträge	19,80
		7,30	betriebl. Altersversorgung	2,70
		4,20	sonst. Personalzusatzkosten	4,20
		= 129,90 €		**= 126,80 €**

Unternehmen mit zehn und mehr Beschäftigten
*einschließlich Berlin

rundungsbedingte Differenz
Quelle: iw, Stat. Bundesamt

© Globus 2900

Otto Mayr: Geld- und Zahlungsverkehr · Best.-Nr. 504 © Brigg Pädagogik Verlag GmbH, Augsburg

Die Suche nach dem gerechten Lohn

In vielen Stellenanzeigen finden sich Hinweise auf den zu erwartenden Lohn, meist jedoch keine konkreten Zahlen.

Arbeitsaufgabe
Sieh dir die folgenden Anzeigen an und finde heraus, was über den Lohn/das Gehalt ausgesagt wird! Wer sollte deiner Meinung nach am meisten verdienen, wer am wenigsten? Begründe deine Meinung!

Stadt Augsburg

Wir suchen für unser Tiefbauamt einen

Diplom-Ingenieur (FH) (m/w)

Fachrichtung Bauingenieurwesen mit Schwerpunkt Verkehrsplanung. Die Beschäftigung erfolgt in Entgeltgruppe 11 TVöD/BesGr. A 11 BBesO.

Detaillierte Informationen über die Aufgabenbereiche und die Bewerbungsmodalitäten, die Bestandteil dieser Stellenausschreibung sind, entnehmen Sie bitte dem Internet unter www.augsburg.de in der Rubrik Stellenangebote.

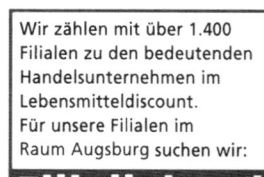

Wir zählen mit über 1.400 Filialen zu den bedeutenden Handelsunternehmen im Lebensmitteldiscount. Für unsere Filialen im Raum Augsburg suchen wir:

Filialleiter/in und Filialleiter-Anwärter/in

Ihre Aufgaben: ■ Warendisposition, -kontrolle, -präsentation ■ Umsatz-, Kosten-, Inventurverantwortung ■ Motivieren und Führen Ihres Teams.
Ihr Profil: ■ Berufsausbildung im Einzelhandel wäre von Vorteil, ist aber nicht Bedingung ■ Selbständige und leistungsorientierte Arbeitsweise.
Wir bieten: ■ gründliche Einarbeitung, auch wenn Sie branchenfremd sind und keine Vorkenntnisse besitzen ■ Leistungsgerechte, lukrative Bezahlung, Urlaubs- und Weihnachtsgeld, Vermögenswirksame Leistungen ■ eine abwechslungsreiche und verantwortungsvolle Tätigkeit sowie einen zukunftssicheren Arbeitsplatz.

Ihre Bewerbung mit aussagekräftigen Unterlagen senden Sie bitte an:

NORMA Lebensmittelfilialbetrieb GmbH & Co. KG
z. Hd. Herrn Rockstedt
Terlaner Straße 7
86165 Augsburg

NORMA® – Mehr fürs Geld.

TREFFER SPEDITION

Wir sind ein internationales Transport- und Logistikunternehmen mit 125 Mitarbeitern an 5 Standorten in 3 Ländern. Für unseren Sitz in Buchdorf suchen wir zum nächstmöglichen Zeitpunkt einen

Speditionskaufmann m/w

für unsere Disposition.
Sie sind flexibel und belastbar, verfügen über gute Englischkenntnisse und evtl. Kenntnisse einer weiteren Fremdsprache. Werkzeuge moderner Bürokommunikation beherrschen Sie perfekt.

Senden Sie bitte Ihre Bewerbungsunterlagen unter Angabe Ihrer Gehaltsvorstellung und Ihrer Verfügbarkeit an unsere Personalabteilung.

TREFFER Transport GmbH
Anton-Jaumann-Straße 1
D-86675 Buchdorf

DB SCHENKER

Wir suchen Mitarbeiter (m/w) ab 18 Jahre

auf 400-€-Basis im Lagerbereich

Arbeitsbeginn 10.00 und 12.00 Uhr. Gute Deutschkenntnisse erforderlich. Bewerbung telefonisch zwischen 9.00 und 13.00 Uhr

Schenker Deutschland AG
Tel. 0821/74808-25 – Herr Sperger
Steinerne Furt 62, 86167 Augsburg

Telefonieren Sie gerne?
Freundliche Damen und Herren für die Terminvereinbarung gesucht.
⌀ Std. 12,- + Bonus; 400,- €-Basis
☎ 0821/490120
info@solitaerfinanz.de

Vertriebsmitarbeiter für unseren Außendienst gesucht (m/w)

Sichern Sie sich bei Engagement und Fleiß eine erfolgreiche Zukunft in unserem Haus.

Wir bieten Ihnen:
- sehr gute Verdienstmöglichkeiten
- garantierte Folgeprovisionen
- kostenlose Schulungen
- Firmenfahrzeug od. Kfz Zuschuss
- auf selbständiger Basis §84 HGB / Fixum
- Aufstiegschancen (TL, BL, VL,)

Sie fühlen sich angesprochen, dann rufen Sie uns an
Tel. 07472 - 988 293

Vorstellungsadresse:
ecos office center
Stiglmaierplatz 1
80335 München

Bitte keine schriftlichen Bewerbungen per Post

www.FFTIN.de

Begriffe zur Klärung

Entgelt:	Bezahlung für geleistete Arbeit
Lohn:	allgemein übliche Bezeichnung für das Entgelt von Arbeitern
Gehalt:	allgemein übliche Bezeichnung für das Entgelt von Angestellten und Beamten
Lohnzuschläge:	allgemein übliches zusätzliches Entgelt für Sonntags- und Feiertagsarbeit oder bei Schichtarbeit (Zuschlag für Nachtschicht)
Tarifverträge:	regeln u. a. Arbeitsbedingungen und die Höhe des Entgelts; sie werden meist jährlich zwischen Arbeitgeber- und Arbeitnehmervertretern ausgehandelt

Gerechter Lohn? – Meinungen von Beschäftigten (1)

STEINSETZER 2200 Euro
Im Jahr 2007: 2300 Euro

Michael Fahrenkrug, 41, ledig, ist Steinsetzer bei Jacup's Wegebau in Lübeck

„Acht Mitarbeiter waren wir einmal in unserer Firma, jetzt sind wir nur noch zu viert. Das bedeutet jede Menge Mehrarbeit. Die Krise trifft die Baubranche extrem, viele Firmen im Umkreis sind pleite. Meine Stelle ist sicher. Ich bekomme Tariflohn, aber das ist zu wenig für die harte Arbeit. Ich fühle mich völlig unterbezahlt. Wenn jemand eine Firma oder Bank in den Ruin treibt und mit einer Millionen-Abfindung nach Hause geht, ist das nicht in Ordnung. Ich sitze sofort auf der Straße, wenn ich meinen Job schlecht mache."

Ausblick „Wenn unter der neuen Regierung die Staatsverschuldung weiter steigt, geht irgendwann alles nach hinten los."

ARCHITEKT 3500 Euro
Im Jahr 2008: 5000 Euro

Henning Wäsche, 68, ledig, betreibt ein Architekturbüro in Pforzheim

„Meine Arbeitszeit ist wegen der Krise von 70 auf 50 Wochenstunden gesunken. Weniger Arbeit bedeutet weniger Stress – das ist das Gute. Aber ich verdiene auch weniger Geld, und in manchen Monaten lebe ich quasi von der Bank. Unser Geschäft dreht sich um Modernisierungen, und da helfen uns immerhin die Konjunktur- und Förderprogramme für Bauherren."

Ausblick „Mit 68 Jahren müsste ich eigentlich nicht mehr arbeiten. Ich will aber mein Wissen und meine Erfahrungen weitergeben."

LANDWIRT 3335 Euro
Im Jahr 2008: 4165 Euro

Dieter Backes, 57, verheiratet, zwei Kinder, ist Landwirt in Limburgerhof bei Mannheim

„Nicht nur ich bekomme die Krise intensiv zu spüren – in der ganzen Branche hat sich die Situation zugespitzt. Lag der Kartoffelpreis vor einigen Monaten noch bei 28 Euro pro Doppelzentner, zahlen die Händler inzwischen nur noch zwölf Euro. Ich habe die Kartoffelproduktion um ein Drittel reduziert. Mit dem Anbau von Kürbissen habe ich aber aufs richtige Pferd gesetzt, der Verkauf an einen Discounter vor Ort läuft sehr gut."

Ausblick „Landwirte haben nur zwei Chancen: Entweder man wächst, oder man schließt sich zu einer Vermarktungsgesellschaft zusammen."

ZIMMERMÄDCHEN 800 Euro
Im Jahr 2007: 1130 Euro

Britta Hillmann, 45, ledig, ein Kind, ist Zimmermädchen im Bremer Hotel Strandlust

„Beruflich spüre ich die Krise nicht – das Hotel ist gut gebucht, und es sind sogar zehn neue Zimmer hinzugekommen. Allerdings arbeite ich jetzt nur noch halbtags, weil ich mich mehr um meinen behinderten Sohn kümmern muss. Ich verdiene zwar nicht viel, doch war ich überglücklich, nach elfjähriger Pause wieder in den Beruf zurückzukehren. Zudem unterstützt mich meine Familie."

Ausblick „Mein Sohn erhält demnächst einen Platz im Pflegeheim. Dann kann ich wieder Vollzeit arbeiten und mehr verdienen."

Quelle: stern 2/2010, S. 26/27

Gerechter Lohn? – Meinungen von Beschäftigten (2)

CHEMIKANT 3300 Euro
Im Jahr 2007: 3100 Euro

Stefan Kainer, 34, ledig, arbeitet als Chemikant bei der Chemiefabrik Tübingen CHT

„Der Einbruch kam im Oktober 2008, im Frühjahr drauf meldete unsere Firma Kurzarbeit an, freitags gab es nichts mehr zu tun. Zwar wurde uns zugesichert, dass es keine Entlassungen gibt. Doch die Gerüchteküche brodelt immer, hundertprozentig sicher bin ich mir nicht. Durch die Kurzarbeit hatte ich 150 bis 200 Euro weniger im Monat, die letzte Gehaltserhöhung vom Frühjahr wurde dadurch aufgefressen. Derzeit arbeite ich wieder voll, das kann sich aber ändern."

Ausblick „Ich komme mit dem Geld aus, weil ich keinen Luxus brauche. Aber über Manager wundere ich mich: Kann deren Arbeit 2000-mal mehr wert sein als meine?"

LEHRERIN 3665 Euro
Im Jahr 2007: 3579 Euro

Eva Gerth, 48, verheiratet, zwei Kinder, angestellte Gymnasiallehrerin in Köthen, Sachsen-Anhalt

„Da ich im öffentlichen Dienst beschäftigt bin, spüre ich die Wirtschaftskrise kaum. Mich berührt aber die demografische Krise durch die niedrigen Geburtenraten im Osten. Deshalb haben wir mit unserem Arbeitgeber eine Vereinbarung getroffen und unsere Arbeitszeit bis 2012 reduziert, um Stellen zu sichern. Das bedeutet aber auch weniger Geld. Zum 1. Januar wurden die Gehälter zwischen Ost und West angeglichen – das finde ich gerecht."

Ausblick „Ich wünsche mir, dass meine Kinder ihr Studium erfolgreich abschließen und einen guten Job finden."

BÄCKER 2100 Euro
Im Jahr 2007: 2100 Euro

Florian Baumann, 33, ledig, ein Kind, ist Bäckermeister in Dammheim bei Landau

„Ich habe inzwischen meine Meisterprüfung abgelegt und immer noch eine gute Arbeitsstelle. Einige Kunden schauen wegen der Krise mehr aufs Geld und kaufen günstigere Brötchen im Supermarkt. Wir haben uns aber gut gehalten, um meinen Arbeitsplatz muss ich mir keine Sorgen machen. Außerdem werden Bäcker gesucht, weil viele den Beruf nicht mehr lernen wollen – schließlich müssen wir viel nachts arbeiten. Insofern sind wir unterbezahlt."

Ausblick „Mit der Geburt unserer Tochter bin ich Alleinverdiener. Meine Freundin und ich müssen schauen, wie wir über die Runden kommen."

POSTBOTE 2005 Euro
Im Jahr 2007: 1940 Euro

Thomas Hampel, 24, ledig, ist Briefzusteller bei der Deutschen Post in Nürnberg

„Wir spüren die Krise ganz schön: Quelle verschickt jetzt keine Kataloge mehr, und bei anderen Großkunden geht die Zahl der Sendungen zurück. Aber es gibt immer noch genug zu tun. Im Dezember gab es eine Gehaltserhöhung von drei Prozent. Viele meiner Freunde sind auf Kurzarbeit, das drückt die Stimmung. Um meine Stelle muss ich mich nicht sorgen, doch die Azubis machen sich Gedanken. In Nürnberg konnten wir alle übernehmen, aber nicht im gesamten Konzern."

Ausblick „Es wäre toll, wenn es mehr Planungssicherheit im Unternehmen gäbe, damit man auch privat Vorsorge betreiben kann."

Quelle: stern 2/2010, S. 28

Gerechter Lohn? – Meinungen von Beschäftigten (3)

POLIZIST 2435 Euro
Im Jahr 2007: 2315 Euro

Jörg Steckbauer, 44, geschieden, zwei Kinder, ist Polizeimeister in Dessau

„Ich kann die Krise quasi auf der Straße spüren: Die Bürger sind angespannter und genervter. So eskalierte die Situation bei einem Fußballspiel, 50 Polizisten wurden in einen Hinterhalt gelockt. Vermutlich entlädt sich bei solchen Aktionen auch der Frust über die Krise. In Sachsen-Anhalt haben wir mit einem massiven Abbau der Planstellen zu kämpfen, das verringert die Aufstiegschancen noch mehr. Gerade wenn man wie ich im mittleren Dienst arbeitet, sieht es schlecht aus."

Ausblick „Unsere Gesellschaft – insbesondere die Jugend – verliert ihre Werte. Ich wünsche mir, dass es gerechter zugeht und sich Leistung wieder lohnt."

GEBÄUDEREINIGER 2000 Euro
Im Jahr 2007: 2000 Euro

Detlef Pleßow, 59, verheiratet, ist Gebäudereiniger bei der Schwarz-Weiß GmbH in Berlin

„In unserer Firma haben wir von der Krise nichts gemerkt. Zusatzleistungen, die gestrichen werden könnten, gab es ja nicht mehr. Ich bin jetzt in die Gewerkschaft eingetreten – vielleicht gibt es ja dann auch mal wieder so etwas wie Urlaubsgeld. In meiner Abteilung wurden immerhin zwei neue Stellen geschaffen. Privat hat mich die Krise auch nicht getroffen. Da ich kein Geld anzulegen habe, ist mir auch nichts abhandengekommen. Mich ärgert aber, dass mit meinen Steuern die Fehler der Banker bezahlt werden, ohne dass sie dafür haften müssen. Das ist so ungerecht!"

Ausblick „Auf den Staat ist kein Verlass mehr. Man muss sich alleine helfen."

SCHORNSTEINFEGER 4125 Euro
Im Jahr 2008: 3375 Euro

Walter Baum, 46, ledig, ist Bezirksschornsteinfegermeister im Ostalbkreis

„Wegen der Finanznot der Haushalte werden Rechnungen selbst über kleinere Beträge sehr spät oder erst nach Mahnung beglichen. Bei meinen Besuchen treffe ich Kunden an, die wegen Kurzarbeit zu Hause sind und ihre Sorgen um den Arbeitsplatz schildern. Mein Einkommen ist dennoch gestiegen, weil sich betriebliche Investitionen, die zulasten des Gewinns gehen, verzögert haben. Ich bin gern selbstständig, so kann ich agieren und gestalten."

Ausblick „Neue gesetzliche Regelungen bedeuten für mich mehr Verwaltung, Zeit und Kosten. Vergütet wird das nicht."

FRISEURIN 900 Euro
Im Jahr 2007: 690 Euro

Christine Richwien, 27, ledig, ist Friseurin im Schönheitsstudio Kopfkult in Erfurt

„Die Krise kann ich an den Kunden ablesen. Sie kommen zwar weiterhin, aber die Abstände zwischen den Besuchen werden größer. Man merkt, die Leute gucken, wo sie sparen können. Mein Gehalt hat sich zwar gebessert, ist aber immer noch alles andere als befriedigend. In guten Monaten bleiben netto 800 Euro, in schlechten nur 650 Euro."

Ausblick „Ich rechne nicht damit, dass ich als Gesellin je wesentlich mehr verdienen werde. Deswegen möchte ich bald meinen Meister machen."

Quelle: stern 2/2010, S. 30 u. 32

Gibt es den „gerechten" Lohn? (1)

Die Lohn- oder Gehaltszahlung ist immer eine Frage der Gerechtigkeit. In einem Betrieb muss gleiche Arbeit gleich bezahlt werden. Wichtig ist es daher, die Arbeit zu bewerten und den jeweiligen Arbeitswert in Lohn/Gehalt auszubezahlen.
Doch wie lässt sich die Arbeit messen?

Für die verschiedenen Arbeitsaufgaben in einem Betrieb benötigen die Mitarbeiter unterschiedliche Kenntnisse und Fähigkeiten. Die Unterschiede bei den Anforderungen, die für die Ausübung des Berufs erforderlich sind, die Unterschiede in den Belastungen, denen der Arbeitnehmer ausgesetzt ist, und die Unterschiede beim Grad der Verantwortung im Betrieb müssen bei der Entlohnung eine Rolle spielen.

Die in einem Betrieb anfallenden Arbeitsaufgaben müssen deshalb genau beschrieben, miteinander verglichen und bewertet werden. So erhält man eine Grundlage für eine möglichst gerechte Lohnberechnung. Es gibt zwei verschiedene Verfahren der Arbeitsbewertung: die summarische und die analytische Arbeitsbewertung.

Die summarische Arbeitsbewertung

Eine weitverbreitete Methode ist die summarische Arbeitsbewertung: Der Schwierigkeitsgrad der Arbeitsaufgaben, Anforderungen am Arbeitsplatz, Arbeitsbedingungen, benötigte Kenntnisse und Fähigkeiten und die jeweilige Verantwortung werden zusammengefasst („summiert"). Beispiele verdeutlichen, wie die Bewertungen zu verstehen sind. Nach dieser Bewertung richten sich dann die verschiedenen Lohngruppen. Die Höhe des Entgelts in den jeweiligen Lohngruppen wird in Tarifverträgen festgelegt.

ERA: Neue Entgeltgruppen

In der Metall- und Elektro-Industrie gibt es für Arbeiter und Angestellte einheitliche Tarifverträge: Alle Arbeitnehmer werden nach dem Entgeltrahmenabkommen (ERA) in zwölf Entgeltgruppen (EG) eingeteilt. Dazu gibt es noch verschiedene Stufen.
Der Vorteil bei diesem System: Es wird nicht mehr zwischen Arbeitern und Angestellten oder zwischen Männern und Frauen unterschieden. Für die Berechnung des Lohnes gilt ausschließlich die Beschreibung des Arbeitsplatzes.

Entscheidend für die Zuordnung in die Entgeltgruppen sind:

- die übertragene Arbeitsaufgabe
- der Handlungsspielraum im Unternehmen
- die Ausbildung
- die Verantwortung
- die Weiterbildung
- die Berufserfahrung

Kennzeichen der neuen Entgeltgruppen

Nach den genannten Kriterien werden die Beschäftigten in die verschiedenen Entgeltgruppen eingeteilt. Beispiele:

In der Entgeltgruppe 3 (EG 3) befinden sich angelernte Arbeiter. Sie können ihre Tätigkeit nach etwa sechs Wochen Anlernzeit ausüben. Zweijährige Ausbildungsberufe mit einer verkürzten Ausbildung werden in die Entgeltgruppe 4 eingruppiert. Ab EG 5 sind mindestens drei Jahre Berufsausbildung zum Facharbeiter Voraussetzung. Bei EG 7 handelt es sich um das Anforderungsniveau einer qualifizierten Weiterbildung (Meister oder Fachwirt).

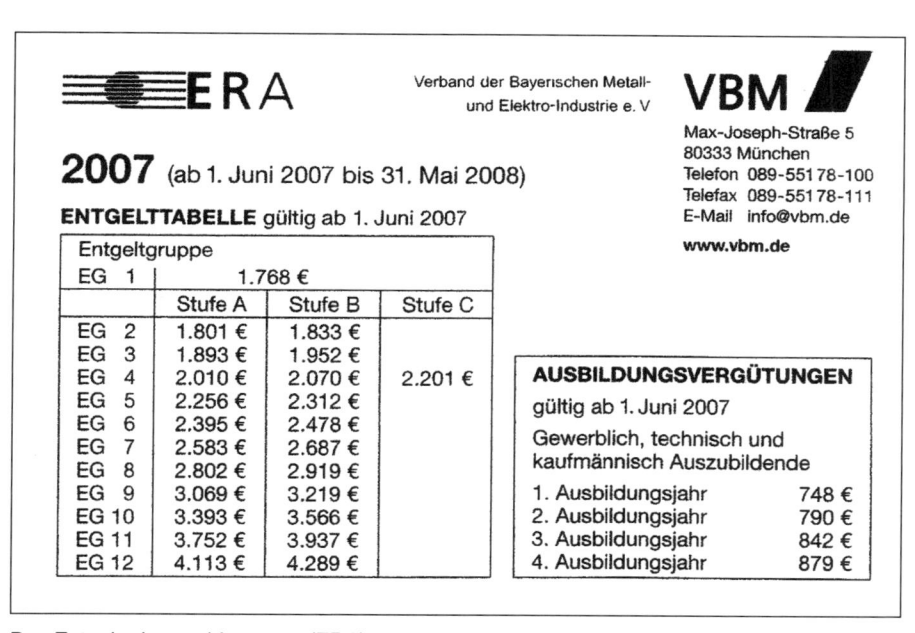

ERA — Verband der Bayerischen Metall- und Elektro-Industrie e. V

VBM
Max-Joseph-Straße 5
80333 München
Telefon 089-55178-100
Telefax 089-55178-111
E-Mail info@vbm.de
www.vbm.de

2007 (ab 1. Juni 2007 bis 31. Mai 2008)

ENTGELTTABELLE gültig ab 1. Juni 2007

Entgeltgruppe	Stufe A	Stufe B	Stufe C
EG 1	1.768 €		
EG 2	1.801 €	1.833 €	
EG 3	1.893 €	1.952 €	
EG 4	2.010 €	2.070 €	2.201 €
EG 5	2.256 €	2.312 €	
EG 6	2.395 €	2.478 €	
EG 7	2.583 €	2.687 €	
EG 8	2.802 €	2.919 €	
EG 9	3.069 €	3.219 €	
EG 10	3.393 €	3.566 €	
EG 11	3.752 €	3.937 €	
EG 12	4.113 €	4.289 €	

AUSBILDUNGSVERGÜTUNGEN
gültig ab 1. Juni 2007
Gewerblich, technisch und kaufmännisch Auszubildende

1. Ausbildungsjahr	748 €
2. Ausbildungsjahr	790 €
3. Ausbildungsjahr	842 €
4. Ausbildungsjahr	879 €

Das Entgeltrahmenabkommen (ERA) trat 2007 erstmalig in Kraft.

Das wesentlich Neue bei ERA im Vergleich zur früheren Lohngruppeneinteilung besteht in der Durchlässigkeit des Tarifvertrags.
Ein aussagekräftiges Beispiel: Für die Entgeltgruppe 9 benötigte man früher ein Studium an einer Fachhochschule. Heute kann auch ein Hauptschüler mit qualifizierendem Abschluss und erfolgreicher Facharbeiterausbildung diese Stufe erreichen, wenn er in seiner Berufslaufbahn die Meisterprüfung ablegt und weitere Zusatzschulungen erfolgreich absolviert. Durch stetige Weiterbildung und berufliche Erfahrung kann also die Entlohnung verbessert werden.

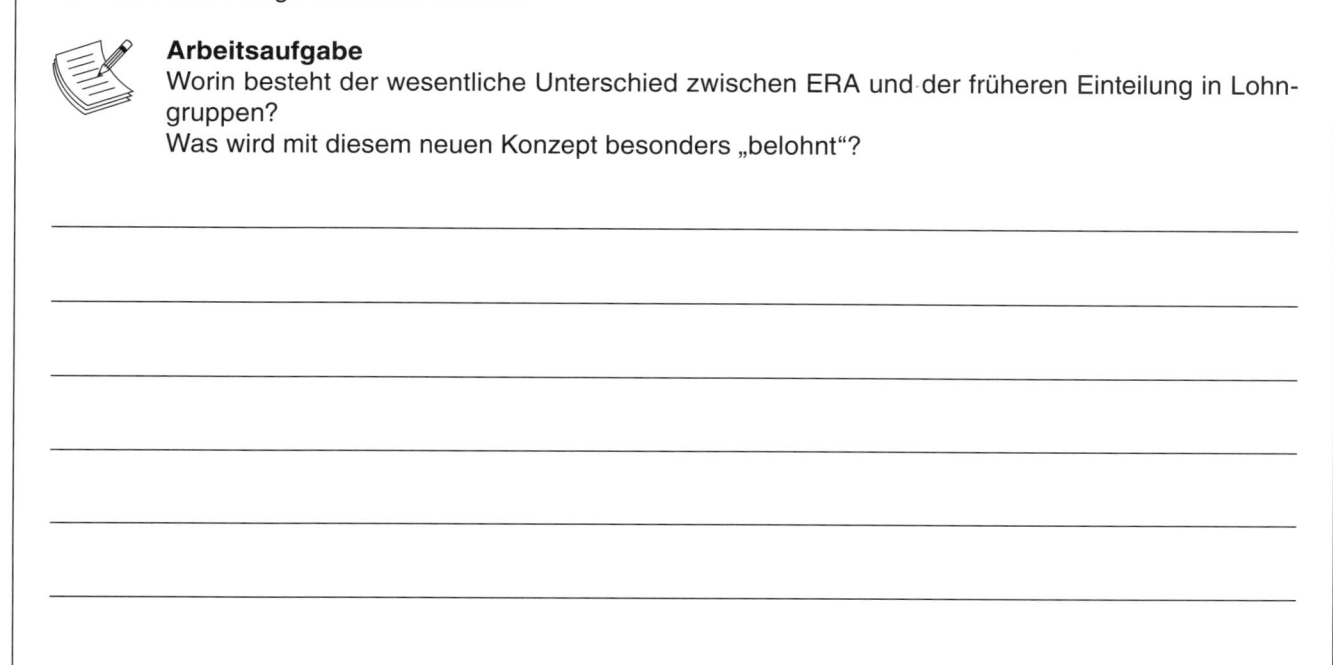

Arbeitsaufgabe
Worin besteht der wesentliche Unterschied zwischen ERA und der früheren Einteilung in Lohngruppen?
Was wird mit diesem neuen Konzept besonders „belohnt"?

Orientierungsbeispiel

Entgeltgruppe: EG 6

1. Aufgabenbezeichnung:

Einstellen von Bearbeitungsmaschinen und Anlagen

2. Beschreibung der Aufgaben:

Auftragsreihenfolge bei der Maschinenbelegung im Rahmen des vorgegebenen Produktionsprogramms festlegen. Arbeitsmittel auswählen und bereitstellen. Bearbeitungsmaschinen und Anlagen abrüsten und für Folgerüsten vorbereiten.

Rüsten vorbereiten z. B. Teile und Materialien bereitstellen, Werkzeuge vorbereiten sowie Spannmittel, Werkstückträger auswählen, vorbereiten und bereitstellen.

Bearbeitungsmaschine/-n und Anlage-/n in der Serienfertigung (auch unterschiedliche Fertigungsverfahren wie z. B. Fräsen und Schleifen) rüsten.

Selbstständiges Einstellen von Bearbeitungsmaschinen und Anlagen, d. h. Fertigungsfähigkeit herstellen unter Berücksichtigung bzw. Einstellung der notwendigen Werkzeuge und Prozessparameter (z. B. Schnittwerte) nach Tabellen bzw. Zeichnung. Alle notwendigen Messeinrichtungen, Handlingsysteme (z. B. Elevatoren, Rüttler) und Verkettungen einstellen.

Bearbeitungsabläufe optimieren.

Erstteil fertigen und selbstständig prüfen. Ggf. Maße und Schnittwerte korrigieren. Nach erreichter Fertigungsfähigkeit Übergabe an das Bedienungspersonal.

Störungen beheben, ggf. mit Unterstützung. Störungsursachen analysieren. Störungsbericht erstellen.

Ursachen für fehlerhafte Teile rückverfolgen und Fehler abstellen. Abhilfemaßnahmen abstimmen und Entwicklung verfolgen. Maßnahmen zur Prozessoptimierung anregen.

Sicherstellen der Qualität und der Dokumentation.

Wartungs- und Reinigungsarbeiten nach Plänen durchführen. Wartungsintervalle überwachen.

Kleinere Reparaturarbeiten und definierte Instandhaltung wie z. B. vorbeugender Austausch von Verschleißteilen ausführen.

Fachliche Zuständigkeit für die eingerichteten Bearbeitungsmaschinen und Anlagen sowie die laufenden Bearbeitungsprozesse. Unterweisen, Anlernen und Betreuen des Bedienpersonals. Unterstützen der Führungskraft (z. B. Vorarbeiter) bei der Arbeitseinteilung.

3. Bewertungsbegründung:

Das selbstständige Rüsten und Einstellen von Bearbeitungsmaschinen und Anlagen, die Herstellung der Fertigungsfähigkeit, die selbstständige Einstellung aller notwendigen Parameter und Messgeräte, das selbstständige Prüfen von Erstteilen, das Beheben von Störungen und die fachliche Zuständigkeit für die Bearbeitungsmaschinen und Anlagen sowie das Betreuen des Bedienpersonals erfordern Kenntnisse und Fertigkeiten, wie sie i. d. R. mit einer mind. 3-jährigen einschlägigen Ausbildung, z. B. als Zerspanungsmechaniker, erworben werden. Zusätzlich ist fachspezifische Erfahrung erforderlich.

Orientierungsbeispiel

Entgeltgruppe: EG 12

1. Aufgabenbezeichnung:

Konzipieren von IT-Systemen

2. Beschreibung der Aufgaben:

Die Arbeitsaufgabe umfasst das Erstellen von Konzepten für komplexe IT-Systeme sowie die Umsetzung von Projekten einschließlich Konfiguration und Aufbau neuer Systeme sowie deren Erweiterung.

Zur konzeptionellen Arbeit gehört die verantwortliche Mitarbeit bei der Entwicklung der Unternehmens-IT-Strategie und das Erstellen von komplexen IT-System-Konzepten (z. B. Hard- und Software einschließlich Netzwerke, Datenbanken, Verwendung von Betriebssystemen) im Rahmen der Unternehmens-IT-Strategie. Dabei sind die Entwicklungen des IT-Marktes sowie die Systemanforderungen der Bereiche zu berücksichtigen. Abschätzen der Integrationsfähigkeit von IT-Teilsystemen in das Gesamtsystem. Planen der wirtschaftlichen Gestaltung des IT-Systemablaufes sowie Ermitteln und Festlegen des dazugehörigen Kapazitätsbedarfs. Erarbeiten von alternativen Szenarien und Systemkonzepten.

Lösungsmöglichkeiten zur Realisierung prüfen und Leistungsumfänge mit Systemanbietern verhandeln. Abstimmung mit internen/externen Fachstellen. Leistungs- und Systemumfang festlegen. Aufgaben im Rahmen der Zielsetzung und Aufgabenstellung festlegen und abstimmen. Arbeitsergebnisse prüfen und besprechen.

Die zu realisierende Lösung auf Funktionsfähigkeit prüfen. Ggf. Pilotanwendung planen, durchführen und Ergebnisse des Testbetriebs auswerten. Systemgenerierung durchführen, das System in den Betrieb einführen bzw. Einführung unterstützen. Das Implementieren neuer und geänderter Systeme koordinieren. Neue im Voll- und Echtzeit-Betrieb eingesetzte Systeme in Bezug auf Leistungsverhalten und Auslastung prüfen, festgestellte Schwachstellen bereinigen.

Planungs-, Steuerungs- und Überwachungssysteme erarbeiten bzw. entwickeln lassen und einführen, ordnungsgemäße Systemverwaltung gewährleisten. Die für den Betrieb erforderlichen Sicherheitsmaßnahmen im Rahmen eines Sicherheitskonzeptes erarbeiten und Umsetzung sicherstellen.

Zur Arbeitsaufgabe gehören auch die Sicherstellung der Anwenderunterstützung bei Einführung und Betrieb und das Konzipieren von Schulungsmaßnahmen. Beratung mit Bereichen über IT-Strategien und zukünftige Anforderungen an die IT-Systemgestaltung. Ziel- und Maßnahmenplanung der laufenden Konzeptentwicklung daraufhin anpassen.

3. Bewertungsbegründung:

Das Erstellen von Konzepten für komplexe IT-Systeme, die Umsetzung von Projekten einschließlich Konfiguration und Aufbau neuer Systeme und deren Erweiterung, die Mitarbeit bei der Entwicklung der Unternehmens-IT-Strategie, das Planen der wirtschaftlichen Gestaltung des IT-Systemablaufes, die Sicherstellung der Anwenderunterstützung und die Konzipierung von Schulungsmaßnahmen erfordern ein bis zu 4-jähriges Regelstudium vorzugsweise Fachrichtung Informatik und umfangreiche betriebliche Erfahrung sowie Zertifizierungen (z. B. hinsichtlich verschiedener IT-Systeme; Kenntnisse spezifischer Software-Tools und Entwicklungsumgebungen).

Gibt es den „gerechten" Lohn? (2)

Die analytische Arbeitsbewertung

Bei der analytischen Arbeitsbewertung werden die betrieblichen Arbeitsaufgaben nach bestimmten Anforderungsmerkmalen aufgeschlüsselt. Diese werden dann nach Punkten bewertet und zu Merkmalsgruppen zusammengefasst.
Die Gewichtungsfaktoren (Punkte) berücksichtigen die Besonderheiten der einzelnen Anforderungsarten (Genfer-Schema):

Fachkönnen	Anstrengung	Verantwortung	Umgebungseinflüsse

Die Arbeitsaufgaben werden in Arbeitsstudien bewertet. Ihre Gewichtung wird in Tarifverträgen und Betriebsvereinbarungen festgeschrieben.
Die Höhe der Punktzahlen markiert den Schwierigkeitsgrad der Arbeit. Sie wird als Arbeitswert bezeichnet. Diese Arbeitswerte bestimmen dann die jeweilige Lohnhöhe.

Die analytische Arbeitsbewertung erfolgt in mehreren Schritten:

1. Schritt: Beschreibung der Arbeit bzw. des Arbeitsplatzes (Tätigkeiten, Qualifikationen)
2. Schritt: Bestimmung der Anforderungen für die Arbeitsaufgabe nach Art und Höhe, Festlegen der Teilanforderungen nach dem Genfer-Schema
3. Schritt: Ermittlung des Gesamtarbeitswertes
4. Schritt: Zuordnung der Löhne und Gehälter zu den Gesamtarbeitswerten: Je höher der Arbeitswert, desto höher der Lohn

Arbeitsaufgabe
Beurteile nach dem Schema des Stufenwertverfahrens die folgenden Arbeitsplätze (von 1–7 Punkten):

Architekt

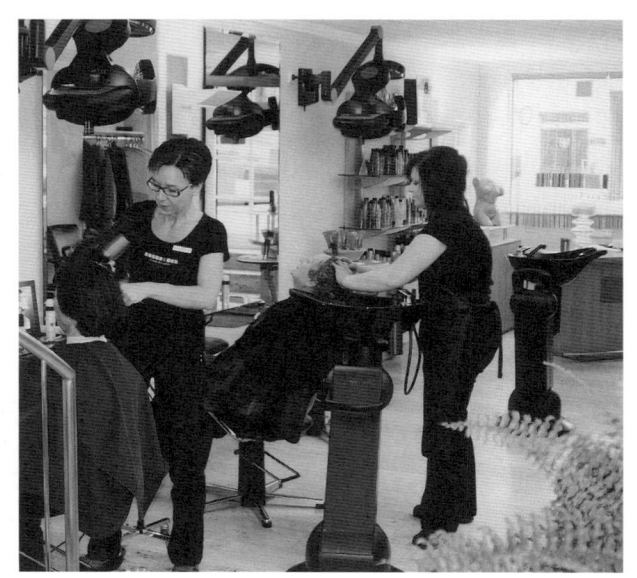

Friseur

Analytische Arbeitsbewertung

Information

Beim **Stufenwertverfahren** wird eine vorgegebene Zahl von Anforderungsstufen festgelegt, die in den Einstufungstafeln beschrieben werden. Die bekannteste Einstufungstafel ist das „Genfer Schema" von 1950. Die Tiefengliederung des Schemas (Punkte von 1–7) bringt zum Ausdruck, dass jede Anforderungsart mit einer unterschiedlichen Gewichtung versehen ist. So werden in dem Genfer-Schema beispielsweise die erforderlichen Fachkenntnisse mit bis zu 7 Punkten bewertet, während die Unfallgefährdung mit höchstens 2 Punkten bewertet werden kann. Durch die Addition der dem Arbeitsplatz entsprechenden Ist-Punktzahlen ergibt sich der Gesamtarbeitswert, der zur Ermittlung der entsprechenden Lohngruppe führt.

„Genfer Schema" zur Bewertung von Arbeitsplätzen

jeweilige Punktzahl	I. Fachkönnen			II. Anstrengung		III. Verantwortung			IV. Umgebungseinflüsse				
	Erforderliche Fachkenntnisse / Berufsausbildung, Berufserfahrung	Geschicklichkeit	Handfertigkeit	a) geistige Beanspruchung	b) körperliche Beanspruchung	a) für Werkstücke und Betriebsmittel	b) für die Gesundheit anderer	c) für die Arbeitsgüte	a) Temperaturbeeinflussung	b) Öl, Fett, Schmutz und Staub	c) Gase, Dämpfe, Erschütterungen	d) Unfallgefährdung	e) Lärm, Blendung Lichtmangel, Erkältungsgefahr
1	Anweisung bis 6 Wochen	gering		gering	zeitweise mittel	mittel	mittel	mittel	mittel	gering	mittel	mittel	mittel
2	Anlernen bis 6 Monate	mittel		zeitweise mittel	dauernd mittel	hoch	hoch	hoch	hoch	mittel	hoch	hoch	hoch
3	Anlernen min. 6 Monate und zusätzliche Berufserfahrung	hoch		dauernd	dauernd hoch	sehr hoch	sehr hoch	sehr hoch		hoch			sehr hoch
4	abgeschlossene Anlernausbildung und zusätzliche Berufserfahrung	höchstens		dauernd hoch	dauernd sehr hoch		außergewöhnlich hoch			sehr hoch			
5	abgeschlossene Facharbeiterausbildung			dauernd sehr hoch	dauernd außergewöhnlich								
6	abgeschlossene Facharbeiterausbildung mit besonderer Berufserfahrung			dauernd außergewöhnlich									
7	abgeschlossene Facharbeiterausbildung und höchstes fachliches Können												

Klasse:	Datum:	Name:

Wovon ist die Höhe des Entgelts abhängig?

Arbeitsaufgabe
Sammelt Bilder, Zeitungsausschnitte o. Ä., die auf unterschiedliche Entgelthöhen hinweisen. Klebt sie hier ein.

Die Höhe des Entgelts/Gehalts/Lohnes ist von verschiedenen Faktoren abhängig:

_____

_____

_____

_____

_____

_____

Was kann ich tun, um langfristig einen guten Lohn/ein gutes Gehalt zu erzielen?

_____

_____

_____

| Klasse: | Datum: | Name: |

Wovon ist die Höhe des Entgelts abhängig? (Lösung)

Arbeitsaufgabe
Sammelt Bilder, Zeitungsausschnitte o. Ä., die auf unterschiedliche Entgelthöhen hinweisen. Klebt sie hier ein.

Die Höhe des Entgelts/Gehalts/Lohnes ist von verschiedenen Faktoren abhängig:

Ausbildung (ungelernt, angelernt, Facharbeiter), Schulbildung (Hauptschulabschluss,

Mittlere Reife, Abitur, Studium), Arbeitszeit (Schichtarbeit, Sonntagsarbeit), Belastung (Hitze,

Lärm, Schmutz, gefährliche Arbeit), Branche (Mineralöl, Tabak, Textil), wirtschaftliche Lage

(Prämien, Umsatzbeteiligung), Verantwortung im Betrieb, Dienstalterstufe (bei Beamten),

Qualifikation

(Einteilung in Lohngruppen bzw. Entgeltgruppen) ...

Was kann ich tun, um langfristig einen guten Lohn/ein gutes Gehalt zu erzielen?

Ausbildungsstand und Fachkönnen verbessern (weiterbildende Maßnahmen),

Verantwortung übernehmen, Schlüsselqualifikationen weiterentwickeln ...

> **Viele Faktoren kann ich zu meinen Gunsten beeinflussen!**

Thema 2 — Lohn – Gehalt – Entgelt

Lernziele

Die Entlohnung von Arbeitern, Angestellten und Beamten verstehen
Verschiedene Formen des Entgelts beschreiben können (Gehalt, Zeitlohn, Akkord-, Prämien-, Beteiligungslohn)
Das Entgeltrahmenabkommen (ERA) beschreiben können
Erkennen, dass die Stellung innerhalb der Hierarchie eines Unternehmens das Einkommen bestimmt
Bewusst machen, dass Bruttoeinkommen nicht gleich Nettoeinkommen ist
Eine Gehaltsabrechnung verstehen können

Arbeitsmittel/Medien

1 Folienvorlage (Tariftabellen Bayerische Metall- und Elektroindustrie), 4 Folienvorlagen (ERA), 1 Folienvorlage (Aktuelles Zahlenmaterial), 11 Informationsblätter, 2 Arbeitsblätter

Zusatz: 46 56169 „Einkommen"

Folienvorlage

ERA — Verband der Bayerischen Metall- und Elektro-Industrie e. V.

VBM
Max-Joseph-Straße 5
80333 München
Telefon 089-55178-100
Telefax 089-55178-111
E-Mail info@vbm.de
www.vbm.de

2009 B (ab 1. Mai 2009 bis 30. April 2010)

ENTGELTTABELLE B gültig ab 1. Mai 2009

Entgeltgruppe	Stufe A	Stufe B	Stufe C
EG 1	1.874 €		
EG 2	1.909 €	1.942 €	
EG 3	2.006 €	2.068 €	
EG 4	2.130 €	2.193 €	2.332 €
EG 5	2.390 €	2.450 €	
EG 6	2.538 €	2.626 €	
EG 7	2.737 €	2.848 €	
EG 8	2.970 €	3.094 €	
EG 9	3.252 €	3.412 €	
EG 10	3.596 €	3.779 €	
EG 11	3.976 €	4.172 €	
EG 12	4.359 €	4.545 €	

Einmalzahlung im Sept. 09
Arbeitnehmer: 122 €
Auszubildende: 32 €

AUSBILDUNGSVERGÜTUNGEN
gültig ab 1. Mai 2009
Gewerblich, technisch und kaufmännisch Auszubildende

1. Ausbildungsjahr	793 €
2. Ausbildungsjahr	837 €
3. Ausbildungsjahr	892 €
4. Ausbildungsjahr	932 €

Wir schaffen Zukunft. **VBM**

2009 B (ab 1. Mai 2009 bis 30. April 2010)

LOHNTAFEL B gültig ab 1. Mai 2009

	Monatsgrundlohn
Lohngruppe 10	2.812 €
Lohngruppe 9	2.538 €
Lohngruppe 8	2.325 €
Lohngruppe 7 (100%)	2.116 €
Lohngruppe 6	2.051 €
Lohngruppe 5	1.915 €
Lohngruppe 4	1.861 €
Lohngruppe 3	1.861 €
Lohngruppe 2	1.755 €
Lohngruppe 1	1.752 €

GEHALTSTAFEL B gültig ab 1. Mai 2009

Die monatlichen Tarifgehälter (Mindestsätze) betragen in EURO

Gehaltsgruppe	1. GJ	2. GJ	3. GJ	4. GJ
I a	1.482	1.613	1.739	1.867
I b	1.613	1.739	1.867	2.012
II	1.824	1.969	2.117	2.283
III	2.073	2.237	2.406	2.601
IV	2.653	2.775	2.900	3.021
V	3.091	3.264	3.439	3.615
VI	3.693	3.849	4.003	4.160
VII	4.250	4.420	4.584	4.745

I. Hinführung	
Folie (Tariftabellen)	TA: **Lohn – Gehalt – Entgelt**

II. Erarbeitung	
Die Entlohnung der Arbeitnehmer (Info-Blatt)	Arbeiter – Angestellte – Beamte
Verschiedene Formen des Entgelts (Info-Blatt)	1. Gehalt 2. Zeitlohn 3. Akkordlohn 4. Prämienlohn 5. Beteiligungslohn
Die neue Form des Entgelts – das ERA (Info-Blatt, Folien) Die IG Metall zur Einführung des ERA (Info-Blatt)	Mit dem ERA wird der neutrale Begriff „Entgelt" eingeführt.
Die Hierarchie bestimmt das Einkommen (Info-Blatt, AB)	Es gibt eine mehrstufige Hierarchie (Ausführungsebene – Führungsebene). Je höher auf der Karriereleiter, desto höher das Einkommen (Liniensystem). Frauen sind auf der oberen Sprosse nur selten zu finden.
Brutto ist nicht gleich netto! (Info-Blatt)	Brutto – Abzüge = Netto

III. Vertiefung
Gesamtwiederholung

IV. Sicherung	
Eintrag Arbeitsblatt	Wie sieht eine Entgeltabrechnung aus?

V. Ausweitung	
Geringfügige Beschäftigung (Info-Blatt)	Regeln für Minijobs
Mindestlöhne in der Diskussion (Info-Blatt)	Mindestlöhne nutzen wenig

VI. Lösung

S. 30
a) Prämienlohn, b) Gehalt, c) Beteiligungslohn, d) Akkordlohn, e) Zeitlohn

Die Entlohnung der Arbeitnehmer – von Lohn und Gehalt zum Entgelt

Das Arbeitsentgelt spielt für die meisten Arbeitnehmer eine zentrale Rolle. Geld regiert also nicht nur die Welt, sondern auch zu einem großen Teil die Einstellung zur Arbeit.

Schon beim Eintritt ins Arbeitsleben wird sortiert: nach Berufen, Status und Gruppenzugehörigkeit (Arbeiter, Angestellte) sowie nach dem Einkommen.

Je nachdem, wo und was jemand arbeitet, wird in unterschiedliche Lohn- und Gehaltsgruppen eingestuft, die seit 2007 nach und nach durch Entgeltgruppen nach dem Entgeltrahmenabkommen ERA ersetzt werden. Die Gruppen werden von den Tarifparteien (Gewerkschaften, Arbeitgeberverbände) ausgehandelt und gelten jeweils für einen bestimmten Tarifbezirk und eine bestimmte zeitliche Dauer (meist ein Jahr). Für Lohn- und Gehaltseingruppierungen werden mehrere Arbeitnehmergruppen unterschieden:

Arbeiter:

Die Arbeiter wurden bisher in Lohngruppen eingestuft. Die Zahl der jeweils geltenden Lohngruppen lag in der Regel zwischen sechs und acht. Jeder Lohngruppe war ein spezifischer Grundlohn zugeordnet. In den unteren Lohngruppen waren häufig Frauen, aber auch ungelernte oder angelernte männliche Arbeitskräfte angesiedelt.

In den oberen Lohngruppen wurden die Facharbeiter eingestuft. Die Spezialisten unter den Facharbeitern erreichten zumeist die höchste Lohngruppe.

Neben dem Grundlohn wird weiterhin in bestimmten Fällen ein Prämienlohn oder ein Akkordlohn bezahlt. Der Prämienlohn bietet Mitarbeitern, die überdurchschnittliche Leistungen erbringen, einen wirksamen Anreiz.

Beim Akkordlohn wird nach der erbrachten Leistung entlohnt, die mit der sogenannten „Normalleistung" verglichen wird. Leistet ein Arbeitnehmer mehr als die vorgegebene Norm, so erhält er einen entsprechenden Akkordzuschlag.

Eine Arbeiterin beim Herstellen eines Schaftes für eine Axt an einer Kreissäge.

Angestellte:

Bei den Angestellten ist zwischen öffentlichem Dienst und Privatwirtschaft zu unterscheiden. Im öffentlichen Dienst galt bis 2005 der Bundesangestelltentarif (BAT) mit insgesamt 10 Gehaltsstufen, der dann durch den Tarifvertrag für den öffentlichen Dienst (TvöD) mit 15 Entgeltgruppen ersetzt wurde.

In der Privatwirtschaft wird zwischen kaufmännischen und technischen Angestellten unterschieden. Die technischen Angestellten werden im Allgemeinen etwas besser bezahlt als die kaufmännischen. Am besten stellen sich jedoch diejenigen, die dem Betrieb so „wertvoll" sind, dass sie übertariflich bezahlt werden.

Angestellte arbeiten häufig in zentralen Verwaltungen oder als Sachbearbeiter.

Beamte:

Für die Beamten gilt die Bundesbesoldungsordnung „A", „B", „C" in verschiedenen Stufen, wobei Letztere von der neuen Eingruppierung „W" abgelöst wird. Hinzu kommt der sogenannte Familienzuschlag, der sich nach dem Familienstand und der Anzahl der Kinder richtet. Eine weitere Besonderheit der Beamtenbesoldung: Die auf Lebenszeit eingestellten Beamten müssen keine Beiträge zur Renten- und Arbeitslosenversicherung zahlen. Dafür zahlen sie jedoch den Beitrag zur Krankenversicherung ganz aus ihrer Tasche, während dieser Anteil bei den anderen Arbeitnehmern zur Hälfte vom Arbeitgeber bezahlt wird.

Der Großteil der Lehrkräfte ist verbeamtet.

Für die Beamten gibt es eine weitere wichtige Abstufung: nach dem Lebens- und Dienstalter. Je älter jemand ist, umso mehr verdient er/sie, unabhängig von der tatsächlichen Leistung. Neue Beförderungsmöglichkeiten sollen nun Leistungsanreize schaffen.

Verschiedene Formen des Entgelts

1. Das Gehalt:

Die Angestellten einer Firma beziehen Gehalt, eine monatlich fest vereinbarte Summe. Der Vorteil: Man kann genau kalkulieren, welcher Betrag monatlich zur Verfügung steht. Angestellte erhalten jeden Monat den gleichen Betrag, obwohl die Anzahl der Arbeitstage unterschiedlich ist. Der Nachteil: Man bekommt immer gleich viel Geld ausbezahlt, auch dann, wenn sehr viel zusätzliche, über das normale Maß hinausgehende Arbeit anfällt. Überstunden werden nur teilweise extra bezahlt oder durch Freizeitausgleich abgegolten. Angestellte handeln das Gehalt nicht selbst aus; es ist durch einen Tarifvertrag festgesetzt worden.

Eine Bankangestellte bezieht Gehalt.

2. Der Zeitlohn:

Die Arbeiter einer Firma erhalten für ihre Arbeit Lohn. Dieser Lohn ist aber im Vergleich zu einem Gehalt in jedem Monat unterschiedlich hoch, je nachdem, wie viele Stunden der Arbeiter gearbeitet hat.
Um die Arbeitszeit exakt feststellen zu können, wird sie mit der Stechuhr erfasst. Zu Arbeitsbeginn steckt der Arbeiter seine Stechkarte in die Stechuhr. Die Uhrzeit wird auf der Stechkarte abgestempelt. Ab diesem Zeitpunkt beginnt die Arbeitszeit. Beim Verlassen des Betriebs wird der Zeitpunkt ebenfalls mithilfe der Stechuhr festgehalten. So wird auf die Minute genau die Anwesenheit im Betrieb nachgewiesen.

Im Lohnbüro kann man dann von der Stechkarte ablesen, wie viele Stunden und Minuten der Arbeiter im Betrieb anwesend war. Diese Zeit ist ausschlaggebend für die Lohnabrechnung. Die Anwesenheit wird gleichgesetzt mit der Arbeitszeit.

Besonders im Handwerk ist der Zeitlohn die normale Lohnform.
Meist wird der Zeitlohn als Stundenlohn angegeben. Mit dem Stundenlohn ist der festgelegte Lohn pro Arbeitsstunde gemeint. Der Stundenlohn fällt je nach Branche, Gewerbe oder Beruf unterschiedlich aus.

3. Der Akkordlohn:

Beim Akkordlohn (auch „Stücklohn" genannt) ist die Grundlage der Entlohnung die Stückzahl. Ein Beispiel verdeutlicht die Entlohnung:

Frau Müller arbeitet an einem Band und hat bestimmte technische Teile zu kontrollieren. Als Normalleistung sind 50 Teile pro Stunde festgelegt. Der Normallohn beträgt 9 €/Stunde. Frau Müller schafft aber 60 Teile pro Stunde.
(50 Teile = Normalleistung/h = 1, 60 Teile = 1,2!)

Die Berechnung erfolgt nach folgendem Muster:

Akkordrichtsatz Normalleistung/h	x Leistung	x Arbeitszeit	= Bruttolohn
9 € / 1	x 1,0	x 38 h	= 342,00 €
9 € / 1	x 1,2	x 38 h	= 410,40 €

Diese Lohnart bietet einen Leistungsanreiz: Wer mehr leistet, erhält mehr Verdienst! Wer weniger leistet, verdient auch weniger!

Akkordarbeit am Fließband.

4. Der Prämienlohn:

Diese Lohnform findet man häufig im Handel. Wenn man z. B. in einem Autohaus als Verkäufer tätig ist, erhält man zunächst einen monatlichen Grundlohn (Fixum). Zusätzlich bekommt man für jedes verkaufte Auto eine Prämie, also einen Prämienlohn.
Die Idee des Arbeitgebers: Der Autoverkäufer wird sich anstrengen, viele Autos zu verkaufen; damit steigt auch der Gewinn des gesamten Unternehmens. Die Absicht des Autoverkäufers: Viele Autos zu verkaufen, um seinen Lohn zu erhöhen. Je mehr Autos er absetzt, desto höher ist sein individueller Verdienst!

Auch in Produktionsbetrieben kann eine zusätzliche Entlohnung durch Zahlung einer Prämie zwischen dem Unternehmen und den Mitarbeitern vereinbart werden:

- Mengenleistungsprämie: Wenn eine besondere Leistung erbracht wird
- Qualitätsprämie: Für die Erfüllung hoher Qualitätsansprüche
- Ersparnisprämie: Wenn die Ausschussquote sehr niedrig ist
- Termineinhaltungsprämie: Für die Einhaltung eines knappen Termins
- Unfallverhütungsprämie: Für besonders wenige Betriebsunfälle
- Nutzungsprämie: Für geringe Ausfallzeiten von Maschinen durch sorgfältige Bedienung und Wartung
- Vorschlagsprämie: Für Vorschläge, die dem Unternehmen Geld sparen

5. Der Beteiligungslohn:

Eine Lohnform, bei der ein Unternehmen seine Mitarbeiter am Unternehmensgewinn beteiligt.
Zwei der gebräuchlichsten Beteiligungsmodelle:

- Die reine Gewinnbeteiligung: Die Firma Porsche zahlte beispielsweise ihren Mitarbeitern im Jahr 2007 einen Beteiligungslohn von 2.000 € für ein erfolgreiches Geschäftsjahr aus.
- Die Kapitalbeteiligung: Die Mitarbeiter werden am Kapital des Unternehmens beteiligt, z. B. durch Anteilscheine (Aktien).

Arbeitsaufgabe
Entscheide, um welche Form des Entgelts es sich handelt:

a) _____ Je mehr Maschinen der Vertreter verkauft, desto höher ist sein Verdienst.

b) _____ Herr Müller bekommt am Monatsanfang ein in der Höhe gleich bleibendes Entgelt.

c) _____ Frau Huber erhält am Ende des Geschäftsjahres 1.000 € für ein renditestarkes Jahr des Konzerns.

d) _____ Entlohnung nach Stückzahl

e) _____ Das Entgelt richtet sich nach der Zahl der geleisteten Arbeitsstunden.

Die neue Form des Entgelts – das Entgeltrahmenabkommen (ERA)

Ab den Jahren 2007/2008 erfolgte durch ERA eine neue Einteilung der Beschäftigten in Entgeltgruppen, wobei für Angestellte und Arbeiter einheitliche Tarifverträge bestehen. ERA löst die alte Einteilung nach Lohngruppen für Arbeiter und nach Gehaltsstufen für Angestellte ab. Entscheidend für die Zuordnung in die Entgeltgruppen sind nicht mehr die Eingangsqualifikationen (z. B. Schulabschluss), sondern die übertragene Arbeitsaufgabe, Berufserfahrung, Aus-, Weiter- und Fortbildung, Verantwortung und Handlungsspielraum im Unternehmen.

Tariftabellen Bayerische Metall- und Elektroindustrie 2009
IG Metall Bezirk Bayern

Entgelttabelle in Euro

Entgeltgruppe	ab 1.2.2009		ab 1.5.2009	
EG 1	1.836		1.874	
	Stufe A	Stufe B	Stufe A	Stufe B
EG 2	1.870	1.903	1.909	1.942
EG 3	1.965	2.027	2.006	2.068
EG 4	2.087	2.149	2.130	2.193
EG 4 C		2.285		2.332
EG 5	2.342	2.400	2.390	2.450
EG 6	2.487	2.573	2.538	2.626
EG 7	2.682	2.790	2.737	2.848
EG 8	2.910	3.031	2.970	3.094
EG 9	3.187	3.343	3.252	3.412
EG 10	3.523	3.703	3.596	3.779
EG 11	3.896	4.088	3.976	4.172
EG 12	4.271	4.454	4.359	4.545

AT-Mindestgehalt ab Februar 2009: 5.813 Euro (35 Stunden)
und 6.643 Euro (40 Stunden)
ab Mai 2009: 5.932 Euro (35 Stunden)
und 6.779 Euro (40 Stunden)

Ausbildungsvergütung in Euro

	ab 1.2.2009	ab 1.5.2009
1. Ausbildungsjahr	777	793
2. Ausbildungsjahr	820	837
3. Ausbildungsjahr	874	892
4. Ausbildungsjahr	913	932

Mit dem Entgeltrahmenabkommen soll auch zur sozialen Gerechtigkeit im Unternehmen beigetragen werden, da nicht mehr die Person, sondern der Arbeitsplatz bewertet wird. Damit fallen Ungleichheiten bei der Bewertung von Männer- bzw. Frauenarbeit weg. Die Einteilung in die einzelnen Gruppen wird mit der Gewerkschaft und dem Betriebsrat abgestimmt.

Gleichzeitig vergrößert sich aber der Druck auf die Beschäftigten: Wer z. B. vor der Einführung von ERA als Meister Arbeiten verrichtet hatte, die in einer weiter unten stehenden Entgeltgruppe anzusiedeln wären, würde in Zukunft auch weniger verdienen. Daher wurde für eine Übergangszeit eine Besitzstandswahrung vereinbart. Die neu eingestellten Beschäftigten werden allerdings nur mehr für das bezahlt, was sie wirklich leisten – gemessen an den Einordnungskriterien zum ERA.

Mit ERA fallen der BAT der Angestellten und die Lohngruppen der Arbeiter weg und werden vereinheitlicht. Das individuelle Alter und die Dauer der Betriebszugehörigkeit spielen keine Rolle mehr, die Begriffe „Arbeiter" und „Angestellte" werden verschwinden: Vielleicht bürgert sich der Begriff „Beschäftigte" ein!?
ERA wirkt dadurch auch einer sozialen Über- bzw. Unterordnung entgegen. Für die unteren Entgeltgruppen bzw. für die gering qualifizierten Mitarbeiter wird sich der Druck auf Dauer aber erhöhen: bessere Bezahlung nur gegen Weiterqualifizierung!

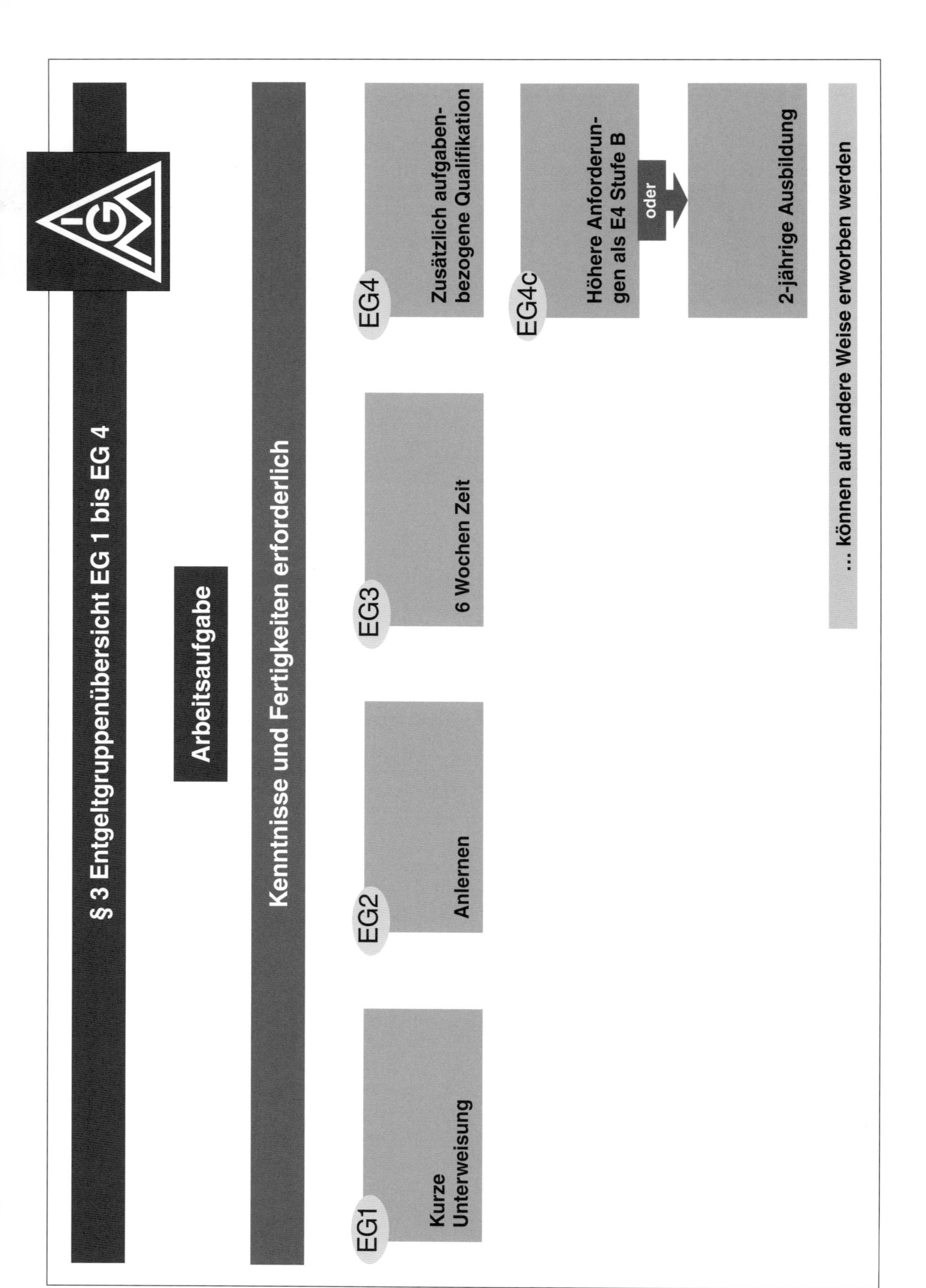

§ 3 Entgeltgruppenübersicht EG 1 bis EG 4

Arbeitsaufgabe

Kenntnisse und Fertigkeiten erforderlich

EG1 – Kurze Unterweisung

EG2 – Anlernen

EG3 – 6 Wochen Zeit

EG4 – Zusätzlich aufgabenbezogene Qualifikation

EG4c – Höhere Anforderungen als E4 Stufe B *oder* 2-jährige Ausbildung

... können auf andere Weise erworben werden

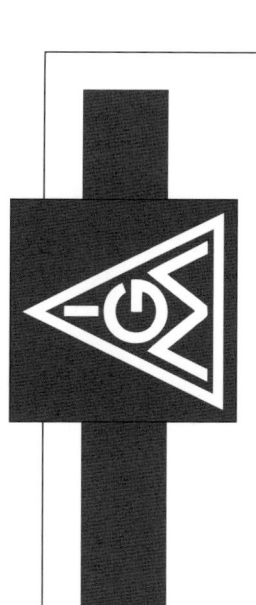

§ 3 Entgeltgruppenübersicht EG 5 bis EG 8

Arbeitsaufgabe

Kenntnisse und Fertigkeiten erforderlich

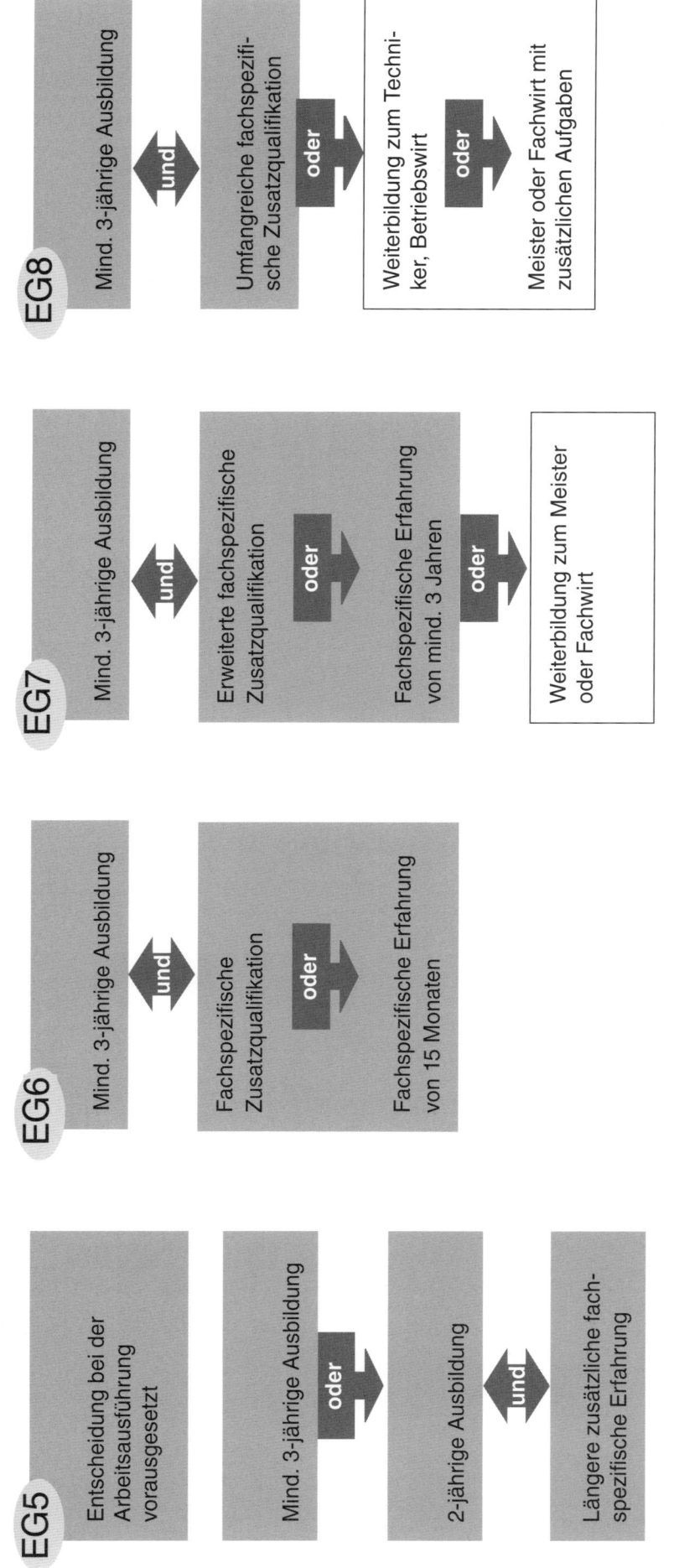

EG5
- Entscheidung bei der Arbeitsausführung vorausgesetzt
- Mind. 3-jährige Ausbildung **oder** 2-jährige Ausbildung **und** Längere zusätzliche fachspezifische Erfahrung

EG6
- Mind. 3-jährige Ausbildung **und** (Fachspezifische Zusatzqualifikation **oder** Fachspezifische Erfahrung von 15 Monaten)

EG7
- Mind. 3-jährige Ausbildung **und** (Erweiterte fachspezifische Zusatzqualifikation **oder** Fachspezifische Erfahrung von mind. 3 Jahren **oder** Weiterbildung zum Meister oder Fachwirt)

EG8
- Mind. 3-jährige Ausbildung **und** Umfangreiche fachspezifische Zusatzqualifikation **oder** Weiterbildung zum Techniker, Betriebswirt **oder** Meister oder Fachwirt mit zusätzlichen Aufgaben

... können auf andere Weise erworben werden

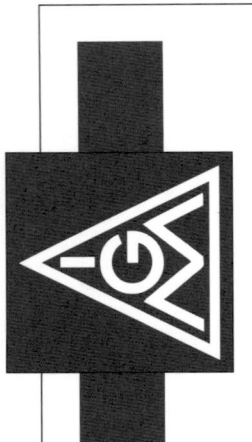

§ 3 Entgeltgruppenübersicht EG 9 bis EG 10

Arbeitsaufgabe

Kenntnisse und Fertigkeiten erforderlich

EG 9

- Entscheidungs- und Dispositionsspielraum im Rahmen der Aufgabenstellung
- Mind. 3-jährige Ausbildung **und** Über die E8 hinausgehende fachspezifische Zusatzqualifikation

oder

- Qualifizierte Weiterbildung **und** Fachspezifische Zusatzqualifikation

oder

- Abgeschlossenes Studium mit einer bis zu 4-jährigen Regelstudiendauer

EG 10

- Mind. 3-jährige Ausbildung **und** Besonders umfangreiche fachspezifische Zusatzqualifikation

oder

- Qualifizierte Weiterbildung **und** Erweiterte fachspezifische Zusatzqualifikation

oder

- Abgeschlossenes Studium mit einer bis zu 4-jährigen Regelstudiendauer **und** Fachspezifische Zusatzqualifikation

oder

- Abgeschlossenes Studium mit mehr als 4-jähriger Regelstudiendauer

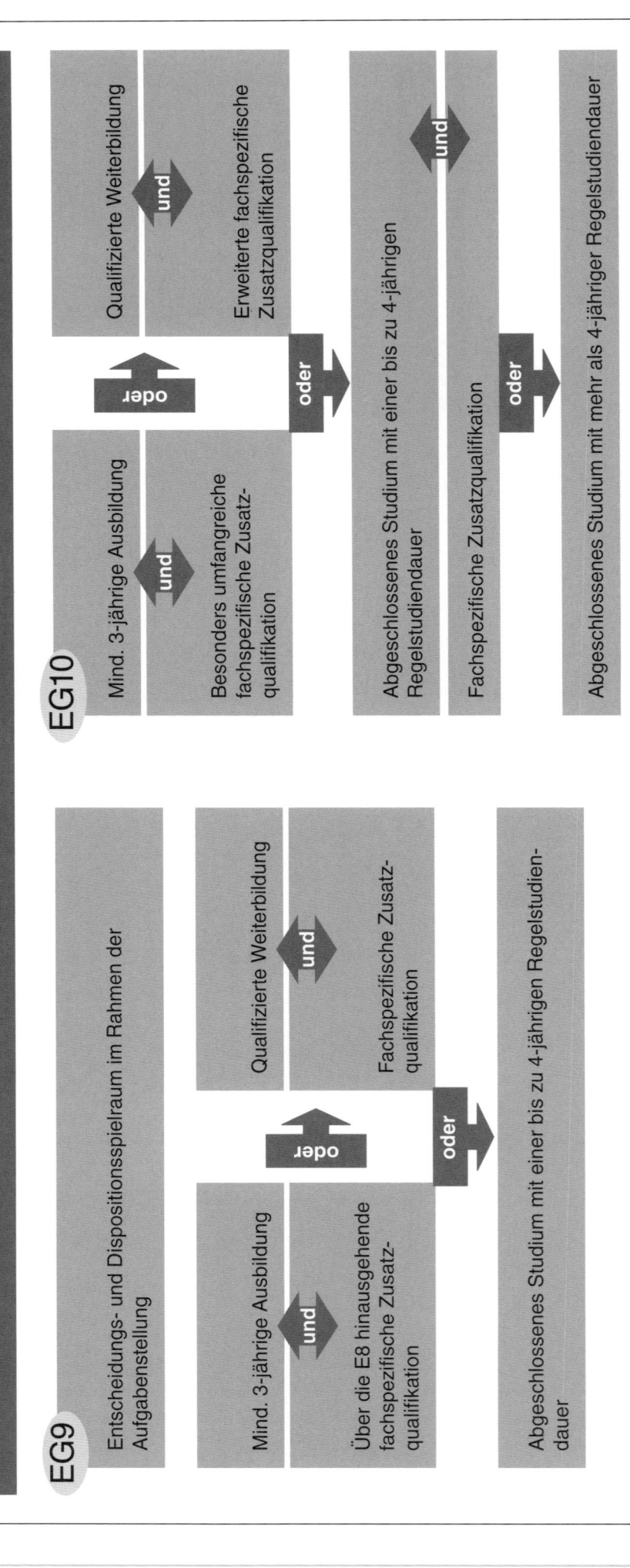

... können auf andere Weise erworben werden

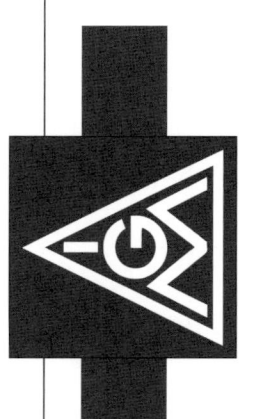

§ 3 Entgeltgruppenübersicht EG 11 bis EG 12

Arbeitsaufgabe

Kenntnisse und Fertigkeiten erforderlich

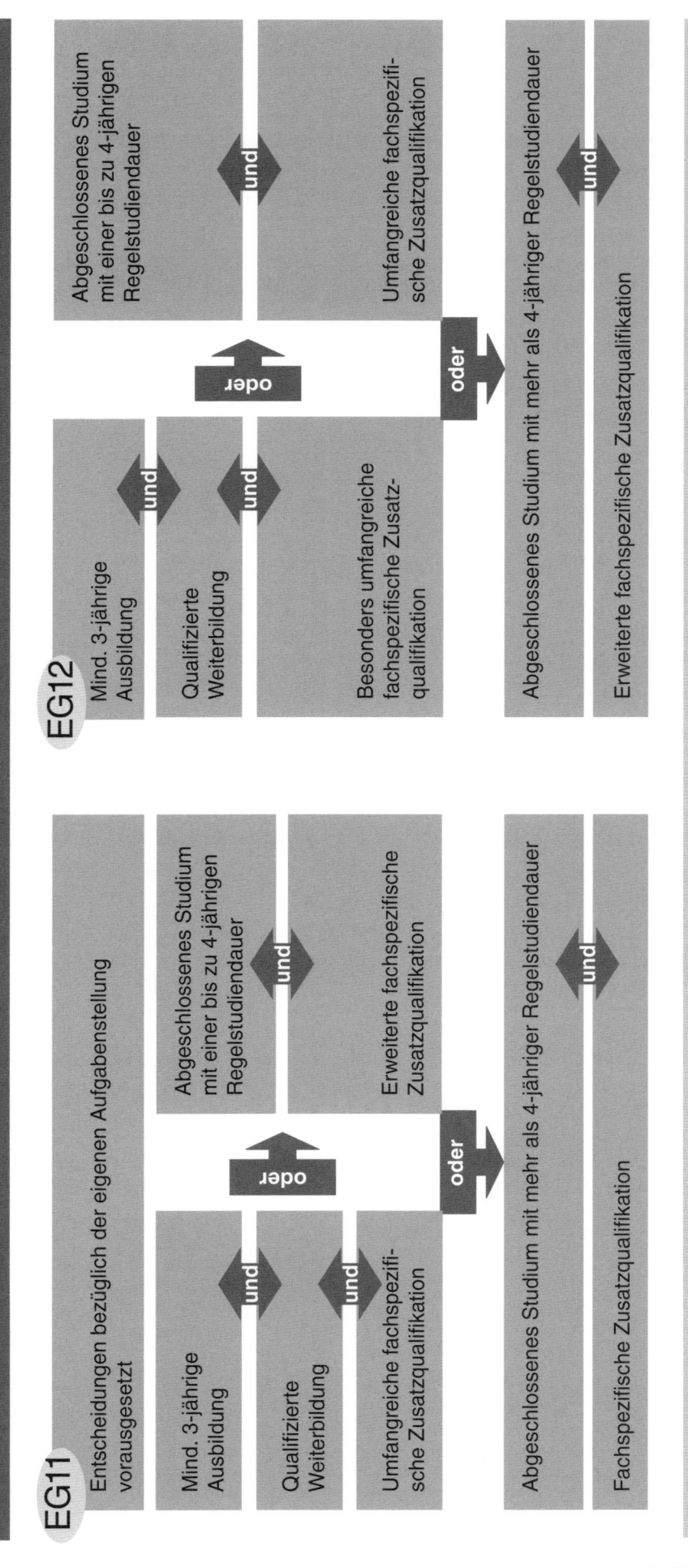

EG12

- Mind. 3-jährige Ausbildung **und** Qualifizierte Weiterbildung **und** Besonders umfangreiche fachspezifische Zusatzqualifikation

oder

- Abgeschlossenes Studium mit einer bis zu 4-jährigen Regelstudiendauer **und** Umfangreiche fachspezifische Zusatzqualifikation

oder

- Abgeschlossenes Studium mit mehr als 4-jähriger Regelstudiendauer **und** Erweiterte fachspezifische Zusatzqualifikation

EG11

Entscheidungen bezüglich der eigenen Aufgabenstellung vorausgesetzt

- Mind. 3-jährige Ausbildung **und** Qualifizierte Weiterbildung **und** Umfangreiche fachspezifische Zusatzqualifikation

oder

- Abgeschlossenes Studium mit einer bis zu 4-jährigen Regelstudiendauer **und** Erweiterte fachspezifische Zusatzqualifikation

oder

- Abgeschlossenes Studium mit mehr als 4-jähriger Regelstudiendauer **und** Fachspezifische Zusatzqualifikation

... können auf andere Weise erworben werden

Die IG Metall zur Einführung des Entgeltrahmenabkommens (ERA)

1. Das ist ERA:

- Einheitliche Regelungen für Arbeiter und Angestellte bei der Ermittlung des Arbeitsentgelts
- Bewertung von Funktionen nach denselben systematischen Kriterien für Arbeiter und Angestellte
- Eine gemeinsame Entgelttabelle statt unterschiedlicher Lohn- und Gehaltsstaffeln
- Gleiche Grundsätze für Leistungsentgelte

2. Reformbedarf:

- Aufhebung der Trennung von Kopf- und Handarbeit
- Ganzheitliche Arbeitsaufgaben
- Neue Qualifizierungsanforderungen
- Neue Formen der Arbeitsorganisation
- Bessere Regelungen zum Thema Leistung

3. Konsequenzen:

- Einheitliches Grundentgelt: Beseitigung von Entwicklungshemmnissen zwischen Arbeitern und Angestellten
- Modernes Leistungsentgelt: Zielvereinbarung, Beurteilungssysteme
- Anpassung der Tätigkeitsbeschreibungen an die heutige Arbeitswelt

4. Eingruppierungsbestimmungen:

- Eingruppierung erfolgt aufgrund der Anforderungen der gesamten Arbeitsaufgabe
- Ganzheitliche Betrachtung der Arbeitsaufgabe
- Eingruppierungskriterien sind fachliche Qualifikation und Handlungsspielraum
- Fachspezifische Zusatzqualifikation kann erworben werden durch fachspezifische Erfahrung und/oder Weiterbildung
- Die zeitliche Dauer der entsprechenden Tätigkeiten ist nicht entscheidend
- Fachspezifische Zusatzqualifikation kann ganz oder teilweise durch das Kriterium „Führung" ersetzt werden

5. Leistungsbeurteilung:

- Beurteilung der Leistung durch einen Beurteilungsbogen

6. Besitzstandsregelung:

- Es darf aus Anlass der ERA-Einführung kein Beschäftigter eine Minderung seines tariflichen Entgelts haben

Die Hierarchie bestimmt das Einkommen

Arbeitnehmer werden bereits bei der Einstellung einem bestimmten Arbeitsplatz, einer Abteilung oder einer weiteren Stufe der betrieblichen Hierarchie zugeordnet. Einfach ausgedrückt: Es gibt Arbeitnehmer, die vorwiegend damit beschäftigt sind, angewiesene Arbeiten auszuführen (Ausführungsebene), und es gibt andere, die ihnen vorgesetzt sind und Anweisungen erteilen bzw. Führungsaufgaben wahrnehmen (Führungsebene). Insgesamt ergibt sich eine mehrstufige Hierarchie.

Ausführungsebene

Führungsebene

Ganz unten stehen Auszubildende und die angelernten Arbeiter, darüber die Facharbeiter, Vorarbeiter und Meister und schließlich in den oberen Etagen die Abteilungsleiter, Betriebsdirektoren und sonstigen Topmanager von Großunternehmen. Dieser hierarchische Aufbau gilt sowohl für den kaufmännischen wie für den technischen Bereich.

Das beschriebene „Liniensystem" wurde in den letzten Jahrzehnten erheblich kritisiert. Vor allem Großunternehmen haben deshalb beträchtliche Anstrengungen unternommen, um streng hierarchische Betriebsordnungen aufzulockern. Beispielsweise wurden Projektgruppen eingerichtet oder Teams gebildet, in denen Vorgesetzte und Mitarbeiter aus verschiedenen Abteilungen und Hierarchie-Ebenen zusammenarbeiten. Allerdings hat sich dieser kooperative Ansatz in der betrieblichen Praxis bisher nur sehr begrenzt durchsetzen können. Vorherrschend ist nach wie vor das Liniensystem. Der oft zu hörende Satz: „Ich habe ... Leute unter mir", ist dafür ein Beispiel. Derjenige, der auf der betrieblichen Karriereleiter weiter nach oben kommt, gewinnt Macht, Einfluss, Prestige, aber er trägt dann auch mehr Verantwortung. Das steigert nicht nur das Selbstwertgefühl, sondern vor allem auch das Einkommen.

Auffällig ist, dass Frauen auf der oberen Sprosse der Karriereleiter wesentlich seltener zu finden sind als Männer. Das hat seine Gründe. Der erste: Frauen wird es in den oberen Etagen der Betriebshierarchie nicht selten schwerer gemacht als ihren männlichen Kollegen. Diese Erscheinung nimmt aber immer mehr ab.
Der zweite Grund besteht darin, dass die Doppelbelastung durch Familie und Beruf viele Frauen davon abhält, die berufliche Karriere mit der gleichen Zielstrebigkeit zu verfolgen wie Männer.

| Klasse: | Datum: | Name: |

Die Hierarchie bestimmt das Einkommen

1. Trage in das folgende Schema die passenden Funktionsbezeichnungen ein. Achte darauf, dass es eine klare und sinnvolle „Hierarchie" ergibt!

   Arbeiter – Generaldirektor – Werkstattleiter – Bürochef – kaufmännischer Direktor – Hauptabteilungsleiter – Meister – Angestellter – technischer Direktor

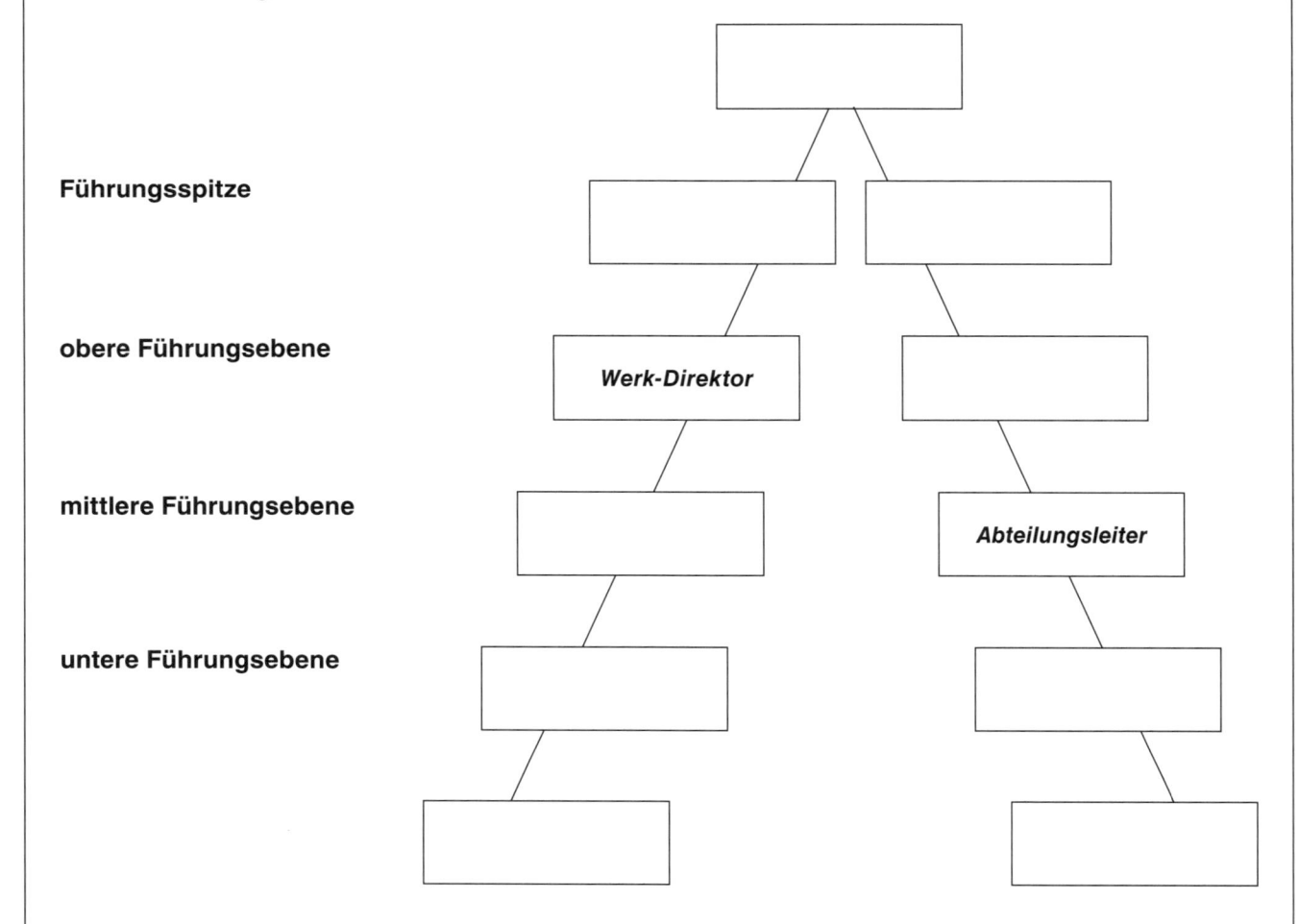

Führungsspitze

obere Führungsebene — *Werk-Direktor*

mittlere Führungsebene — *Abteilungsleiter*

untere Führungsebene

2. Warum wurde bei dieser Darstellung die Form einer Pyramide gewählt?

   _____

   _____

3. Womit hängt die Tatsache zusammen, dass jemand, der in dieser Pyramide weiter oben steht, mehr verdient als derjenige, der weiter unten steht?

   _____

   _____

| Klasse: | Datum: | Name: |

Die Hierarchie bestimmt das Einkommen (Lösung)

1. Trage in das folgende Schema die passenden Funktionsbezeichnungen ein. Achte darauf, dass es eine klare und sinnvolle „Hierarchie" ergibt!

   Arbeiter – Generaldirektor – Werkstattleiter – Bürochef – kaufmännischer Direktor – Hauptabteilungsleiter – Meister – Angestellter – technischer Direktor

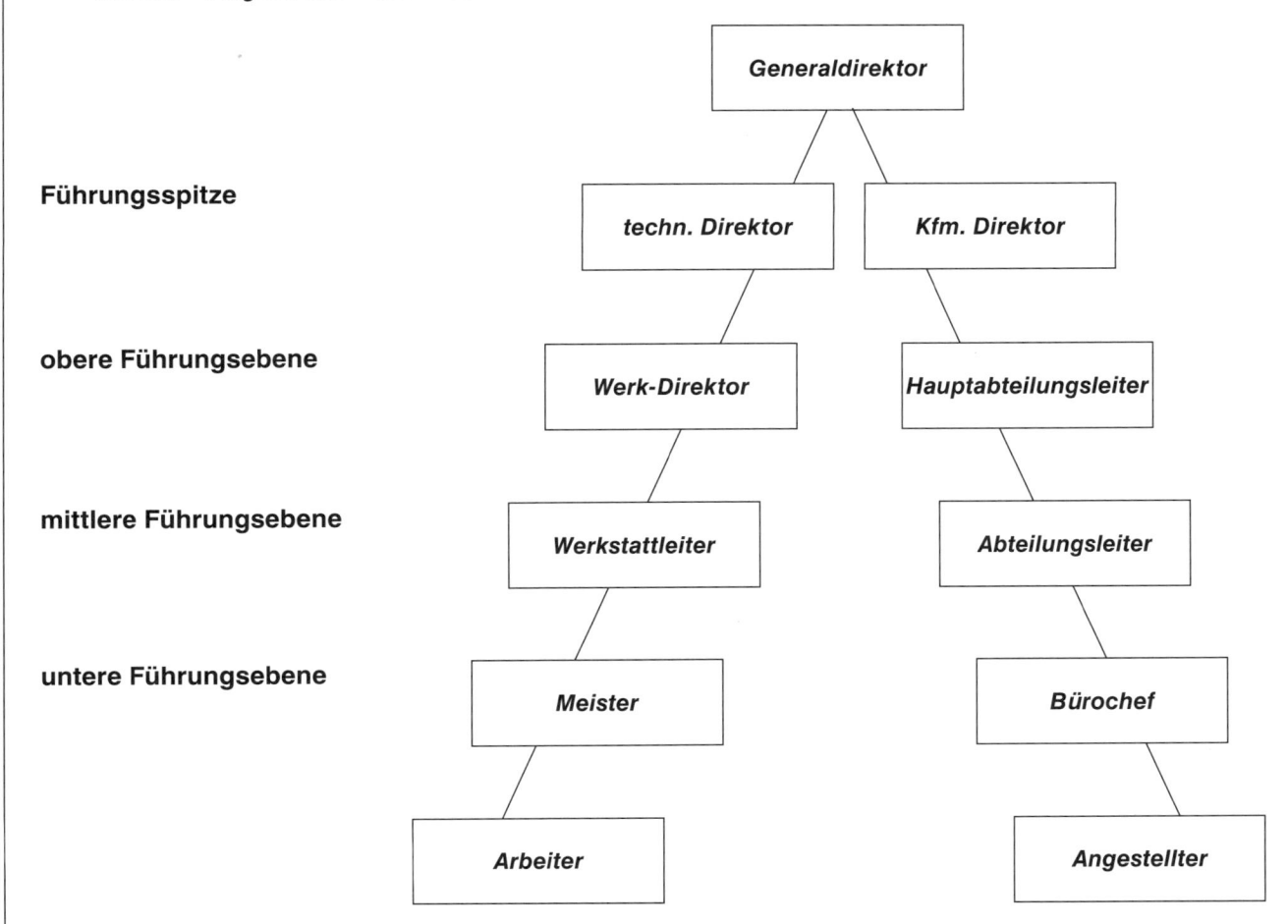

Führungsspitze
- Generaldirektor
  - techn. Direktor
  - Kfm. Direktor

obere Führungsebene
- Werk-Direktor
- Hauptabteilungsleiter

mittlere Führungsebene
- Werkstattleiter
- Abteilungsleiter

untere Führungsebene
- Meister
- Bürochef

- Arbeiter
- Angestellter

2. Warum wurde bei dieser Darstellung die Form einer Pyramide gewählt?

   Die Form der Pyramide wurde gewählt, weil man damit zum Ausdruck bringen will, dass „nach oben hin" die Zahl der Personen abnimmt.

3. Womit hängt die Tatsache zusammen, dass jemand, der in dieser Pyramide weiter oben steht, mehr verdient als derjenige, der weiter unten steht?

   Das hängt wohl damit zusammen, dass die Anforderungen mit den Stufen wachsen und die Befähigung, diese Anforderungen zu erfüllen, bezahlt wird.

Brutto ist nicht gleich netto!

Wie ein Überblick über die in der deutschen Wirtschaft gezahlten Löhne und Gehälter erkennen lässt, schwankten im Jahr 2009 die durchschnittlichen Bruttomonatsverdienste zwischen 1.700 € und 3.700 €.
Allerdings erreichten viele Arbeitnehmer diese Durchschnittswerte nicht. Sei es, weil sie durchschnittlich niedriger eingestuft sind, oder sei es, weil sie in einer Stadt oder Region arbeiten, in denen die Verdienstmöglichkeiten generell geringer ausfallen.

Bei allen ist aber zu beachten: Bruttoverdienst ist nicht gleich Nettoverdienst. Wenn ein Mitarbeiter z. B. 180 Stunden zu einem Stundenlohn von 15 € arbeitet, dann verdient er 2.700 € brutto, nicht aber netto. Das bedeutet, sein Reinverdienst, den er effektiv zur Verfügung hat, liegt niedriger. Vom Bruttolohn sind noch Steuern sowie Sozialabgaben für die Kranken-, Renten-, Pflege- und Arbeitslosenversicherung abzuziehen, auch der Solidaritätszuschlag geht weiterhin ab.

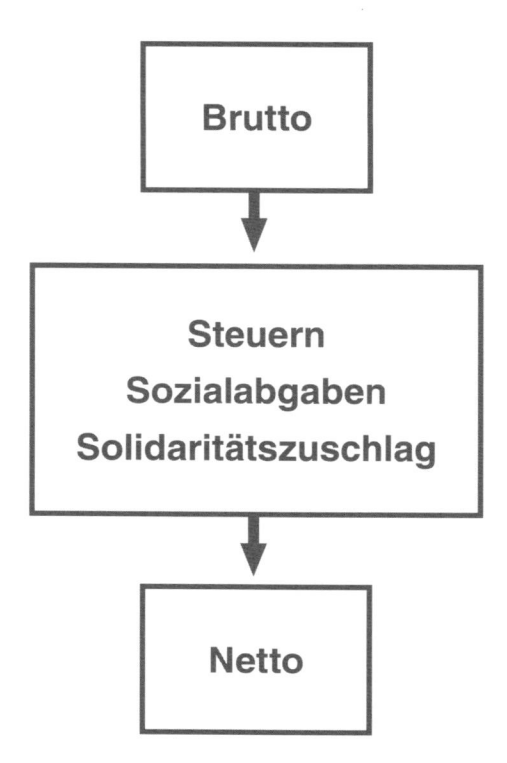

```
        ┌─────────────┐
        │   Brutto    │
        └──────┬──────┘
               ▼
    ┌───────────────────────┐
    │       Steuern         │
    │     Sozialabgaben     │
    │  Solidaritätszuschlag │
    └───────────┬───────────┘
                ▼
         ┌─────────────┐
         │    Netto    │
         └─────────────┘
```

Bei der Lohn- und Einkommensteuer ist zu berücksichtigen, dass die Steuersätze nicht konstant bleiben, sondern sich mit steigendem Einkommen erhöhen (Steuer-Progression). Dahinter steht die sozial-politische Überlegung, dass derjenige, der viel verdient, auch relativ viel zur Finanzierung der staatlichen Gemeinschaftsaufgaben beitragen kann und soll.

Allerdings ist das zu versteuernde Einkommen geringer als das tatsächliche Bruttojahreseinkommen des Steuerpflichtigen. Vom Jahreseinkommen gehen nämlich zuvor verschiedene Freibeträge sowie berufsbezogene Unkosten ab.

Brutto ist nicht gleich netto! – Aktuelles Zahlenmaterial

Arbeitsaufgabe
Erläutere die beiden Schaubilder in Bezug auf die Begriffe „brutto" und „netto"!

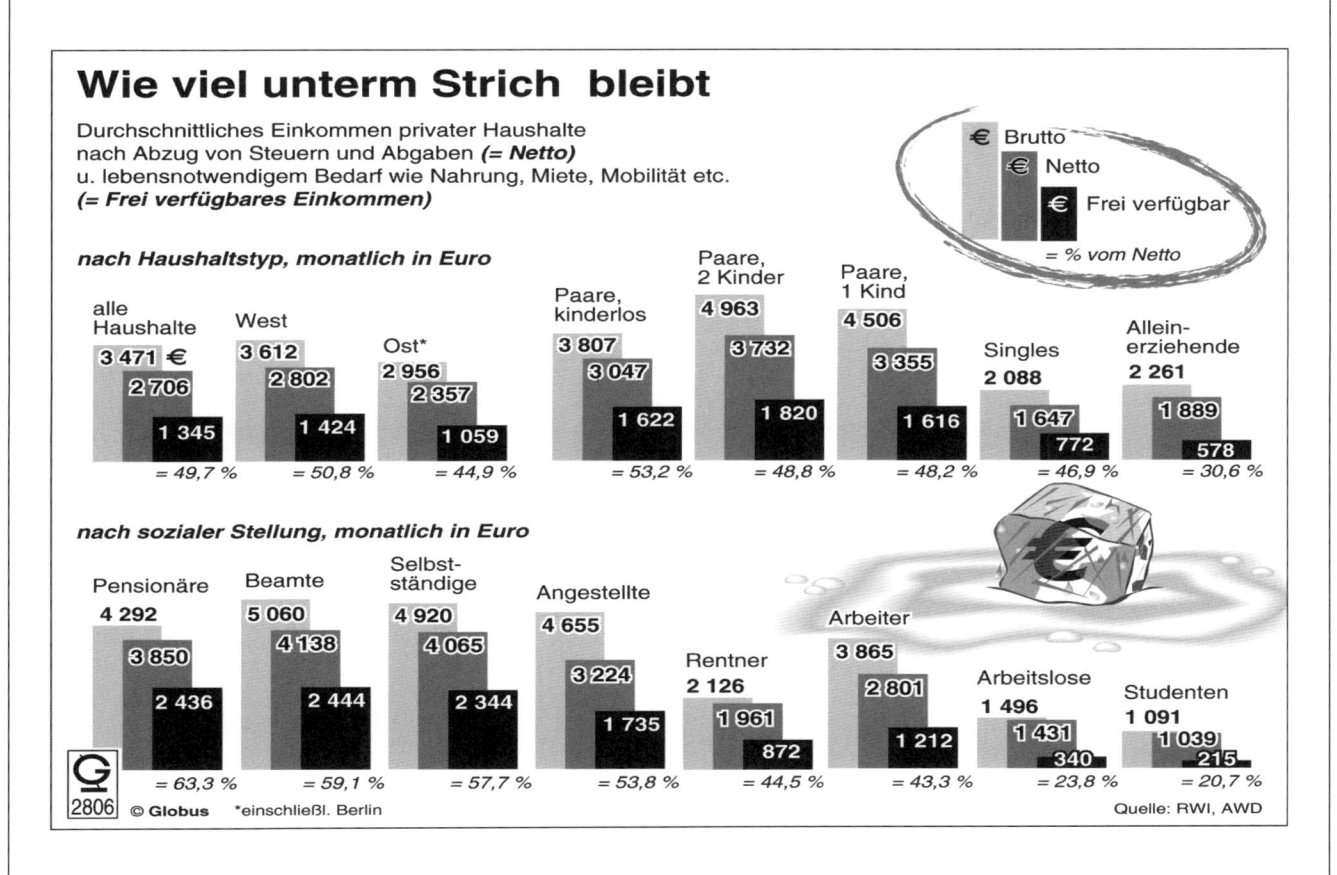

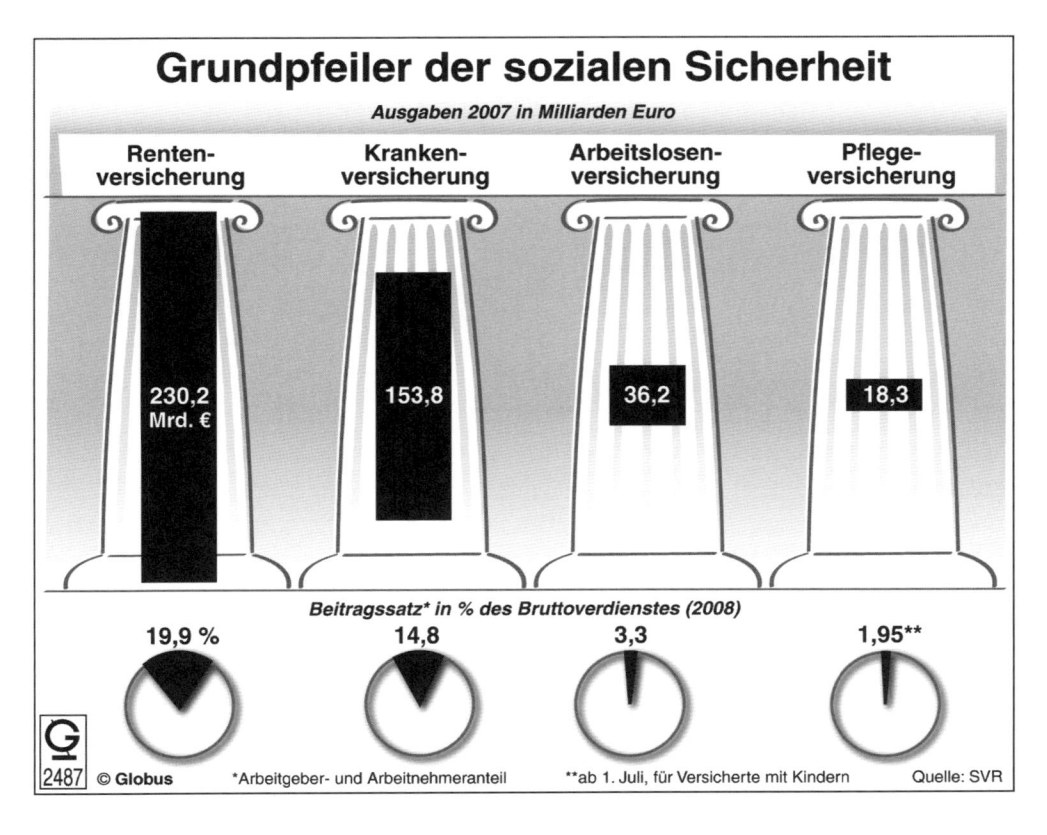

Wie viel unterm Strich bleibt

Durchschnittliches Einkommen privater Haushalte
nach Abzug von Steuern und Abgaben *(= Netto)*
u. lebensnotwendigem Bedarf wie Nahrung, Miete, Mobilität etc.
(= Frei verfügbares Einkommen)

€ Brutto
€ Netto
€ Frei verfügbar
= % vom Netto

nach Haushaltstyp, monatlich in Euro

	alle Haushalte	West	Ost*	Paare, kinderlos	Paare, 2 Kinder	Paare, 1 Kind	Singles	Alleinerziehende
Brutto	3 471 €	3 612	2 956	3 807	4 963	4 506	2 088	2 261
Netto	2 706	2 802	2 357	3 047	3 732	3 355	1 647	1 889
Frei verfügbar	1 345	1 424	1 059	1 622	1 820	1 616	772	578
	= 49,7 %	= 50,8 %	= 44,9 %	= 53,2 %	= 48,8 %	= 48,2 %	= 46,9 %	= 30,6 %

nach sozialer Stellung, monatlich in Euro

	Pensionäre	Beamte	Selbstständige	Angestellte	Rentner	Arbeiter	Arbeitslose	Studenten
Brutto	4 292	5 060	4 920	4 655	2 126	3 865	1 496	1 091
Netto	3 850	4 138	4 065	3 224	1 961	2 801	1 431	1 039
Frei verfügbar	2 436	2 444	2 344	1 735	872	1 212	340	215
	= 63,3 %	= 59,1 %	= 57,7 %	= 53,8 %	= 44,5 %	= 43,3 %	= 23,8 %	= 20,7 %

© Globus *einschließl. Berlin   Quelle: RWI, AWD

Grundpfeiler der sozialen Sicherheit

Ausgaben 2007 in Milliarden Euro

Rentenversicherung	Krankenversicherung	Arbeitslosenversicherung	Pflegeversicherung
230,2 Mrd. €	153,8	36,2	18,3

Beitragssatz* in % des Bruttoverdienstes (2008)

| 19,9 % | 14,8 | 3,3 | 1,95** |

© Globus   *Arbeitgeber- und Arbeitnehmeranteil   **ab 1. Juli, für Versicherte mit Kindern   Quelle: SVR

| Klasse: | Datum: | Name: |

Wie sieht eine Entgeltabrechnung aus?

Das folgende Beispiel zeigt das Grundmuster einer Entgeltabrechnung (neuer Begriff nach ERA!) eines Alleinverdieners, nicht verheiratet, keine Kinder (= Lohnsteuerklasse I) mit einem monatlichen Brutto-Entgelt von 2.286 €.
Die Angaben sind der Monats-Lohnsteuertabelle 2008 und den Beitragssätzen der Sozialversicherungen 2008 entnommen.

Arbeitsaufgabe
Versuche aufgrund der folgenden Begriffe und Einzelbeträge eine Entgeltabrechnung zu erstellen! Berechne das Netto-Entgelt.

gesetzliche Rentenversicherung – 2.286,00 € – Lohnsteuer – 37,72 € – 337,41 € – Kirchensteuer – 227,46 € – Abzüge gesamt – 25,31 € – gesetzliche Pflegeversicherung – 26,99 € – 826,34 € – gesetzliche Arbeitslosenversicherung – gesetzliche Krankenversicherung – 19,43 € – Solidaritätszuschlag – 152,02 €

Entgeltabrechnung:

Brutto-Entgelt

— *Steuern:*

— *Sozialabgaben:*

Netto-Entgelt

Vom Brutto-Entgelt werden _____ und _____ abgezogen.
Dies ergibt dann das _____ .

| Klasse: | Datum: | Name: |

Wie sieht eine Entgeltabrechnung aus? (Lösung)

Das folgende Beispiel zeigt das Grundmuster einer Entgeltabrechnung (neuer Begriff nach ERA!) eines Alleinverdieners, nicht verheiratet, keine Kinder (= Lohnsteuerklasse I) mit einem monatlichen Brutto-Entgelt von 2.286 €.
Die Angaben sind der Monats-Lohnsteuertabelle 2008 und den Beitragssätzen der Sozialversicherungen 2008 entnommen.

Arbeitsaufgabe
Versuche aufgrund der folgenden Begriffe und Einzelbeträge eine Entgeltabrechnung zu erstellen! Berechne das Netto-Entgelt.

gesetzliche Rentenversicherung – 2.286,00 € – Lohnsteuer – 37,72 € – 337,41 € – Kirchensteuer – 227,46 € – Abzüge gesamt – 25,31 € – gesetzliche Pflegeversicherung – 26,99 € – 826,34 € – gesetzliche Arbeitslosenversicherung – gesetzliche Krankenversicherung – 19,43 € – Solidaritätszuschlag – 152,02 €

Entgeltabrechnung:

Brutto-Entgelt	2.286,00 €
– Steuern:	
* *Lohnsteuer*	337,41 €
* *Solidaritätszuschlag*	25,31 €
* *Kirchensteuer*	26,99 €
– Sozialabgaben:	
* *gesetzliche Krankenversicherung*	152,02 €
* *gesetzliche Pflegeversicherung*	19,43 €
* *gesetzliche Rentenversicherung*	227,46 €
* *gesetzliche Arbeitslosenversicherung*	37,72 €
– Abzüge gesamt:	826,34 €
Netto-Entgelt	1.459,66 €

Vom Brutto-Entgelt werden __*Steuern*__ und __*Sozialabgaben*__ abgezogen.
Dies ergibt dann das __*Netto-Entgelt*__ .

Geringfügige Beschäftigung

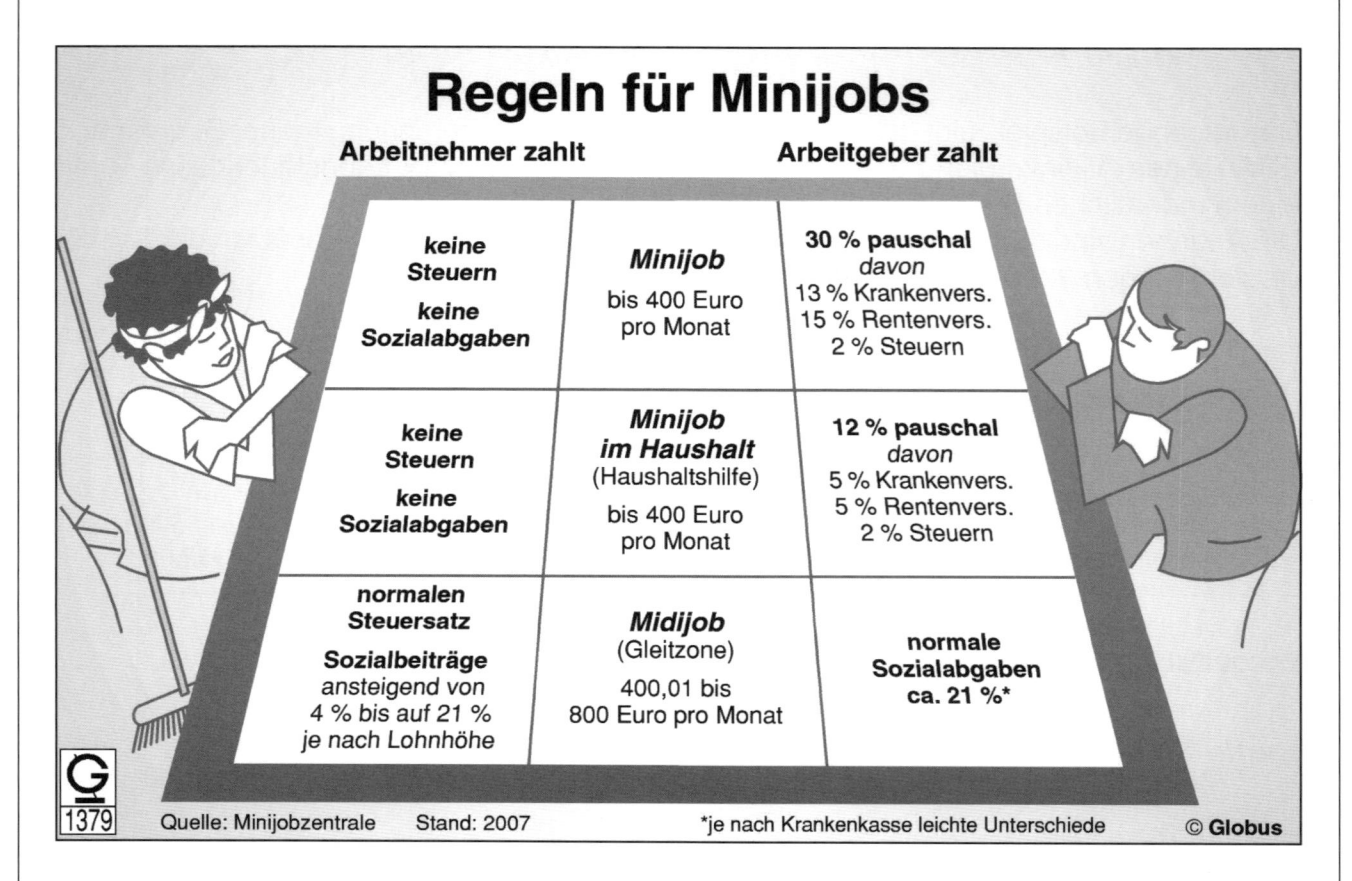

Regeln für Minijobs

Arbeitnehmer zahlt		Arbeitgeber zahlt
keine Steuern keine Sozialabgaben	**Minijob** bis 400 Euro pro Monat	30 % pauschal davon 13 % Krankenvers. 15 % Rentenvers. 2 % Steuern
keine Steuern keine Sozialabgaben	**Minijob im Haushalt** (Haushaltshilfe) bis 400 Euro pro Monat	12 % pauschal davon 5 % Krankenvers. 5 % Rentenvers. 2 % Steuern
normalen Steuersatz Sozialbeiträge ansteigend von 4 % bis auf 21 % je nach Lohnhöhe	**Midijob** (Gleitzone) 400,01 bis 800 Euro pro Monat	normale Sozialabgaben ca. 21 %*

Quelle: Minijobzentrale   Stand: 2007   *je nach Krankenkasse leichte Unterschiede   © Globus

Um Lohnkosten zu sparen bieten Firmen sogenannte „Mini-Jobs" an. Beschäftigte in solchen Mini-Jobs arbeiten z. B. als Teilzeitverkäuferin in der Bäckerei, an der Kasse im Supermarkt oder als Raumpfleger in Privathaushalten.

Mehr als 5 Millionen Menschen – vorwiegend Frauen – sind derzeit (Stand 2009) in sozial nicht abgesicherten Beschäftigungsverhältnissen tätig. Bei einem Mini-Job darf der monatliche Bruttoverdienst regelmäßig 400 € nicht überschreiten. Die Arbeitnehmer müssen ihr Einkommen nicht versteuern und entrichten keine Sozialabgaben, d. h. das Bruttogehalt wird netto ausgezahlt. Die Arbeitgeber bezahlen dagegen pro Mini-Jobber eine pauschale Abgabe (30 % bzw. 12 %) an den Staat.

Geringfügige Beschäftigung bietet vor allem Frauen die Möglichkeit, zum Familieneinkommen beizutragen. Oft ist es auch die einzige Möglichkeit, einen Teilzeitjob auf dem Arbeitsmarkt zu bekommen. Langfristig gesehen muss diese Tätigkeit aber nur als absoluter Nebenjob betrachtet werden: Die Mini-Jobs bieten meist keine Aussicht auf Qualifizierung, keinen beruflichen Aufstieg und führen zu keinem Rentenanspruch. Diese Tatsachen müssen jedem bewusst sein, der einen solchen Job ausübt!

Mindestlöhne in der Diskussion

Seit kurzem geistert eine weitere Idee zum Mindestlohn durch die Bundesrepublik. Diese gesetzliche Vorgabe soll den Abstand zwischen Frauen- und Männergehältern verringern. Schließlich verdienen weibliche Beschäftigte hierzulande je nach Rechnung bis zu 23 Prozent weniger als ihre männlichen Kollegen. Doch der Effekt eines Mindestlohns ist ungewiss und kann die Jobsituation für Frauen sogar verschlechtern.

Das Thema ist nicht neu, doch es sorgt immer wieder für Diskussionsstoff: Frauen und Männer in Deutschland verdienen unterschiedlich viel. Laut Statistischem Bundesamt lag die allgemeine Lohnlücke – die Differenz der durchschnittlichen Bruttolöhne – hierzulande im Jahr 2007 bei 23 Prozent. Im Vergleich zu anderen Ländern hat sich daran in der Vergangenheit nicht viel getan. Doch es ist Vorsicht geboten bei vorschnellen Urteilen: Die Lohnlücke kann nur dann eine Benachteiligung von Frauen anzeigen, wenn man Gleiches mit Gleichem vergleicht.

Genau das ist aber in den meisten Statistiken nicht der Fall. Tatsächlich ist die Zahl des Statistischen Bundesamts wenig aussagekräftig, da sich Frauen und Männer im Erwerbsleben deutlich unterscheiden. So nehmen Frauen wesentlich häufiger kindbedingte Erwerbspausen in Anspruch und arbeiten nicht nur deshalb öfter Teilzeit oder in geringfügigen Beschäftigungsverhältnissen.

Daneben haben vor allem ältere Frauen derzeit noch einen im Durchschnitt geringeren Bildungsstand als Männer. Ob sich die immer bessere Bildung jüngerer Frauen auszahlt, liegt unter anderem auch an den Präferenzen: Häufig ziehen weibliche Beschäftigte flexible und familienfreundliche Arbeitsbedingungen hohen Einkommen und Karrierechancen vor.

Nach diesen Kriterien wählen Frauen auch ihre Berufe und Branchen. Laut Bundesagentur für Arbeit sind Frauen überdurchschnittlich oft in Dienstleistungsberufen tätig – etwa als Friseurin oder Haushaltshilfe – und im Gesundheits- und Sozialwesen vertreten. In diesen Jobs wird eher wenig verdient. Umgekehrt sind Männer vor allem im produzierenden Gewerbe anzutreffen, wo im Schnitt höhere Löhne gezahlt werden. Ein Beispiel:

Die 530.000 Sprechstundenhilfen sind zu 99 Prozent Frauen – sie verdienen laut Tarif bis zu 1.900 Euro brutto. Von den 720.000 Schlossern sind dagegen nur 2 Prozent weiblich – der Tariflohn in der Metallindustrie liegt bei bis zu 2.400 Euro.

Um die Lohnlücke zu verkleinern, wird mitunter vorgeschlagen, einen gesetzlichen Mindestlohn einzuführen. In einigen Branchen gibt es eine solche Regelung bereits oder sie wird zumindest diskutiert. Häufig sind davon jedoch Wirtschaftszweige betroffen, in denen überwiegend Männer arbeiten, wie z. B. die Bauwirtschaft und die Zeitarbeit, in der nur 13 bzw. 29 Prozent der Arbeitnehmer Frauen sind. In diesen Fällen vergrößert ein branchenspezifischer Mindestlohn die gesamtwirtschaftliche Lohnlücke, denn:

- Führt der Mindestlohn dazu, dass die Arbeitsplätze unrentabel werden und die Betroffenen ihre Jobs verlieren, dann steigt der Durchschnittslohn der übrig gebliebenen Arbeitnehmer – die sind aber hauptsächlich männlich.
- Ändert sich an der Beschäftigtenzahl nichts und erhöht sich lediglich der Lohn, steigt das durchschnittliche Entgelt der Männer stärker als das der Frauen – denn es trifft mehr männliche als weibliche Beschäftigte.

Die Lohnlücke ließe sich verringern, wenn der Mindestlohn in Branchen eingeführt würde, in denen vorwiegend Frauen arbeiten. Doch auch dann ist nicht alles Gold, was glänzt. Denn der Mindestlohn kann manchen Beschäftigten die Stelle kosten. Zwar würde der Lohnunterschied schrumpfen, gleichzeitig aber die Beschäftigungslücke zunehmen, also die Differenz der Erwerbstätigenquoten von Männer und Frauen.

Ein internationaler Vergleich zeigt, dass in den Ländern mit gesetzlichen Mindestlöhnen tendenziell eher weniger Frauen arbeiten als in Ländern ohne eine solche Lohnuntergrenze (Grafik).

Außerdem führen Mindestlöhne nicht automatisch zu mehr Entgeltgleichheit. So ist in den Niederlanden und Großbritannien trotz Mindestlohn das Verdienstgefälle relativ groß.

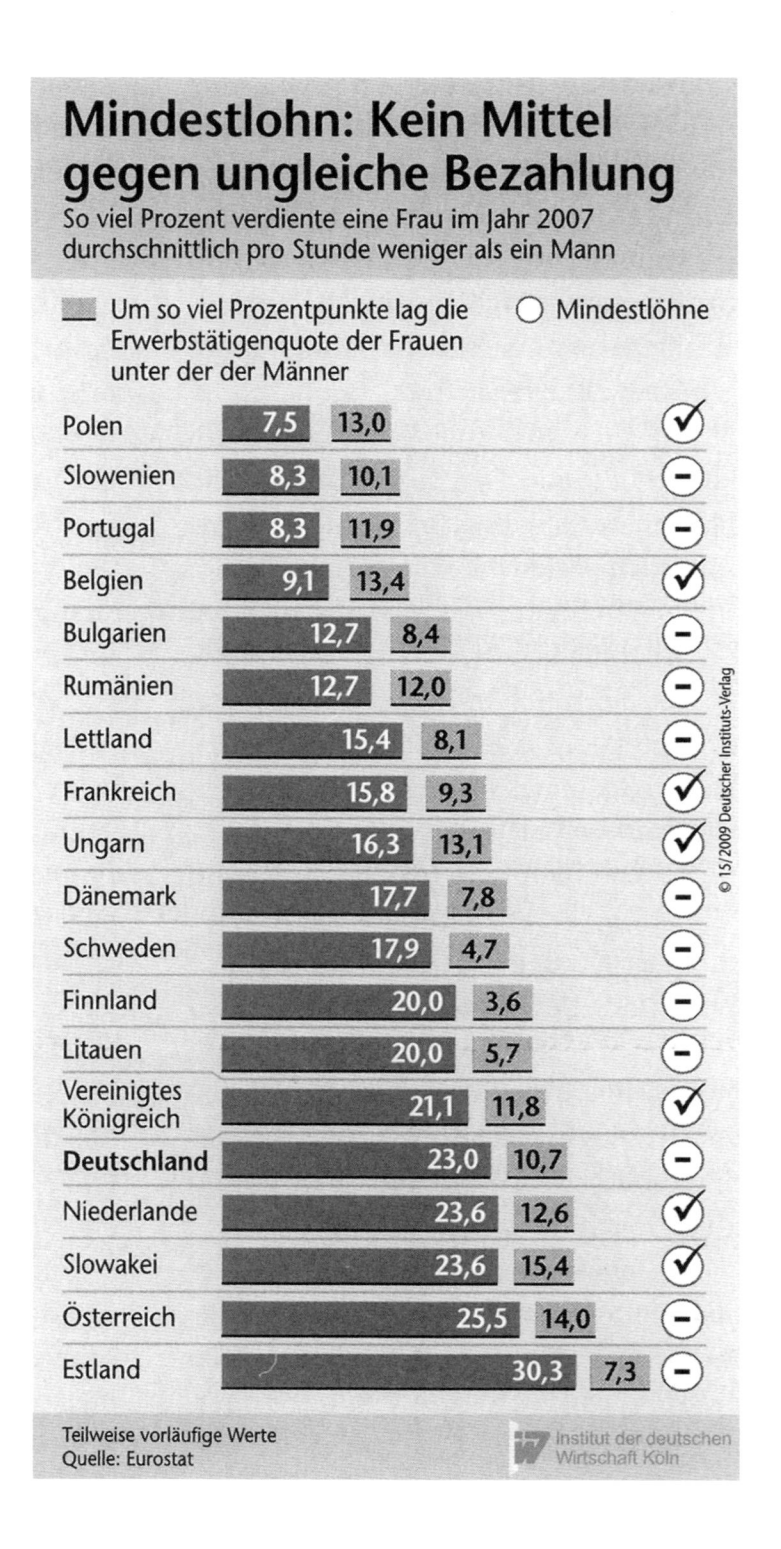

Mindestlohn: Kein Mittel gegen ungleiche Bezahlung

So viel Prozent verdiente eine Frau im Jahr 2007 durchschnittlich pro Stunde weniger als ein Mann

Um so viel Prozentpunkte lag die Erwerbstätigenquote der Frauen unter der der Männer ○ Mindestlöhne

Land	Prozentpunkte	Prozent	Mindestlohn
Polen	7,5	13,0	✓
Slowenien	8,3	10,1	–
Portugal	8,3	11,9	–
Belgien	9,1	13,4	✓
Bulgarien	12,7	8,4	–
Rumänien	12,7	12,0	–
Lettland	15,4	8,1	–
Frankreich	15,8	9,3	✓
Ungarn	16,3	13,1	✓
Dänemark	17,7	7,8	–
Schweden	17,9	4,7	–
Finnland	20,0	3,6	–
Litauen	20,0	5,7	–
Vereinigtes Königreich	21,1	11,8	✓
Deutschland	23,0	10,7	–
Niederlande	23,6	12,6	✓
Slowakei	23,6	15,4	✓
Österreich	25,5	14,0	–
Estland	30,3	7,3	–

Teilweise vorläufige Werte
Quelle: Eurostat

© 15/2009 Deutscher Instituts-Verlag
Institut der deutschen Wirtschaft Köln

Thema 3 | Die Kaufkraft des Lohnes

Lernziele

Erkennen, wovon die Kaufkraft des Lohnes abhängt
Die Begriffe „Nominallohn", „Reallohn", „Lohn-Preis-Spirale" und „Kaufkraft" erklären können
Schaubilder auswerten können
Beschreiben können, von welchen Faktoren die Kaufkraft des Lohnes abhängt
Die Problematik der Entwicklung einer „Lohn-Preis-Spirale" erklären können

Arbeitsmittel/Medien

1 Folienvorlage (Inflationsgeld), 4 Informationsblätter, 3 Arbeitsblätter

Zusatz: 46 40326   „Grundfragen der Volkswirtschaft"
46 52781   „Die Rolle der privaten Haushalte im Wirtschaftskreislauf" (52 min)
46 54706   „Der Jugendliche im Wirtschaftsleben" (16 min)
46 56169   „Einkommen" (80 min)

Folienvorlage

I. Hinführung

Folie (Inflationsgeld) TA: **Die Kaufkraft des Lohnes/Geldes**

II. Erarbeitung

Wovon hängt die Kaufkraft des Lohnes ab? (Info-Blatt)	Das Realeinkommen der Arbeitnehmer ist in den Jahren 1991–2009 um mehr als 7 % gesunken.
Nominallohn und Reallohn – ein Unterschied (Info-Blatt)	Nominallohn = tatsächliche Summe des Lohnes Reallohn = Bezeichnung für die Kaufkraft des Lohnes
Lohn-Preis-Spirale (Info-Blatt)	S: Lohn-Preis-Spirale: Ausdruck für die wechselseitigen Zusammenhänge zwischen dem Anstieg der Löhne und dem Anstieg der Preise als Folge von Lohn-Steigerungen
Lohnkaufkraft – damals und heute (Info-Blatt)	S: Ein realistisches Bild der Einkommenssituation im Vergleich vieler Jahre bekommt man durch einen Vergleich der Arbeitszeit, die für den Erwerb einer Ware erbracht werden musste/muss.

III. Vertiefung

Gesamtwiederholung

IV. Sicherung

Eintrag Arbeitsblätter

V. Ausweitung

Aktuelles Material zur Diskussion Analyse des Wirtschaftsteils einer Zeitung

VI. Lösung

S. 51:
- ☒ Das Schaubild zeigt die durchschnittliche Erhöhung der Tarifverdienste 2008.
- ☐ Die Erhöhung der Tarifverdienste sind real höher als nominal.
- ☒ Das Baugewerbe legt nominal um 3 % zu.
- ☒ Die Gesamtwirtschaft legt real um 0,3 % zu.
- ☐ Am schlechtesten kommt die Branche der Investitionsgüter weg. Hier gibt es keine reale Zunahme.
- ☒ Beim Handel und im Nahrungs- und Genussmittelbereich sinkt das reale Einkommen sogar.
- ☒ In drei Bereichen ist die nominale und reale Steigerung gleich: im Baugewerbe, in der Energie- und Wasserversorgung/Bergbau und im Bereich Private Dienstleistungen.

Wovon hängt die Kaufkraft des Lohnes ab?

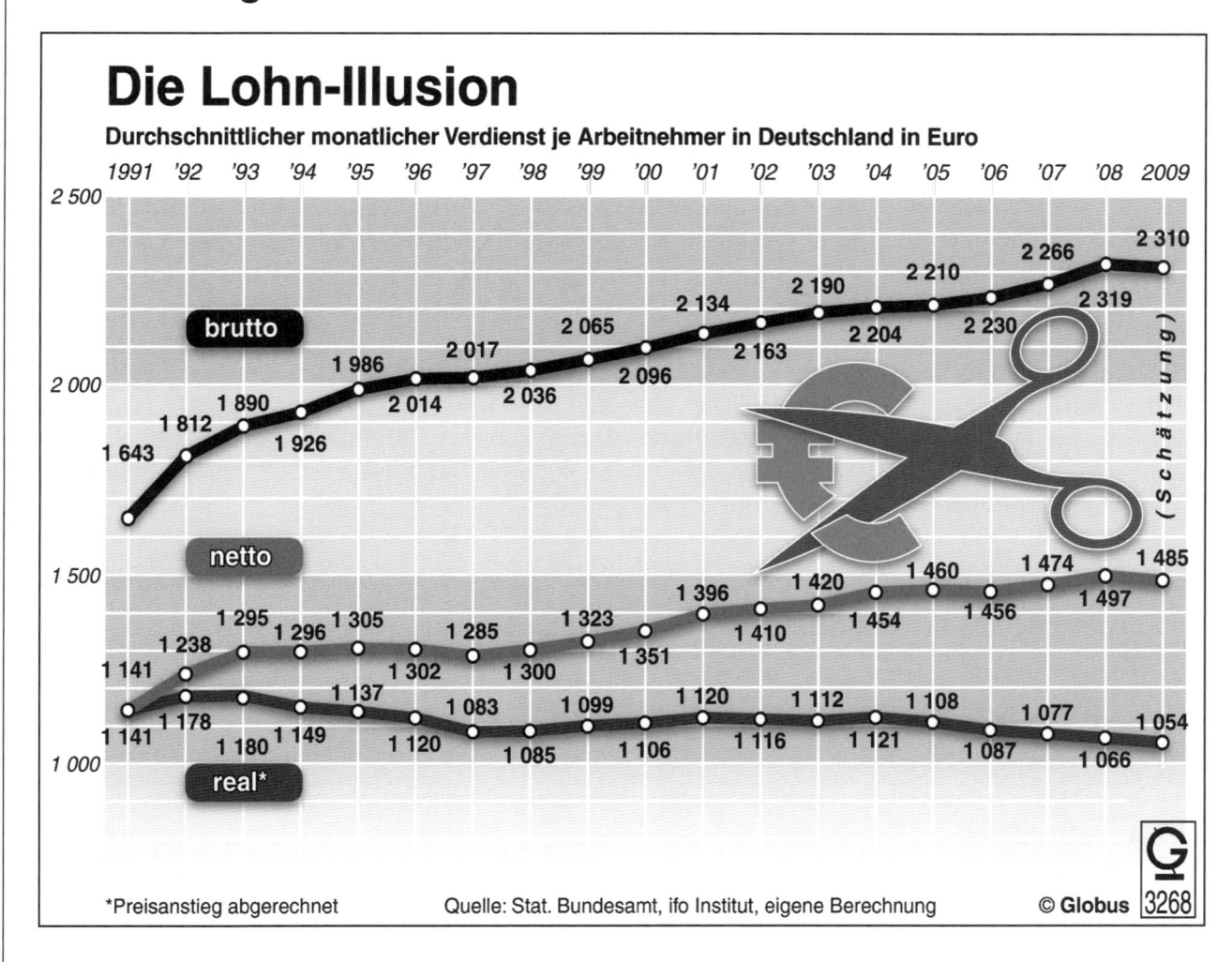

Die Lohn-Illusion
Durchschnittlicher monatlicher Verdienst je Arbeitnehmer in Deutschland in Euro

Jahr	brutto	netto	real*
1991	1 643	1 141	1 141
'92	1 812	1 238	1 178
'93	1 890	1 295	1 180
'94	1 926	1 296	1 149
'95	1 986	1 305	1 137
'96	2 014	1 302	1 120
'97	2 017	1 285	1 083
'98	2 036	1 300	1 085
'99	2 065	1 323	1 099
'00	2 096	1 351	1 106
'01	2 134	1 396	1 120
'02	2 163	1 410	1 116
'03	2 190	1 420	1 112
'04	2 204	1 454	1 121
'05	2 210	1 460	1 108
'06	2 230	1 456	1 087
'07	2 266	1 474	1 077
'08	2 319	1 497	1 066
2009	2 310	1 485	1 054

(Schätzung)

*Preisanstieg abgerechnet Quelle: Stat. Bundesamt, ifo Institut, eigene Berechnung © Globus 3268

Wirklich mehr in der Tasche?

Wie das Schaubild zeigt, entwickelten sich die Einkommen der Beschäftigten in den Jahren 1991 bis 2009 recht erfreulich. Die durchschnittlichen Bruttomonatsverdienste der Arbeitnehmer wuchsen in diesem Zeitraum um rund 41 Prozent von 1.643 Euro auf ca. 2.310 Euro. Selbst wenn man Steuern und Sozialabgaben abzog, blieben den Beschäftigten 2009 noch 1.485 Euro netto in der Tasche. Das macht gegenüber den 1.141 Euro von 1991 ein Plus von 31 Prozent. Der Schein trügt jedoch: Rechnet man die Geldentwertung durch den Anstieg der Verbraucherpreise seit 1991 mit ein, so bleibt 2009 unterm Strich kein Einkommensfortschritt, sondern sogar ein Rückschritt der Kaufkraft.
Konkret bedeutet das: Arbeitnehmer konnten sich im Jahr 2009 trotz gestiegenem Einkommen weniger leisten als noch in den Jahren zuvor. Ihr Realeinkommen, also die Kaufkraft ihrer Nettomonatsverdienste, ist im Vergleich zu 1991 um rund 87 Euro gesunken.

Will man diese Analyse des Schaubildes verstehen und erklären, wie die Kaufkraft des Lohnes zustande kommt und wie sich die wirklichen Einkommensverhältnisse entwickeln, so muss man zunächst drei wichtige Begriffe klären:
Nominallohn – Reallohn – Lohn-Preis-Spirale.

Nominallohn und Reallohn – ein Unterschied

Nominallohn

Mit dem Begriff „Nominallohn" wird der Geldlohn, d.h. die tatsächliche Summe des Lohnes bezeichnet. Der Nominallohn ist der als Lohn empfangene Geldbetrag ohne Berücksichtigung der Kaufkraft des Geldes.

Ein nominaler Bruttolohn oder ein nominaler Nettolohn (Lohn abzüglich Steuern und Sozialabgaben) ist der Geldbetrag, den ein Arbeitnehmer bekommt. Über die Kaufkraft des Geldbetrages sagt der Nominallohn nichts aus.

Reallohn

Der Reallohn ist eine Bezeichnung für die Kaufkraft des Lohnes. Der Reallohn ist also der um die Inflation bereinigte Nominallohn.

Beispiel: Im Januar 2010 erhält A einen Brutto-Stundenlohn von 20 €. Zum Januar 2011 wird der Stundenlohn auf 21 € erhöht. Sein neuer Nominallohn beträgt jetzt 21 €; das entspricht einer nominalen Lohnerhöhung von 5 %.
Die Inflation beträgt jedoch 2 %, d.h., A muss 2 % mehr für seinen Lebensunterhalt ausgeben. Daher beträgt seine Reallohnerhöhung nicht 5 %, sondern nur 3 %.

Reallohnerhöhung = Erhöhung des Nominallohns – Inflationsrate

Preise knabbern an den Löhnen
Anstieg jeweils gegenüber dem Vorjahr in %

Jahr	Tariflöhne	Verbraucherpreise
2000	+2,4 %	+1,4 %
2001	2,1	1,9
2002	2,7	1,5
2003	2,5	1,0
2004	2,0	1,7
2005	1,6	1,5
2006	1,6	1,5
2007	2,3	2,2

© Globus 1999 Quelle: Statistisches Bundesamt, WSI-Tarifarchiv

Die Preise für Lebensmittel, Sprit und Strom steigen kräftig, die meisten Lohnerhöhungen dagegen fallen vergleichsweise bescheiden aus. Vielen Arbeitnehmern droht daher ein Minus im Geldbeutel. Denn Lohnerhöhungen führen für die Arbeitnehmer nur zu einer Steigerung der Kaufkraft, wenn der Preisanstieg geringer ausfällt als die Lohnanhebung. Beträgt z.B. eine Lohnerhöhung 5 % und die Preise steigen im gleichen Zeitraum um 3 %, bedeutet dies eine Reallohnsteigerung von rund 2 %.

In den letzten Jahren verlief die Entwicklung von Löhnen und Preisen noch einmal anders: Die Preise stiegen stärker als die Tariflöhne. Somit mussten die Betroffenen mit sinkenden Reallöhnen auskommen.

Lohn-Preis-Spirale

Der Begriff „Lohn-Preis-Spirale" ist ein bildlicher Ausdruck für die wechselseitigen Zusammenhänge zwischen dem Anstieg der Löhne als Folge von Preiserhöhungen und dem Anstieg der Preise als Folge von Lohnsteigerungen seitens der Unternehmen.
Gestiegene Löhne führen zu wachsender Nachfrage der privaten Haushalte und steigenden Produktionskosten, die von den Unternehmen durch Preissteigerungen weitergegeben werden. Gestiegene Preise wiederum führen zu erneuten höheren Lohnforderungen der Gewerkschaften, zu weiteren Preissteigerungen usw.
Die Lohn-Preis-Spirale ist eine dauernde Anpassungsreaktion von Haushalten und Unternehmen auf eine inflationäre Entwicklung, die dadurch jedoch weiter verstärkt wird.

Arbeitsaufgabe
Kreuze die richtigen Aussagen an!

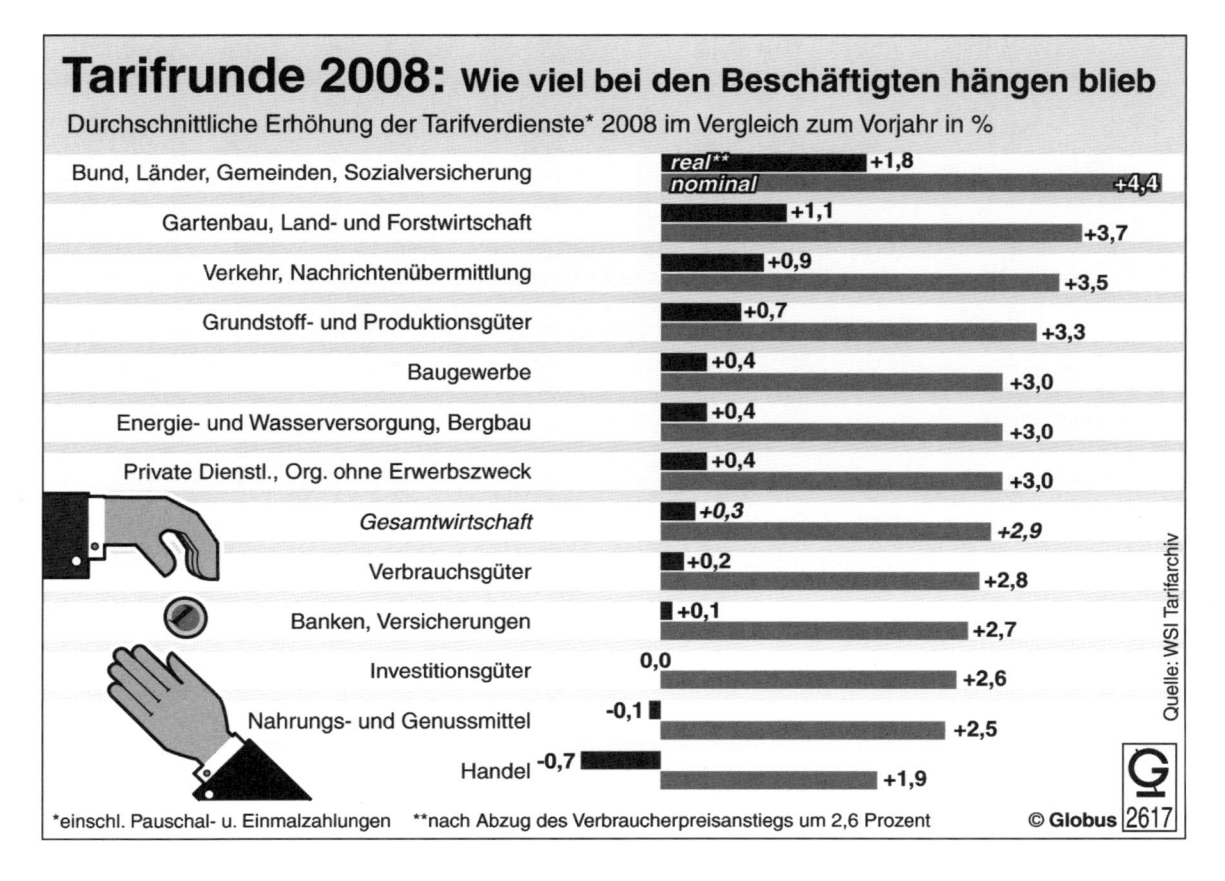

Tarifrunde 2008: Wie viel bei den Beschäftigten hängen blieb
Durchschnittliche Erhöhung der Tarifverdienste* 2008 im Vergleich zum Vorjahr in %

Branche	real**	nominal
Bund, Länder, Gemeinden, Sozialversicherung	+1,8	+4,4
Gartenbau, Land- und Forstwirtschaft	+1,1	+3,7
Verkehr, Nachrichtenübermittlung	+0,9	+3,5
Grundstoff- und Produktionsgüter	+0,7	+3,3
Baugewerbe	+0,4	+3,0
Energie- und Wasserversorgung, Bergbau	+0,4	+3,0
Private Dienstl., Org. ohne Erwerbszweck	+0,4	+3,0
Gesamtwirtschaft	+0,3	+2,9
Verbrauchsgüter	+0,2	+2,8
Banken, Versicherungen	+0,1	+2,7
Investitionsgüter	0,0	+2,6
Nahrungs- und Genussmittel	-0,1	+2,5
Handel	-0,7	+1,9

*einschl. Pauschal- u. Einmalzahlungen **nach Abzug des Verbraucherpreisanstiegs um 2,6 Prozent
Quelle: WSI Tarifarchiv © Globus 2617

☐ Das Schaubild zeigt die durchschnittliche Erhöhung der Tarifverdienste 2008.
☐ Die Erhöhung der Tarifverdienste ist real höher als nominal.
☐ Das Baugewerbe legt nominal um 3 % zu.
☐ Die Gesamtwirtschaft legt real um 0,3 % zu.
☐ Am schlechtesten kommt die Branche der Investitionsgüter weg. Hier gibt es keine reale Zunahme.
☐ Beim Handel und im Nahrungs- und Genussmittelbereich sinkt das reale Einkommen sogar.
☐ In drei Bereichen ist die nominale und reale Steigerung gleich: im Baugewerbe, in der Energie- und Wasserversorgung/Bergbau und im Bereich Private Dienstleistungen.

Lohnkaufkraft – damals und heute

Lohnkaufkraft – damals und heute
So viel Arbeitszeit musste ein Arbeitnehmer aufwenden, um sich vom Lohn dafür folgende Güter kaufen zu können*:

Quelle: IW

	1 kg Mischbrot	250 g Butter	250 g Kaffee	1 kg Kotelett	10 kWh Strom**	10 l Benzin	Zeitung 1 Monat
1960	0'20	0'39	1'46	2'37	0'30	2'20	1'41
2005	0'10	0'04	0'09	0'30	0'09	0'54	1'32

Stunden Minuten

* gemessen am durchschnittlichen Nettolohn je geleistete Arbeitsstunde (in Westdeutschland) ** monatliche Abnahme: 200 kWh

ZAHLENBILDER

© Erich Schmidt Verlag   293 571

Ein realistisches Bild der Einkommenssituation im Vergleich von Jahrzehnten und somit von der Veränderung der Lohnkaufkraft bekommt man am besten, wenn man die Arbeitszeit, die für den Erwerb einer bestimmten Ware erbracht werden musste bzw. muss, miteinander vergleicht.
Der Wert des Lohnes hängt von der Zeit ab, die man für diesen Lohn und somit auch für die angebotenen Waren und Dienstleistungen arbeiten muss.

Arbeitsaufgabe
Entnimm die Daten aus dem Schaubild!

Mengeneinheit		Arbeitszeit 1960	Arbeitszeit 2005
Mischbrot	1 kg		
Butter	250 g		
Kaffee	250 g		
Kotelett	1 kg		
Strom	10 kWh		
Benzin	10 l		
Zeitung	1 Monat		

| Klasse: | Datum: | Name: |

Wovon hängt die Kaufkraft des Lohnes ab? (1)

Für diese 10 Pfennige (heute ca. 5 Cent) konnte man sich im Jahr 1960 folgende Dinge kaufen:

_____

Heute ist dies nicht mehr möglich – auch unter der Berücksichtigung, dass die Deutsche Mark (DM) auf Euro (€) umgestellt wurde (Umrechnungskurs: 1,95583).
Wir rechnen in der folgenden Aufstellung den DM-Kurs im Verhältnis 2 : 1 um!

Die Preise sind in der Zwischenzeit erheblich gestiegen:

_____

_____

Demnach müssten die Bundesbürger bis heute immer _____ geworden sein, weil die Preise auch für fast alle anderen Waren gestiegen sind:

Mengeneinheit:		Preis 1960 in DM	Preis 2008 in € (€ · 2 = DM)
Mischbrot	1 kg	0,81 DM	1,30 €
Kartoffeln	2,5 kg	0,70 DM	2,20 €
Tageszeitung	1 Monat	4,17 DM	25,60 €

Allerdings sind seit 1960 nicht nur die Preise, sondern auch die _____ und _____ stark gestiegen.

Durchschnittlicher Nettolohn je geleistete Arbeitsstunde (Statistisches Bundesamt):
1960: 2,49 DM   2007: 18,21 €

Der Wert des Verdienstes eines Arbeitnehmers ist nicht nur davon abhängig, wie hoch der _____ ist, sondern auch davon, was man für diesen Geldbetrag kaufen kann (_____). Wenn man also die Löhne aus der Vergangenheit mit den Löhnen der Gegenwart vergleichen will, muss man immer auch die _____ der jeweiligen Zeit in den Vergleich mit einbeziehen.

Der Wert des Lohnes hängt ab von den _____ für Waren und Dienstleistungen.
Aus diesem Verhältnis ergibt sich die _____ des Lohnes.

| Klasse: | Datum: | Name: |

Wovon hängt die Kaufkraft des Lohnes ab? (1) (Lösung)

Für diese 10 Pfennige (heute ca. 5 Cent) konnte man sich im Jahr 1960 folgende Dinge kaufen:

1 Kugel Speiseeis, 1 Brezel, 1 Brötchen, 1 Bild-Zeitung

Heute ist dies nicht mehr möglich – auch unter der Berücksichtigung, dass die Deutsche Mark (DM) auf Euro (€) umgestellt wurde (Umrechnungskurs: 1,95583).
Wir rechnen in der folgenden Aufstellung den DM-Kurs im Verhältnis 2:1 um!

Die Preise sind in der Zwischenzeit erheblich gestiegen:

1 Kugel Speiseeis 0,70 € (= 1,40 DM), 1 Brezel 0,50 € (= 1 DM),

1 Brötchen 0,35 € (= 0,70 DM), 1 Bild-Zeitung 0,60 € (= 1,20 DM).

Demnach müssten die Bundesbürger bis heute immer __ärmer__ geworden sein, weil die Preise auch für fast alle anderen Waren gestiegen sind:

Mengeneinheit:		Preis 1960 in DM	Preis 2008 in € (€ · 2 = DM)
Mischbrot	1 kg	0,81 DM	1,30 €
Kartoffeln	2,5 kg	0,70 DM	2,20 €
Tageszeitung	1 Monat	4,17 DM	25,60 €

Allerdings sind seit 1960 nicht nur die Preise, sondern auch die __Löhne__ und __Gehälter__ stark gestiegen.

Durchschnittlicher Nettolohn je geleistete Arbeitsstunde (Statistisches Bundesamt):
    1960: 2,49 DM   2007: 18,21 €

Der Wert des Verdienstes eines Arbeitnehmers ist nicht nur davon abhängig, wie hoch der __Nominallohn__ ist, sondern auch davon, was man für diesen Geldbetrag kaufen kann (__Reallohn__). Wenn man also die Löhne aus der Vergangenheit mit den Löhnen der Gegenwart vergleichen will, muss man immer auch die __Preise__ der jeweiligen Zeit in den Vergleich mit einbeziehen.

Der Wert des Lohnes hängt ab von den __Preisen__ für Waren und Dienstleistungen.
Aus diesem Verhältnis ergibt sich die __Kaufkraft__ des Lohnes.

| Klasse: | Datum: | Name: |

Wovon hängt die Kaufkraft des Lohnes ab? (2)

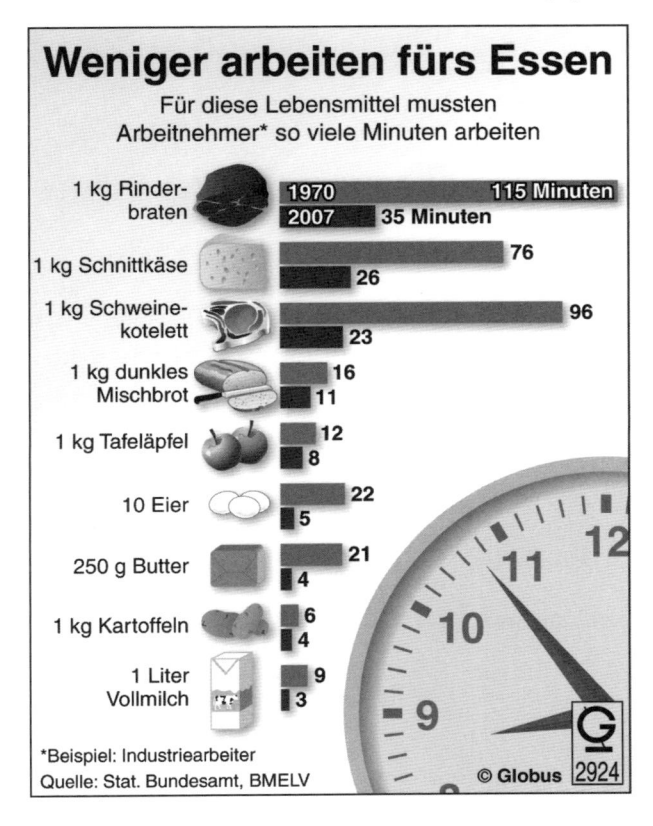

Weniger arbeiten fürs Essen
Für diese Lebensmittel mussten Arbeitnehmer* so viele Minuten arbeiten

- 1 kg Rinderbraten: 1970: 115 Minuten / 2007: 35 Minuten
- 1 kg Schnittkäse: 76 / 26
- 1 kg Schweinekotelett: 96 / 23
- 1 kg dunkles Mischbrot: 16 / 11
- 1 kg Tafeläpfel: 12 / 8
- 10 Eier: 22 / 5
- 250 g Butter: 21 / 4
- 1 kg Kartoffeln: 6 / 4
- 1 Liter Vollmilch: 9 / 3

*Beispiel: Industriearbeiter
Quelle: Stat. Bundesamt, BMELV
© Globus 2924

Ein realistisches Bild der Einkommenssituation in verschiedenen Jahrzehnten und somit von der Veränderung der _____ bekommt man am besten, wenn man die _____, die für den Erwerb einer bestimmten Ware erbracht werden musste bzw. muss, miteinander vergleicht.

Arbeitsaufgabe
Formuliere einige Aussagen zu dem Schaubild, die die Veränderung der Einkommenssituation im Laufe von 37 Jahren deutlich machen.

Der Wert des Lohnes hängt ab von der _____, die man für diesen Lohn und somit auch für die angebotenen Waren und Dienstleistungen arbeiten muss.

| Klasse: | Datum: | Name: |

Wovon hängt die Kaufkraft des Lohnes ab? (2) (Lösung)

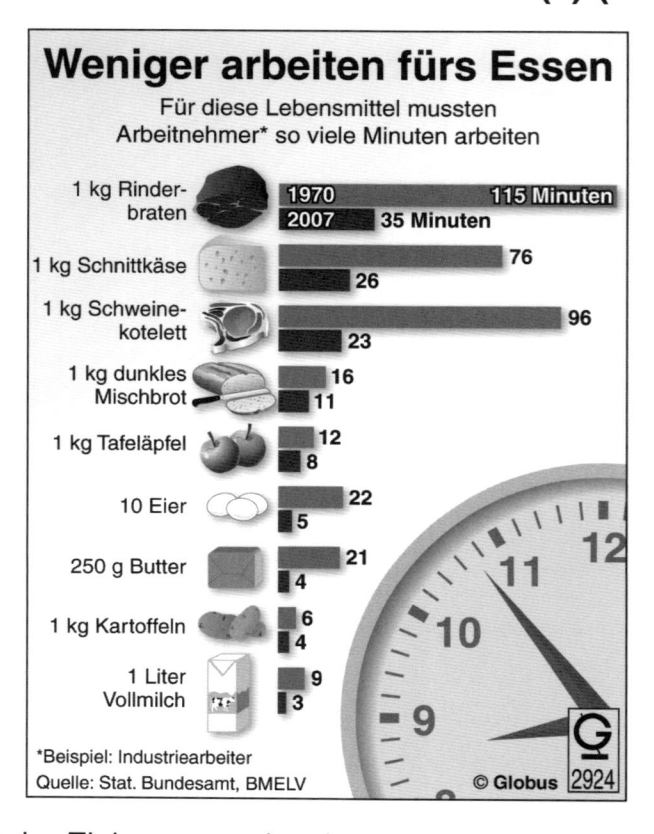

Weniger arbeiten fürs Essen
Für diese Lebensmittel mussten Arbeitnehmer* so viele Minuten arbeiten

- 1 kg Rinderbraten: 1970: 115 Minuten / 2007: 35 Minuten
- 1 kg Schnittkäse: 76 / 26
- 1 kg Schweinekotelett: 96 / 23
- 1 kg dunkles Mischbrot: 16 / 11
- 1 kg Tafeläpfel: 12 / 8
- 10 Eier: 22 / 5
- 250 g Butter: 21 / 4
- 1 kg Kartoffeln: 6 / 4
- 1 Liter Vollmilch: 9 / 3

*Beispiel: Industriearbeiter
Quelle: Stat. Bundesamt, BMELV
© Globus 2924

Ein realistisches Bild der Einkommenssituation in verschiedenen Jahrzehnten und somit von der Veränderung der **Lohnkaufkraft** bekommt man am besten, wenn man die **Arbeitszeit**, die für den Erwerb einer bestimmten Ware erbracht werden musste bzw. muss, miteinander vergleicht.

Arbeitsaufgabe
Formuliere einige Aussagen zu dem Schaubild, die die Veränderung der Einkommenssituation im Laufe von 37 Jahren deutlich machen.

Im Jahr 1970 musste für den Kauf von einem Liter Milch dreimal so viel Zeit aufgewendet werden wie im Jahr 2007.

Beim Kauf von einem Kilogramm Kartoffeln hat sich nicht so viel geändert. Zwar muss im Jahr 2007 etwas weniger Zeit aufgewendet werden als im Jahr 1970, ein großer Unterschied besteht allerdings nicht.

...

Der Wert des Lohnes hängt ab von der **Zeit**, die man für diesen Lohn und somit auch für die angebotenen Waren und Dienstleistungen arbeiten muss.

| Klasse: | Datum: | Name: |

Eine Lohn-Preis-Spirale – was ist das?

Wenn Tobias voll Freude sein neues Mofa betrachtet und sich über die hervorragende Qualität freut, meint er damit neben dem Aussehen auch das Metall, aus dem es hergestellt ist.
Dabei denkt man oft nicht daran, dass das Material bei sehr vielen Produkten nicht einmal die Hälfte des Preises ausmacht (hier wird mit 42 % kalkuliert). Auf die Löhne und Gehälter bzw. Entgelte entfallen etwa ein Fünftel der Kosten. Die Sozialabgaben und Sozialleistungen des Betriebes machen etwa 5 % der Herstellungskosten aus. Fast 10 % kalkuliert der Betrieb für die Abschreibung der Maschinen und für Zinsen für aufgenommene Kredite. Schließlich müssen 5 % der Fertigungskosten für steuerliche Abgaben berechnet werden.
Kosten für Forschung, Werbung, Renovierung und Erweiterung von Gebäuden usw. muss der Betrieb mit 10 % als „Sonstige Kosten" in den Endpreis einberechnen.
Die Kosten für den Außendienst und Vertrieb belaufen sich auf ca. 5 %.
(Diese Kostenzusammenstellung ist von Firma zu Firma sehr unterschiedlich.)

Arbeitsaufgabe
Stelle die beim Mofa aufgeführten Kostenstellen in einem Prozentkreis dar!
Was bedeuten die „fehlenden Prozente"?

Löhne sind ein betrieblicher Kostenfaktor, der natürlich einen Einfluss auf die Preise hat. Im Dienstleistungsbereich (_____), wo die Materialkosten nicht die dominierende Rolle spielen, ist die Bedeutung der Löhne für die Berechnung der Preise entscheidender als im produzierenden Gewerbe (_____).
Bei Tarifauseinandersetzungen sprechen die Vertreter der Arbeitgeber oft von einer „Lohn-Preis-Spirale". Man will mit dieser Formulierung zum Ausdruck bringen, dass eine Lohnerhöhung zu einer _____ führen muss.
Die Vertreter der Arbeitnehmer sprechen von einer _____.
Sie machen damit ihre Auffassung deutlich, dass es Lohnerhöhungen geben muss, weil _____.

Löhne stellen einen Teil der Produktionskosten dar. Lohnerhöhungen können zu _____ führen. Preiserhöhungen ziehen in aller Regel höhere _____ nach sich (→ _____).

| Klasse: | Datum: | Name: |

Eine Lohn-Preis-Spirale – was ist das? (Lösung)

Wenn Tobias voll Freude sein neues Mofa betrachtet und sich über die hervorragende Qualität freut, meint er damit neben dem Aussehen auch das Metall, aus dem es hergestellt ist.
Dabei denkt man oft nicht daran, dass das Material bei sehr vielen Produkten nicht einmal die Hälfte des Preises ausmacht (hier wird mit 42 % kalkuliert). Auf die Löhne und Gehälter bzw. Entgelte entfallen etwa ein Fünftel der Kosten. Die Sozialabgaben und Sozialleistungen des Betriebes machen etwa 5 % der Herstellungskosten aus. Fast 10 % kalkuliert der Betrieb für die Abschreibung der Maschinen und für Zinsen für aufgenommene Kredite. Schließlich müssen 5 % der Fertigungskosten für steuerliche Abgaben berechnet werden.
Kosten für Forschung, Werbung, Renovierung und Erweiterung von Gebäuden usw. muss der Betrieb mit 10 % als „Sonstige Kosten" in den Endpreis einberechnen.
Die Kosten für den Außendienst und Vertrieb belaufen sich auf ca. 5 %.
(Diese Kostenzusammenstellung ist von Firma zu Firma sehr unterschiedlich.)

Arbeitsaufgabe
Stelle die beim Mofa aufgeführten Kostenstellen in einem Prozentkreis dar!
Was bedeuten die „fehlenden Prozente"?

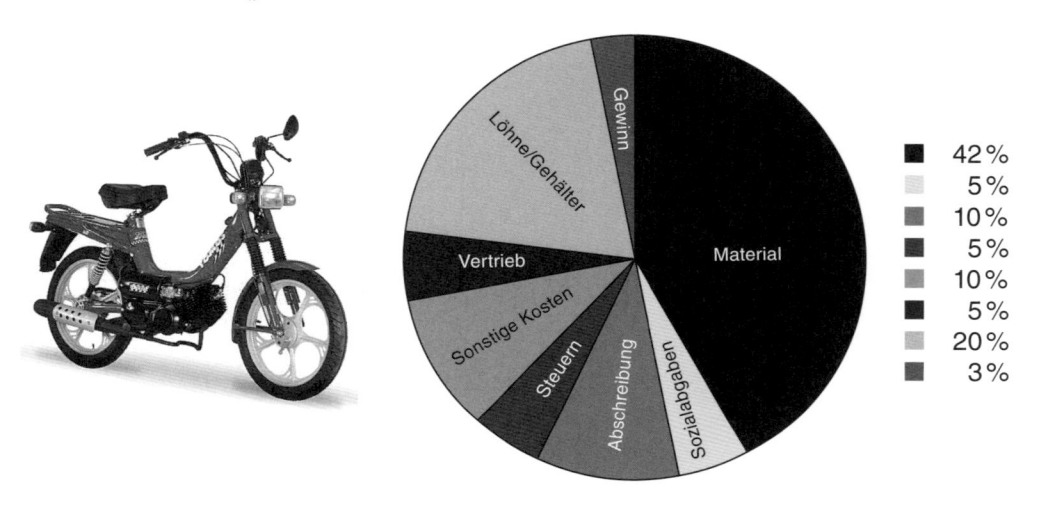

- 42 %
- 5 %
- 10 %
- 5 %
- 10 %
- 5 %
- 20 %
- 3 %

Löhne sind ein betrieblicher Kostenfaktor, der natürlich einen Einfluss auf die Preise hat. Im Dienstleistungsbereich (**Landratsamt, Deutsche Bahn AG, Reisebüro, Agentur für Arbeit ...**), wo die Materialkosten nicht die dominierende Rolle spielen, ist die Bedeutung der Löhne für die Berechnung der Preise entscheidender als im produzierenden Gewerbe (**Maschinenbau, Hoch- und Tiefbau ...**). Bei Tarifauseinandersetzungen sprechen die Vertreter der Arbeitgeber oft von einer „Lohn-Preis-Spirale". Man will mit dieser Formulierung zum Ausdruck bringen, dass eine Lohnerhöhung zu einer **Preissteigerung** führen muss.
Die Vertreter der Arbeitnehmer sprechen von einer **„Preis-Lohn-Spirale"**.
Sie machen damit ihre Auffassung deutlich, dass es Lohnerhöhungen geben muss, weil **die Preise gestiegen sind**.

Löhne stellen einen Teil der Produktionskosten dar. Lohnerhöhungen können zu **Preiserhöhungen** führen. Preiserhöhungen ziehen in aller Regel höhere **Lohnforderungen** nach sich (→ **Lohn-Preis-Spirale**).

Thema 4 | Wirtschaften mit dem Einkommen

Lernziele

Sparmotive und Sparformen kennenlernen
Die Frage „Geld sparen oder Geld ausgeben?" erörtern
Notwendiges von Wünschenswertem und Überflüssigem unterscheiden
Die Problematik von Kreditaufnahme und Verschuldung bewusst machen
Möglichkeiten des Sparens und Anlegens für Kinder und Jugendliche kennenlernen
Einen Taschengeldplan aufstellen können
Die Problematik „Ferienarbeit" bewusst machen

Arbeitsmittel/Medien

1 Folienvorlage (Sparbuch), 1 Folienvorlage (Sparen und Geld ausgeben in Deutschland),
19 Informationsblätter, 2 Arbeitsblätter

Zusatz: 46 54706 „Der Jugendliche im Wirtschaftsleben" (16 min)
46 56169 „Einkommen" (80 min)

Folienvorlage

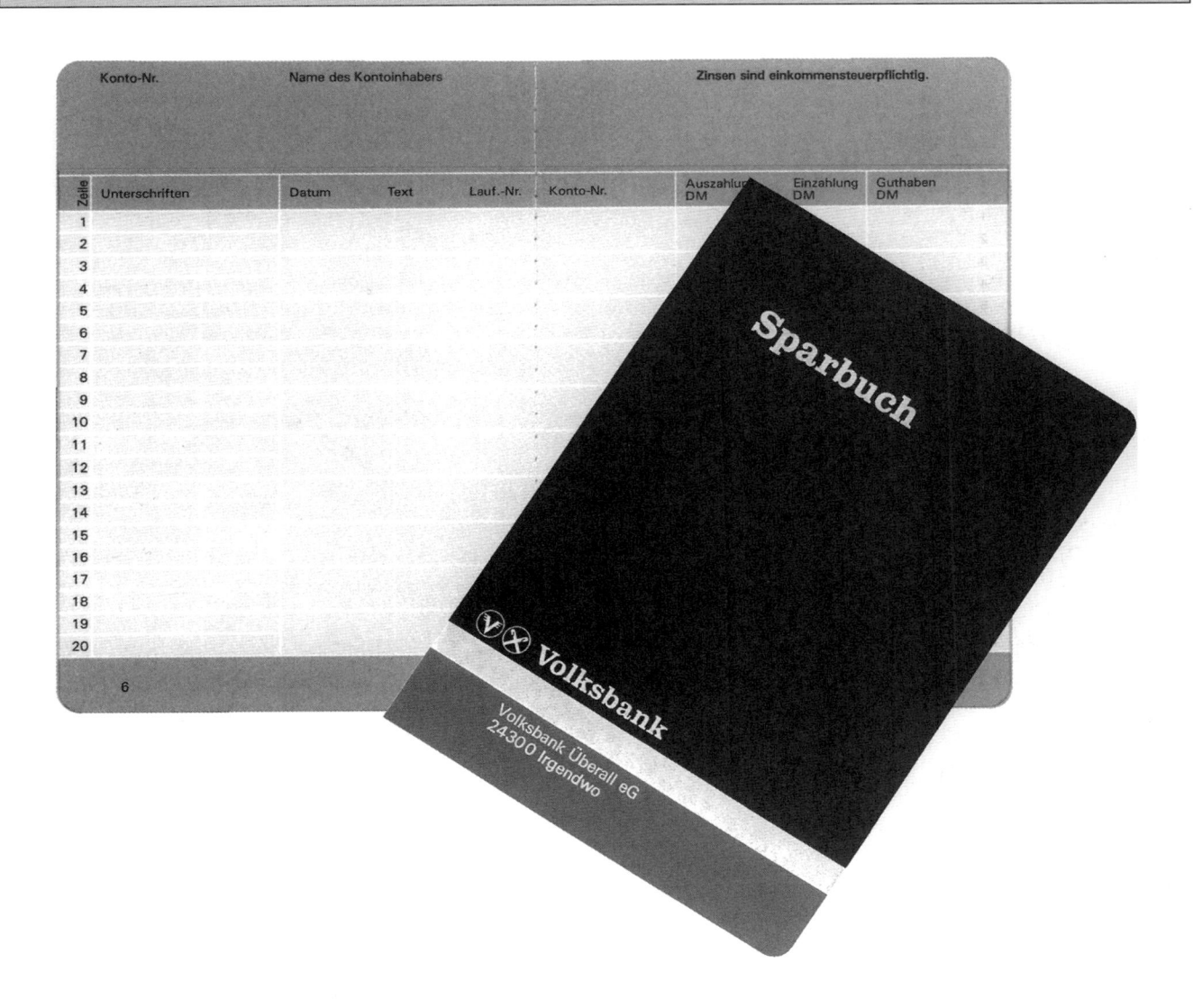

I. Hinführung

Folie 1 (Sparbuch)   TA: **Wirtschaften mit dem Einkommen**

II. Erarbeitung

Warum sparen die Menschen? (Info-Blatt)	Zwecksparen – Vorsorgesparen – Vermögen bilden
Sparen – Grundsatzüberlegungen (Info-Blatt + Folie 2 „Sparen ...")	Rendite – Sicherheit – Verfügbarkeit
Notwendig, wünschenswert, überflüssig? (Info-Blatt)	Man kann nicht mehr ausgeben, als man einnimmt!
Welche Sparformen gibt es? (Info-Blatt)	Spareinlagen – Sparbriefe – Termingeld – Aktien – Vermögenswirksames Sparen – Bausparen – Versicherungssparen
Kreditaufnahme und Verschuldung (Info-Blatt)	Dispositionskredit – Ratenkredit – Investitionskredit – Hypothekendarlehen
8 goldene Regeln für Kredite (Info-Blatt)	Fallen und Risiken vermeiden!

5 Tipps zum Online-Kredit (Info-Blatt)

„Ich bin ein Kredithai" (Info-Blatt)

Privatinsolvenz (Info-Blatt)

III. Vertiefung

Gesamtwiederholung

„Du denkst, es geht nicht mehr ..." (Info-Blatt)
Haushalts- und Taschengeldplan (Info-Blatt)

IV. Sicherung

Eintrag Arbeitsblätter

V. Ausweitung

Kinder in der Schuldenfalle – Für Schüler: Geld dazuverdienen – aber wie? – Sparen und Anlegen für Kinder und Jugendliche (Info-Blätter)

VI. Lösung

S. 76:
1. „Eilkredit" – „Blitzkredit" – „Bargeld sofort"
2. Pro Vertragsabschluss bekommt er 50 Euro.
3. Kreditinstitute, die keine normalen Banken sind.
4. Sie muss schnell 6.000 Euro auf ihrem Konto haben, ohne dass ihr Mann etwas bemerkt.
5. Er vermittelt den Kunden, dass er mit ihnen fühlt. Sie vertrauen ihm.
6. Trick 1: Der Kredit in Zürich ermöglicht zusätzliche Einnahmen z. B. aus Telefongebühren, die es nicht gibt.
   Trick 2: Er vermeidet, über Zinsen zu reden.
   Trick 3: Er stellt hohe Gebühren in Rechnung.
   Trick 4: Der Vertrag wird rückdatiert; dadurch kann der Ratenkredit nicht mehr rückgängig gemacht werden.
   Trick 5: Er überredet seine Kunden, noch eine zusätzliche Versicherung abzuschließen.

S. 78:
1. Julian hat verliehenes Geld meist nicht zurückbekommen.
2. Jeder zehnte Jugendliche in Deutschland hat Schulden – im Durchschnitt 60 Euro.
3. Die größten Schuldenfallen: Ausgehen und Essen gehen – Kleidung.
4. Den Jugendlichen fehlt der Überblick. Außerdem vermittelt die Werbung den Eindruck, dass kein Traum mehr unerfüllt bleiben muss.

Warum sparen die Menschen?

Wer über Geld verfügt, hat zwei Möglichkeiten. Man kann es ausgeben oder man kann es sparen. Warum aber sollte man überhaupt sparen? Dafür gibt es verschiedene Gründe:

Beispiel 1:
Der Auszubildende Peter Müller, 17 Jahre, möchte sich zu seinem 18. Geburtstag ein kleines Auto kaufen. Deshalb spart er jeden Monat von seiner Ausbildungsvergütung 200 €.

Das Motiv für dieses Zwecksparen ist die Ansammlung einer größeren Geldsumme, um damit später größere Anschaffungen oder größere Wünsche zu erfüllen.
Andere Beispiele sind die Finanzierung einer Wohnungseinrichtung oder einer Urlaubsreise.

Beispiel 2:
Herr Werner Freibauer, verheiratet, 2 Kinder, hat 5.000 € als eiserne Reserve gespart, um für unvorhergesehene finanzielle Belastungen gewappnet zu sein. Er denkt z. B. an unerwartete Reparaturen im Haushalt, einen Autounfall oder auch an eine finanzielle Unterstützung seiner Kinder.

Ziel des Vorsorgesparens ist, für „alle Fälle" eine Reserve zu haben. Die Höhe dieser „eisernen Reserve" sollte ca. das 3-Fache eines Monatseinkommens betragen.

Beispiel 3:
Frau Christa Kaltenberg, kaufmännische Angestellte, möchte im Alter neben ihrer Rente noch ein kleines Einkommen haben. Sie spart deshalb regelmäßig 150 €, um später ihre Rente mit Zinseinkünften ergänzen zu können.

Sparer mit diesem Motiv möchten Eigentum und Vermögen bilden und/oder aus den Erträgen daraus ihr Einkommen aufbessern und damit ihren Lebensstandard erhöhen.

Die Motive der Sparer – neben diesen drei genannten gibt es sicher noch weitere individuelle Motive eines jeden einzelnen Sparers – werden bei der Entscheidung für eine bestimmte Sparform die größte Rolle spielen. Daneben müssen weitere Gesichtspunkte in die Überlegungen einbezogen werden.

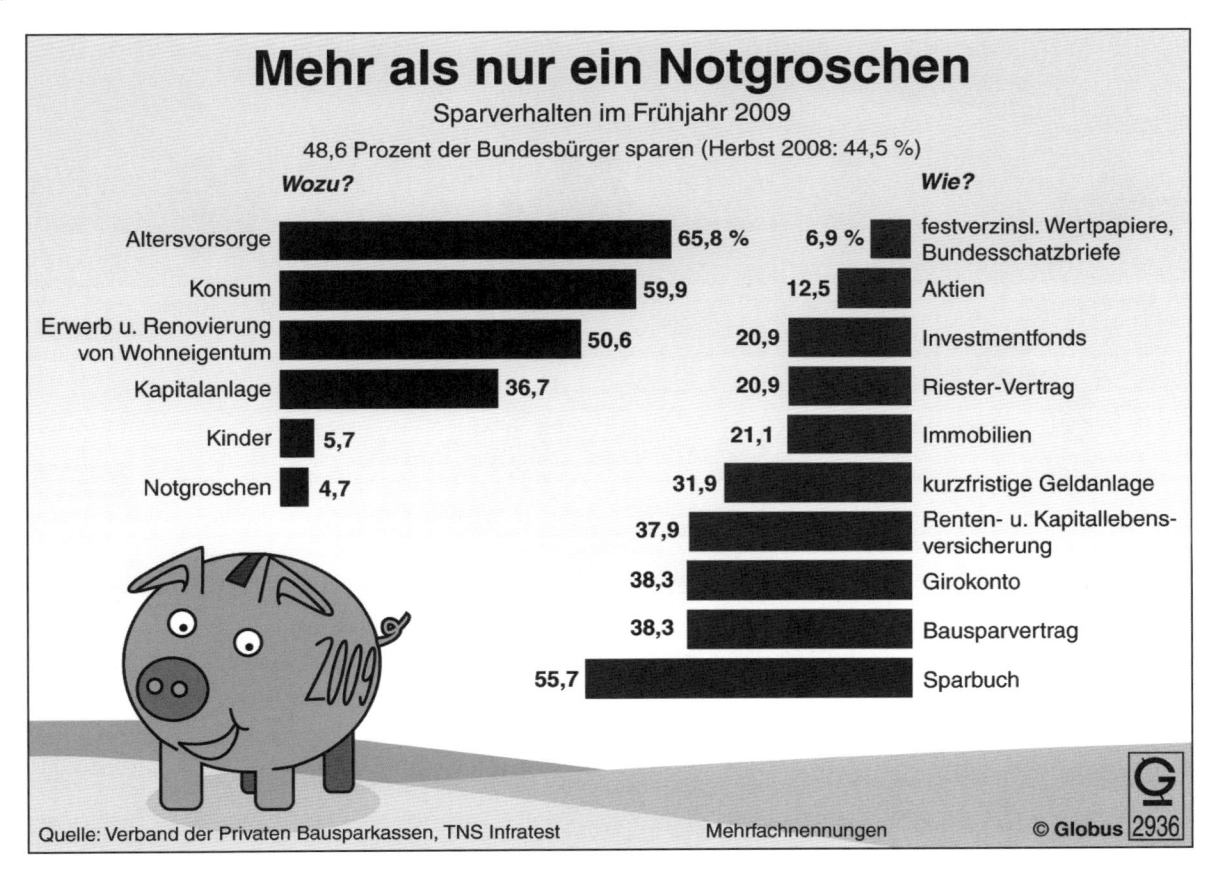

Mehr als nur ein Notgroschen
Sparverhalten im Frühjahr 2009
48,6 Prozent der Bundesbürger sparen (Herbst 2008: 44,5 %)

Wozu?
Zweck	Prozent
Altersvorsorge	65,8 %
Konsum	59,9
Erwerb u. Renovierung von Wohneigentum	50,6
Kapitalanlage	36,7
Kinder	5,7
Notgroschen	4,7

Wie?
Prozent	Anlageform
6,9 %	festverzinsl. Wertpapiere, Bundesschatzbriefe
12,5	Aktien
20,9	Investmentfonds
20,9	Riester-Vertrag
21,1	Immobilien
31,9	kurzfristige Geldanlage
37,9	Renten- u. Kapitallebensversicherung
38,3	Girokonto
38,3	Bausparvertrag
55,7	Sparbuch

Quelle: Verband der Privaten Bausparkassen, TNS Infratest — Mehrfachnennungen — © Globus 2936

Sparen – Grundsatzüberlegungen

Wenn sich Sparer für eine bestimmte Sparform entscheiden, spielen dabei folgende Überlegungen die zentrale Rolle:

1. Rendite: Wie hoch sind die Zinsen, die ich für mein Geld bekomme?
2. Sicherheit: Wie hoch ist das Anlagerisiko?
3. Verfügbarkeit: Wann kann ich über mein angelegtes Geld verfügen?

Neben diesen drei wichtigen Kriterien sind noch zwei andere Überlegungen von Bedeutung.

- Überschaubarkeit: Ist es erforderlich, die Entwicklung der Anlage ständig im Auge zu behalten, sich ständig zu informieren? Sind besondere Kenntnisse oder besondere Erfahrungen erforderlich, um die Anlage zu beurteilen?
- Kosten: Fallen Gebühren oder andere Kosten bei der Anlage, Verwaltung oder Auflösung an?

Nun gibt es keine Anlage, die einen sehr hohen Ertrag ohne jedes Risiko erbringt, über die jederzeit verfügt werden kann und um die man sich nicht kümmern muss. Generell gelten bei Geldanlagen folgende Grundsätze:

- Hoher Ertrag bedingt meistens höheres Risiko und/oder längere Anlagedauer.
- Hohe Sicherheit hat oft einen geringeren Ertrag zur Folge.
- Schnelle Verfügbarkeit ist in der Regel mit niedrigerem Ertrag verbunden.

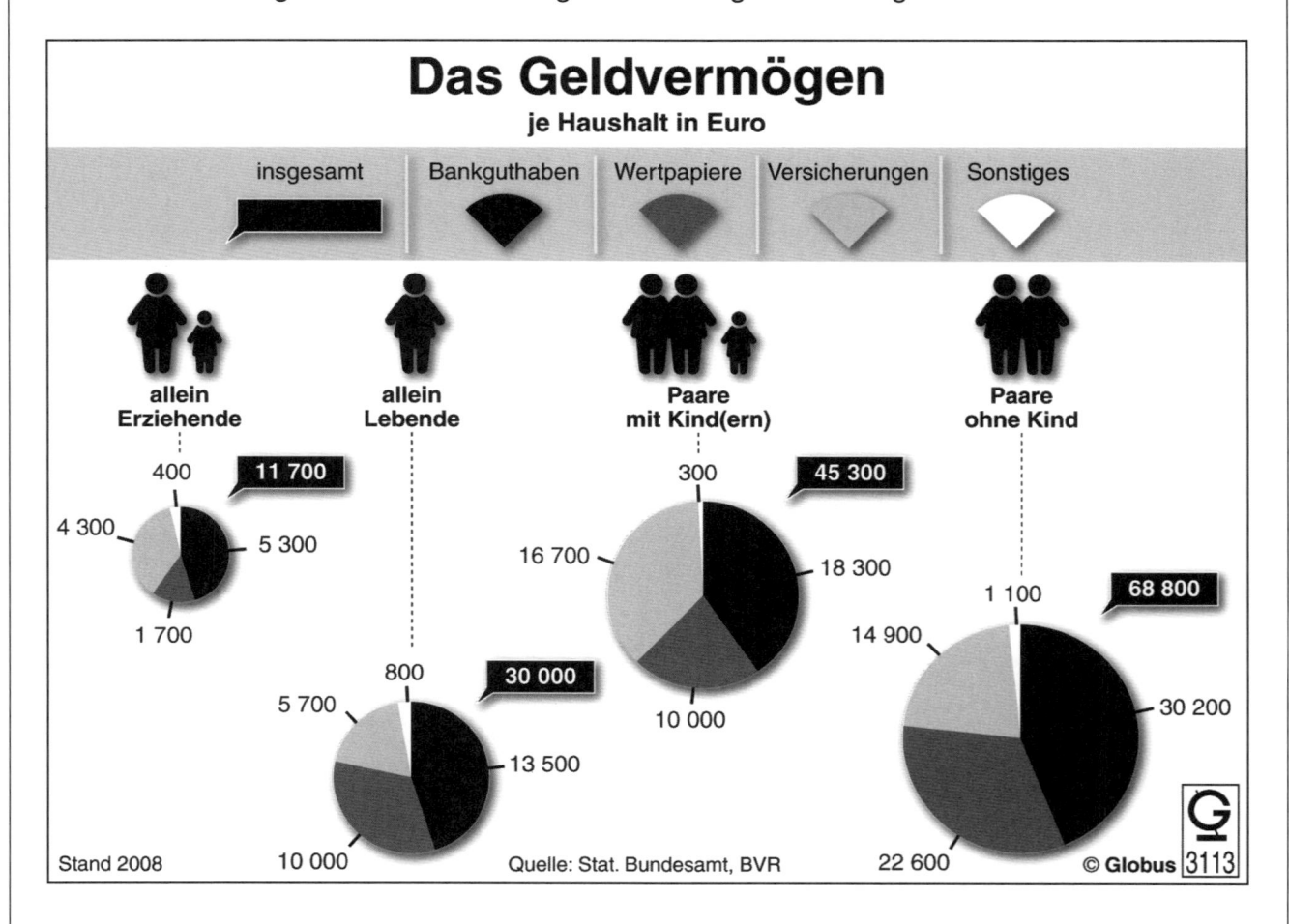

Das Geldvermögen
je Haushalt in Euro

| | insgesamt | Bankguthaben | Wertpapiere | Versicherungen | Sonstiges |

allein Erziehende: insgesamt 11 700; 400; 5 300; 1 700; 4 300

allein Lebende: insgesamt 30 000; 800; 13 500; 10 000; 5 700

Paare mit Kind(ern): insgesamt 45 300; 300; 18 300; 10 000; 16 700

Paare ohne Kind: insgesamt 68 800; 1 100; 30 200; 22 600; 14 900

Stand 2008 | Quelle: Stat. Bundesamt, BVR | © Globus 3113

Sparen und Geld ausgeben in Deutschland

Arbeitsaufgabe
Sieh dir die Schaubilder genau an und erläutere die wesentlichen Inhalte!

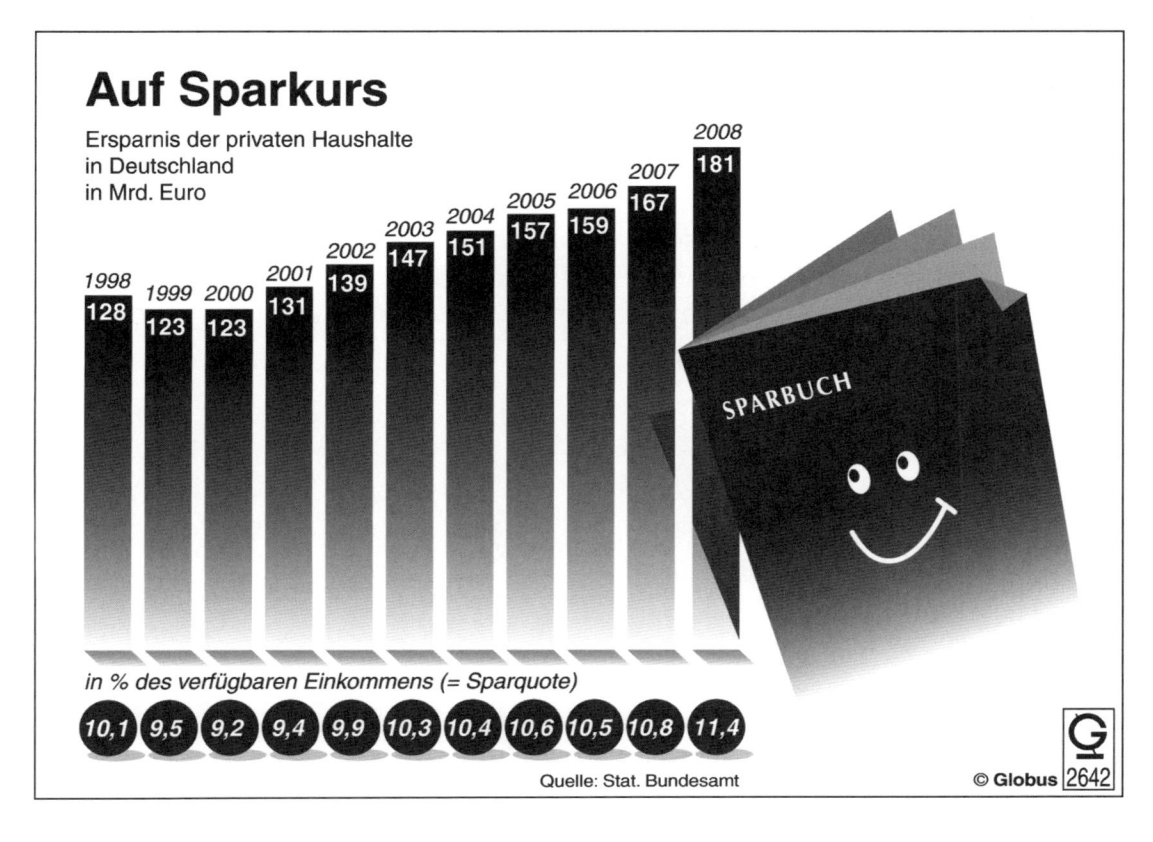

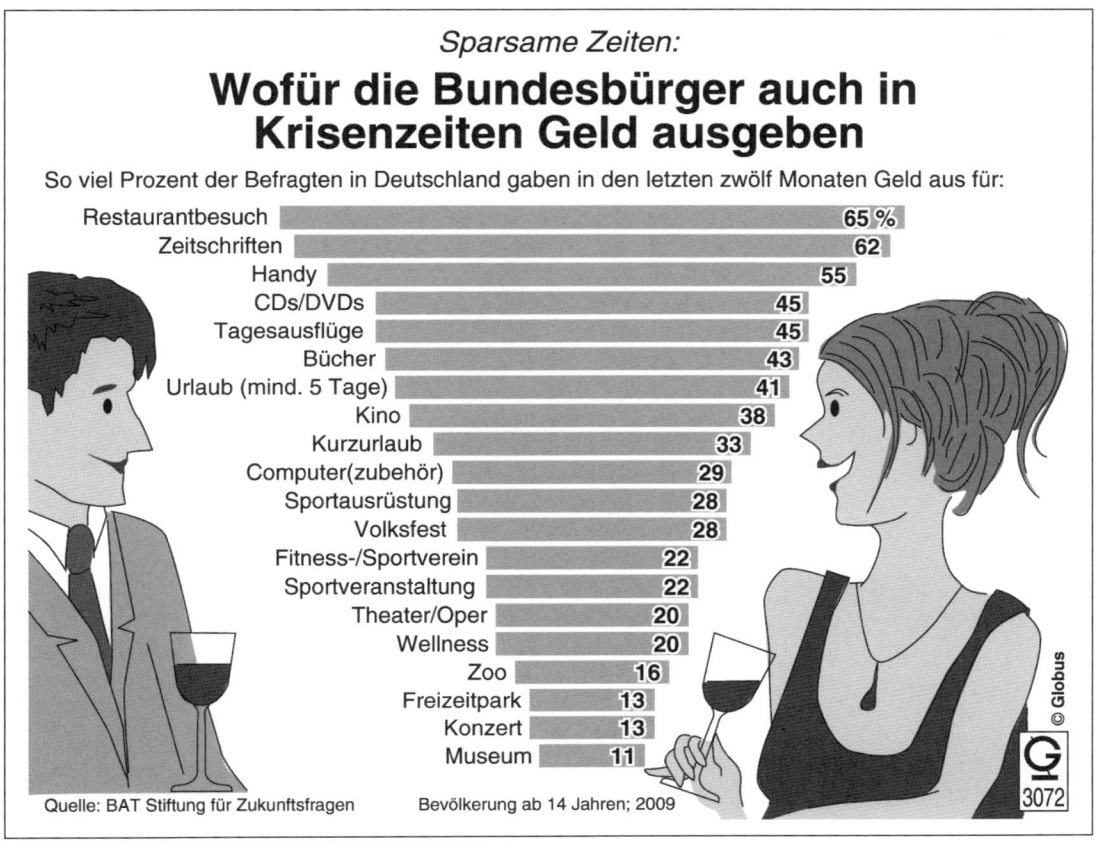

Auf Sparkurs

Ersparnis der privaten Haushalte in Deutschland in Mrd. Euro

Jahr	1998	1999	2000	2001	2002	2003	2004	2005	2006	2007	2008
Mrd. Euro	128	123	123	131	139	147	151	157	159	167	181
in % des verfügbaren Einkommens (= Sparquote)	10,1	9,5	9,2	9,4	9,9	10,3	10,4	10,6	10,5	10,8	11,4

Quelle: Stat. Bundesamt
© Globus 2642

Sparsame Zeiten:
Wofür die Bundesbürger auch in Krisenzeiten Geld ausgeben

So viel Prozent der Befragten in Deutschland gaben in den letzten zwölf Monaten Geld aus für:

Kategorie	%
Restaurantbesuch	65 %
Zeitschriften	62
Handy	55
CDs/DVDs	45
Tagesausflüge	45
Bücher	43
Urlaub (mind. 5 Tage)	41
Kino	38
Kurzurlaub	33
Computer(zubehör)	29
Sportausrüstung	28
Volksfest	28
Fitness-/Sportverein	22
Sportveranstaltung	22
Theater/Oper	20
Wellness	20
Zoo	16
Freizeitpark	13
Konzert	13
Museum	11

Quelle: BAT Stiftung für Zukunftsfragen
Bevölkerung ab 14 Jahren; 2009
© Globus 3072

Otto Mayr: Geld- und Zahlungsverkehr · Best.-Nr. 504 © Brigg Pädagogik Verlag GmbH, Augsburg

Notwendig, wünschenswert, überflüssig?

Wenn man mit seinem Einkommen vernünftig wirtschaften will, muss man sich einen Grundsatz bewusst machen:

Man kann nicht mehr ausgeben, als man einnimmt!

Diese eigentlich einfache Weisheit wird leider oft nicht befolgt, sodass sehr schnell finanzielle Probleme auftreten können. Vor allem auch, wenn man nicht unterscheiden kann zwischen den Dingen, die zunächst notwendig sind, und den Dingen, die man nicht notwendigerweise besitzen muss.

Arbeitsaufgabe
Entscheide bei den folgenden Bildern:
- Was ist für mein Leben notwendig, wofür muss ich zunächst Geld ausgeben?
- Was ist wünschenswert, worauf möchte ich länger sparen?
- Was ist überflüssig? Was ist zwar schön zu besitzen, aber absolut nicht nötig?

Ergänze auch mit weiteren Beispielen!

| Klasse: | Datum: | Name: |

Geld sparen oder Geld ausgeben?

Die Gründe, warum Menschen sparen, sind verschieden. Man bezeichnet sie als _____.

Im Allgemeinen wird aus drei Gründen gespart:

1. _____

Das Motiv für dieses Sparen ist die Ansammlung einer größeren Geldsumme, um damit später größere Anschaffungen zu finanzieren, z. B. _____
_____
_____.

2. _____

Das Ziel ist, für „alle Fälle" eine Reserve zu haben. Die Höhe dieser „eisernen Reserve" sollte ca. das _____ eines Monatseinkommens betragen.

3. _____

Sparer mit diesem Motiv möchten Eigentum bilden, ihr _____ aufbessern und damit ihren _____ erhöhen.

Geld sparen oder ausgeben? Erläutere deine Meinung!

_____
_____
_____
_____
_____

| Klasse: | Datum: | Name: |

Geld sparen oder Geld ausgeben? (Lösung)

Die Gründe, warum Menschen sparen, sind verschieden. Man bezeichnet sie als __Sparmotive__.

Im Allgemeinen wird aus drei Gründen gespart:

1. **Zwecksparen:**

Das Motiv für dieses Sparen ist die Ansammlung einer größeren Geldsumme, um damit später größere Anschaffungen zu finanzieren, z. B. __Finanzierung eines neuen Autos, einer Wohnungseinrichtung oder einer Urlaubsreise__.

2. **Vorsorgesparen:**

Das Ziel ist, für „alle Fälle" eine Reserve zu haben. Die Höhe dieser „eisernen Reserve" sollte ca. das __3-Fache__ eines Monatseinkommens betragen.

3. **Vermögen bilden:**

Sparer mit diesem Motiv möchten Eigentum bilden, ihr __Einkommen__ aufbessern und damit ihren __Lebensstandard__ erhöhen.

Geld sparen oder ausgeben? Erläutere deine Meinung!

_____
_____
_____
_____
_____

Welche Sparformen gibt es?

Von allen Sparformen ist heute sicherlich eine Sparform überholt: das Sparen in der Schublade, wenn es um mehr als Kleingeld geht. Es gibt Alternativen:

1. Spareinlagen, Sparbuch:
Die bekannteste Form des Sparens ist das Sparen auf Sparkonten. Der Sparer eröffnet dazu ein Sparkonto, zahlt eine Einlage ein und erhält von seiner Bank eine Urkunde, das Sparbuch. Die Bank verzinst das Sparguthaben, d. h. der Sparer erzielt einen Ertrag aus seiner Anlage. Wie hoch der „Sparzins" ist, hängt davon ab, wie schnell der Sparer über seine Einlage verfügen will, welche Kündigungsfrist er vereinbart. Je länger die Kündigungsfrist, desto höher der Zinssatz. Allerdings hat das Sparbuch an Attraktivität verloren. Es gibt lukrativere Anlagemöglichkeiten.

2. Sparbriefe:
Der Sparer legt eine Geldsumme für eine bestimmte Zeit fest an. Für die gesamte Laufzeit ist ein fester Zinssatz garantiert. Die Laufzeit der Papiere beträgt in der Regel vier bis sechs Jahre. Sparbriefe sind also etwas für Menschen, die einen bestimmten Betrag längere Zeit nicht benötigen und mehr Zinsen erhalten wollen, als z. B. auf dem Sparbuch. Sparbriefe lauten auf feste Beträge (z. B. 4.000 €). Eine vorzeitige Rückgabe an die Bank ist ausgeschlossen. Die Verwaltung der Sparbriefe ist für den Sparer vollkommen unproblematisch; die Bank schreibt automatisch die Zinsen gut und zahlt bei Fälligkeit den angesparten Betrag aus.

3. Termingeld:
Termingelder sind Einlagen, die für einen bestimmten, im Voraus verabredeten Zeitraum festgelegt sind; dadurch unterscheiden sie sich von Sparbriefen, die eine Laufzeit in Jahren bedingen. Während dieser Zeit kann der Kunde nicht über das angelegte Geld verfügen. Bei der Anlage wird ein Zinssatz vereinbart, der für den gesamten Anlagezeitraum unverändert bleibt.

4. Aktien:
Große Unternehmen gehören heute in der Regel nicht einer oder wenigen Personen, sondern einer Vielzahl von Personen. Diese Firmen sind Aktien-Gesellschaften (AG), die an ihre Eigentümer Anteilscheine ausgeben. Diese Anteilscheine werden Aktien genannt.
Aktien sind Wertpapiere, die dem Inhaber einen Anteil am Kapital und Vermögen eines Unternehmens verbriefen. Die Höhe des Anteils ist als Geld-Betrag in Euro, Dollar etc. (Nennwert) auf die Aktie gedruckt. Der Aktionär ist damit Teilhaber am Unternehmen und unmittelbar mit dem Schicksal seines Unternehmens verbunden. Wenn das Unternehmen wächst, steigt der Wert der Aktien, wenn es Verluste macht, sinkt üblicherweise der Wert der Aktien.
Im Gegensatz zu den festverzinslichen Wertpapieren erhalten Aktionäre als Mitinhaber eines Unternehmens keine festen Zinserträge, sondern Dividenden, die von dem jeweiligen Jahresgewinn des Unternehmens abhängig sind. Aktien haben keine bestimmte Laufzeit, sondern existieren so lange, wie das Unternehmen besteht.
Der Anleger kann im Extremfall bei Konkurs des Unternehmens sein gesamtes eingesetztes Geld verlieren. Weiterhin kann der Wert der Aktie starken Kursschwankungen unterliegen, was für den Aktionär große Gewinnchancen, aber auch hohe Risiken bedeutet.

Diese Kursschwankungen machen Aktien für einen Teil der Anleger erst interessant. Sie spekulieren, indem sie die Aktien zu einem bestimmten Kurs kaufen und hoffen, sie später zu einem besseren Kurs verkaufen zu können.

5. Vermögenswirksames Sparen:
Vermögenswirksame Leistungen (VL) sind Geldleistungen, die vom Arbeitgeber für den Arbeitnehmer angelegt werden. Der Staat unterstützt diese Geldanlage mit einer Steuerersparnis oder einer finanziellen Zuwendung (Arbeitnehmer-Sparzulage). Es gibt viele verschiedene Formen, wie dieses vermögenswirksame Sparen umgesetzt werden kann. Auskünfte darüber geben die Geldinstitute.

6. Bausparen:
Diese Form ist eine äußerst beliebte Möglichkeit, langfristig Geld für den Bau, die Renovierung oder den Kauf eines Hauses oder einer Wohnung anzusparen. Die Grundidee ist, dass der Sparer über eine bestimmte Zeit (üblich sind sieben Jahre) regelmäßig Geld anspart und damit Anspruch auf ein günstiges Darlehen erwirbt. Auch hier gibt es zahlreiche verschiedene Möglichkeiten, über die man sich ausführlich beraten lassen sollte.

7. Versicherungssparen:
Hier verbindet der Sparer die Absicherung verschiedener Risiken mit einem Sparplan, der somit Absicherung und Vermögensbildung verbindet. Das bekannteste Beispiel ist sicherlich die Lebensversicherung. Auch hier gibt es zahlreiche Kombinationsmöglichkeiten, über die man sich informieren muss.

Klasse:	Datum:	Name:

Welche Sparformen gibt es?

Es gibt eine Vielzahl von Sparformen, die ganz unterschiedlich genutzt werden können:

_____
_____
_____
_____

Bei der Wahl einer Sparform kommt es immer auf folgende Punkte an:

_____
_____
_____
_____
_____
_____

Für alle Spar- und Anlageformen gilt:

Otto Mayr: Geld- und Zahlungsverkehr · Best.-Nr. 504 © Brigg Pädagogik Verlag GmbH, Augsburg

Klasse:	Datum:	Name:

Welche Sparformen gibt es? (Lösung)

Es gibt eine Vielzahl von Sparformen, die ganz unterschiedlich genutzt werden können:

Sparbuch, Sparbrief, Termingeldeinlage, festverzinsliche Wertpapiere, Aktien,

Investmentzertifikate, Bausparen, Versicherungssparen, Pfandbrief,

Kommunalobligationen, Fonds-Sparen, Prämiensparen, Festgeld,

vermögenswirksames Sparen

Bei der Wahl einer Sparform kommt es immer auf folgende Punkte an:

1. Rendite

   (Wie hoch sind die Zinsen, die ich für mein Geld bekomme?)

2. Sicherheit

   (Wie hoch ist das Anlagerisiko?)

3. Verfügbarkeit

   (Wann kann ich über mein angelegtes Geld verfügen?)

Für alle Spar- und Anlageformen gilt:

Je höher die Gewinnchance, desto höher ist das Risiko!

Kreditaufnahme und Verschuldung

Große Wünsche und kein Geld? Wenn sich jemand seine Wünsche aus Geldmangel nicht erfüllen kann, kann er entweder darauf hinsparen oder dafür einen Kredit aufnehmen. Das bedeutet, dass er sich „Geld kauft".
Dabei gibt es eine Vielzahl von unterschiedlichen Kreditformen, die sich durch die Laufzeit, die Kredithöhe, die Rückzahlungsquote und den Verwendungszweck unterscheiden.

Die einzelnen Kreditformen und ihre Merkmale:

1. Der Dispositions- oder Überziehungskredit:

Wer über ein Girokonto und ein regelmäßiges Einkommen verfügt, darf sein Konto bei einem plötzlichen Geldbedarf in der Regel bis zum Dreifachen seines normalen Einkommens überziehen. Die Zinsen sind dabei hoch, müssen aber nur für die jeweilige überzogene Summe und Zeit, für die der Kredit in Anspruch genommen wurde, bezahlt werden.
Dabei ist kein Verwendungszweck nachzuweisen und es besteht auch keine Laufzeitvereinbarung.

2. Der Raten- oder Anschaffungskredit:

Ratenkredite dienen überwiegend zur Finanzierung langlebiger Konsumgüter wie Autos oder Anschaffungen für Haus und Wohnung. Die Rückzahlung erfolgt durch monatlich gleich hohe Tilgungsraten, die sich aus Zins und Tilgung zusammensetzen. Kreditbetrag, Zinsen, Laufzeit und Gebühren bestimmen ihre Höhe. Der Zins kann fest oder variabel sein. Wenn die schriftlichen Verträge unterschrieben sind, wird der Kredit in einem Betrag ausgezahlt.

Dabei müssen folgende Vertragsinhalte geklärt sein:
- Nettodarlehensbetrag oder die Höchstgrenze des Kredits
- Gesamtbetrag der Teilzahlungen
- Art und Weise der Rückzahlung
- Zinssatz und sonstige Kosten
- Effektiver Zinssatz
- Kosten der Versicherung
- Bereitzustellende Sicherheiten

3. Der Investitionskredit – Geld für Unternehmer und Selbstständige:

Wenn Unternehmen ihren Betrieb erweitern oder Selbstständige z. B. ihre Praxis ausbauen wollen, müssen sie in diese Vorhaben viel Geld investieren. Für diese Fälle bieten die Geldinstitute die sogenannten Investitionskredite an. Die Kreditsummen bewegen sich dabei oft im Millionenbereich bei relativ niedrigen Zinsen.

4. Hypothekendarlehen bieten Grundstücke als Pfand:

Wenn z. B. eine Familie ein Haus bauen will, benötigt sie einen längerfristigen Kredit über eine größere Summe. Das Geldinstitut fordert in diesem Fall vom Kreditnehmer eine Sicherheit, um einem möglichen Verlust des Kredits vorzubeugen.
Das ist in der Regel ein bebautes oder unbebautes Grundstück. In einem notariellen Vertrag wird diese Verpfändung festgelegt und beim zuständigen Amtsgericht im Grundbuch eingetragen. Damit haftet der Kreditnehmer mit diesem Grundstück, aber auch mit seinem übrigen Vermögen für die Rückzahlung des Kredits.

Hypotheken haben in der Regel eine Laufzeit zwischen 10 und 30 Jahren und besitzen meist einen festgelegten Zins- und Tilgungssatz. Ist die Schuldsumme getilgt, wird die Hypothek im Grundbuch gelöscht.

Für Jugendliche, die in einer Ausbildung stehen, sind der Dispositionskredit und der Ratenkredit von besonderer Bedeutung. Hier gilt es, vorsichtig zu sein!

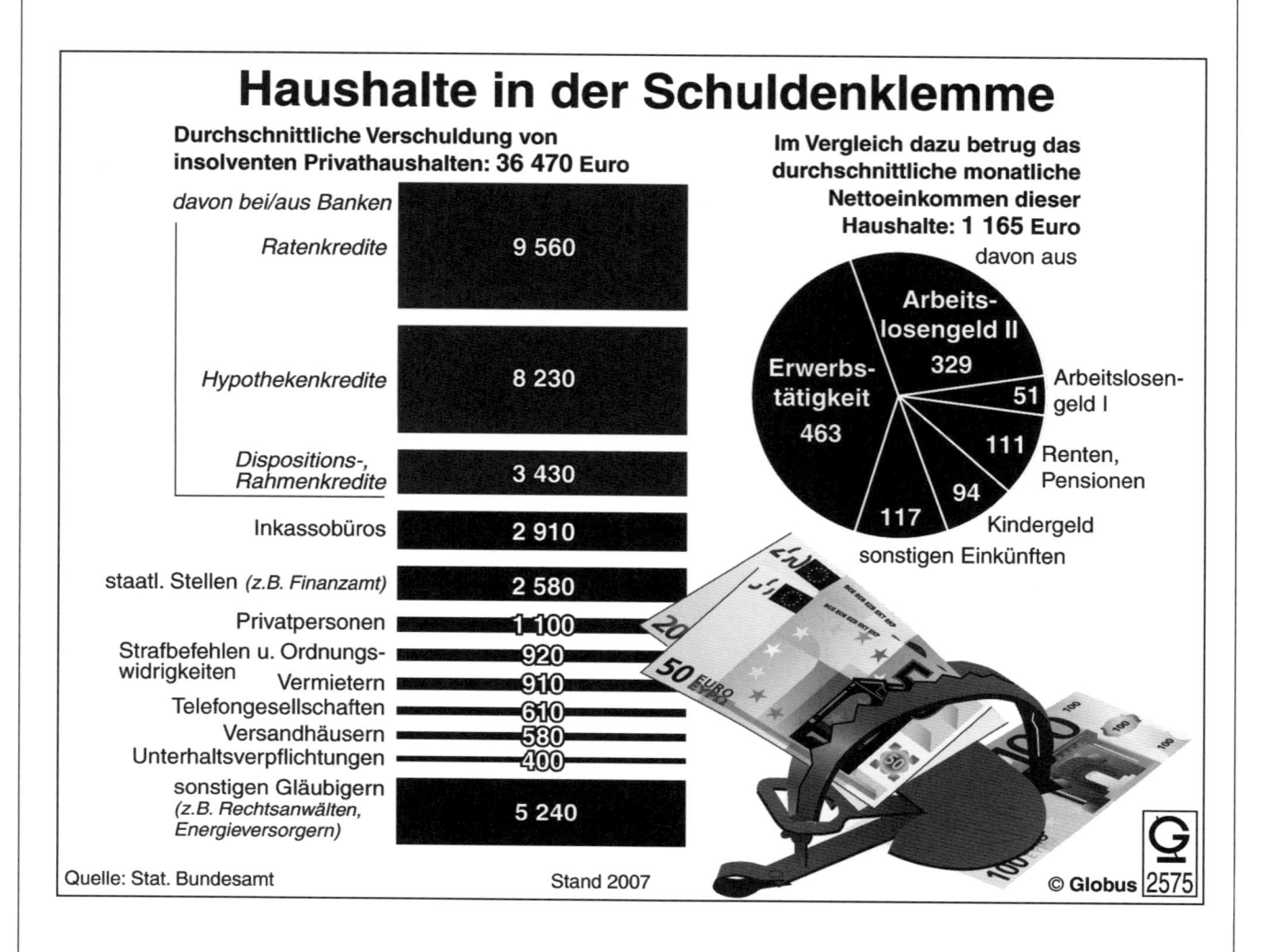

Haushalte in der Schuldenklemme

Durchschnittliche Verschuldung von insolventen Privathaushalten: 36 470 Euro

davon bei/aus Banken
- Ratenkredite: 9 560
- Hypothekenkredite: 8 230
- Dispositions-, Rahmenkredite: 3 430

- Inkassobüros: 2 910
- staatl. Stellen (z.B. Finanzamt): 2 580
- Privatpersonen: 1 100
- Strafbefehlen u. Ordnungswidrigkeiten: 920
- Vermietern: 910
- Telefongesellschaften: 610
- Versandhäusern: 580
- Unterhaltsverpflichtungen: 400
- sonstigen Gläubigern (z.B. Rechtsanwälten, Energieversorgern): 5 240

Im Vergleich dazu betrug das durchschnittliche monatliche Nettoeinkommen dieser Haushalte: 1 165 Euro

davon aus
- Erwerbstätigkeit: 463
- Arbeitslosengeld II: 329
- Arbeitslosengeld I: 51
- Renten, Pensionen: 111
- Kindergeld: 94
- sonstigen Einkünften: 117

Quelle: Stat. Bundesamt — Stand 2007

© Globus 2575

8 goldene Regeln für Kredite

1. *Nicht mehr als 10 % vom Einkommen!*

   Wer einen Kredit aufnimmt, geht davon aus, dass es ihm in Zukunft noch immer gut oder sogar besser gehen wird. Doch man sollte auch unvorhersehbare Schwierigkeiten einkalkulieren. Zwei Drittel des Einkommens eines Durchschnittshaushalts sind durch feste Ausgaben wie Miete „verbraucht". Mehr als 10 % des monatlichen Einkommens sollte man für einen Kredit nicht ausgeben müssen.

2. *Kredite so schnell wie möglich tilgen!*

   Kurze Kreditlaufzeiten und hohe Raten sind sicherer als lange Laufzeiten und kleine Raten. Zum einen zahlt man unter dem Strich weniger Zinsen, zum anderen ist das Risiko geringer, dass während der Laufzeit etwas Unvorhergesehenes passiert.

3. *Vorsicht bei „Null-Prozent-Krediten"!*

   Mit „0 %"-Finanzierung wird oft geworben. Doch null Prozent Zinsen heißt nicht immer null Prozent Kosten. Oft fallen Bearbeitungsgebühren an (ca. 2–3 %), zudem eine Restschuldversicherung, die einspringt, wenn man etwa durch Verlust des Arbeitsplatzes die Raten nicht abzahlen kann.
   Ein Kredit über 4.000 Euro kann sich so schnell um 1.200 Euro verteuern!

4. *Das Kleingedruckte genau lesen!*

   Mal sind die Zinssätze nicht genau ausgewiesen, mal lauern versteckte Kosten, mal ist eine überteuerte Restschuldversicherung Teil des Vertrags.
   Deshalb: Nicht voreilig unterschreiben, schon gar nicht, wenn man bedrängt wird. Seriöse Bankberater haben nichts dagegen, wenn man den Kreditvertrag zu Hause in Ruhe durchliest und zunächst offene Fragen klärt.

5. *Hände weg von Bürgschaften!*

   „Wer bürgt, wird gewürgt!", heißt es nicht zu Unrecht. Drei Viertel aller Geschädigten sind Frauen, die für Autokredite ihres Ex-Mannes gebürgt haben. Am Ende ist der Mann über alle Berge und die Frau hat die Schulden abzuzahlen. Deshalb: Hände weg von Bürgschaften!

6. *Nur im Notfall ins Pfandhaus!*

   Für alle, die von Banken und Freunden nichts mehr bekommen, sind Pfandhäuser oft die letzte Rettung. Sie arbeiten seriös, sind aber extrem teuer. Pfandhäuser nur als wirklich letzten Ausweg betrachten!

7. *Nie „Kredite ohne Schufa" nehmen!*

   Finger weglassen von Kreditgebern, die in Kleinanzeigen oder im Internet damit werben, dass sie Geld ohne Schufa-Anfrage verleihen (Schufa = Schutzgemeinschaft für allgemeine Kreditsicherung). Dahinter stecken oft kriminelle Absichten – die Kreditgeber suchen Menschen, die sie nach und nach finanziell aussaugen können.

8. *An Freunde nur in Ausnahmefällen Geld verleihen!*

   „Bei Geld hört die Freundschaft auf!", lautet ein altes Sprichwort. Freunden Geld leihen – nur im äußersten Notfall und dann nur für Dinge, die auf einen langfristigen Nutzen angelegt sind. Für ein kurzfristiges Vergnügen niemals!

5 Tipps zum Online-Kredit

Viele Banken werben mit günstigen Konditionen, wenn man Kredite online abschließt. Das kann einfach gehen und Geld sparen – wenn man einige wichtige Dinge beachtet:

1. *Schnell und einfach vergleichen:*

   Vorteil Internet: ohne zeitraubende Fahrerei und Parkplatzsuche das günstigste Angebot finden. Die meisten Banken verfügen über Online-Rechner, die sofort Ratenhöhe, Laufzeit und Kosten errechnen. Weiterer Vorteil: Die Zinssätze sind etwas günstiger, weil z. B. die aufwendige Beratung entfällt.

2. *Vorsicht vor Lockangeboten:*

   Die Banken überschlagen sich mit günstigen Krediten. Was die Werbung aber oft verschweigt: Die Sätze sind an die Bonität (gesichertes Einkommen, Lebensumstände usw.) gekoppelt. Je geringer die Sicherheiten, desto höher die Kosten.

3. *Der Effektivzins ist wichtig:*

   Der Kreditnehmer muss genau darauf achten, was er unterm Strich wirklich zahlen muss – inklusive Kreditkosten (Bearbeitung, Provisionen) liegen die Zinssätze oft bei über 10 %. Wichtig ist dabei der Effektivzins oder der effektive Jahreszins. Hier sind sämtliche Kreditkosten eingerechnet.

4. *Anträge ausdrucken:*

   Wenn der günstigste Anbieter gefunden ist, Kreditantrag ausdrucken, unterschreiben und mit den geforderten Unterlagen an die Bank schicken. Ein reiner Online-Abschluss ohne Unterschrift ist gesetzlich verboten.

5. *Restschuldversicherung:*

   Viele Banken versuchen, ihren Kunden eine Restschuldversicherung zu verkaufen, für den Fall, dass sie die Raten nicht mehr bezahlen können. Das verteuert den Kredit noch einmal. Günstiger: In Absprache mit der Bank selbst eine Versicherung abschließen. Den Kreditvertrag erst dann unterschreiben, wenn alle Kosten klar sind.

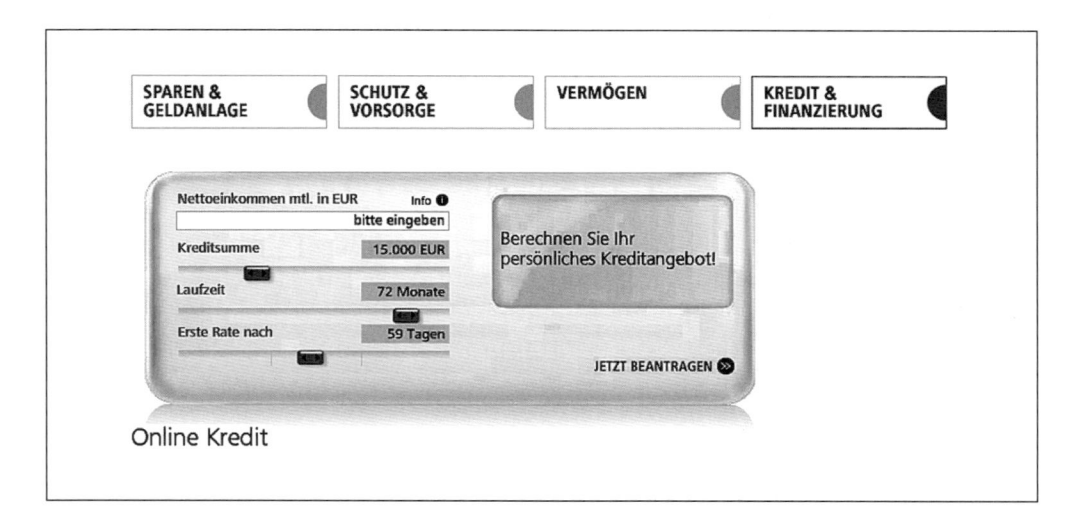

Online Kredit

„Ich bin ein Kredithai" – ein Abzocker berichtet

Sie besorgen Bares. Für jedermann. Zu unverschämten Zinsen. Und das Schlimme ist: Oft legen sie gerade die Ärmsten der Armen rein. Einer dieser Geldbeschaffer erzählt:

Ich bin ein Kredithai. Meine Anzeigen stehen jeden dritten Tag in der Zeitung. Sie lauten immer ähnlich: „Eilkredit", Blitzkredit" oder „Bargeld sofort". Ich selbst bin kein reicher Mann, aber es geht. Ich habe Kontakt zu Leuten, die über Geld verfügen. Denen führe ich Kundschaft zu. Den meisten, die zu mir kommen, steht das Wasser bis zum Hals. Bei mir legen sie sich endgültig den Strick um den Hals. Aber das ist nicht mein Problem.

Ich kassiere für jeden Vertragsabschluss 50 Euro. Das ist gutes Geld bei zehn Verträgen, die ich durchschnittlich am Tag abschließe. Ich hab' natürlich ein paar Tricks drauf, um die Leute zusätzlich abzukassieren.
Die Kreditinstitute, mit denen ich zusammenarbeite, sind keine normalen Banken. Es sind Geldinstitute, die Verträge abschließen mit Kunden, die woanders wegen hoher Schulden oder fehlendem Einkommen keinen Kredit mehr bekommen. Dafür verlangen sie Zinsen, die bis zu 12 % über dem aktuellen Marktzins liegen.
Wenn die Leute allerdings am Ende sind und nicht mehr zahlen können, schaltet das Kreditinstitut ein Inkassobüro ein. Die gehen rabiat vor. Aber das macht mir keine Gewissensbisse. Ich führe ja nur Kundschaft zu.

Wie Marion G. etwa. Vor drei Tagen bat sie um einen Termin. Ich betreibe mein Gewerbe in einem Mietshaus im Ruhrgebiet. An der Wohnung steht nur mein Name. Ich trage keine Rolex-Uhr, keine teuren Anzüge. Marion G. sitzt vor mir. Sie ist 44, eine gutmütige Hausfrau, die halbtags im Supermarkt arbeitet. „Sie wollen also einen Kredit". So eröffne ich jedes Gespräch. Meine Kunden sind dann jedes Mal erleichtert. Sie gewinnen so den Eindruck, dass ich mit ihnen fühle. Sie vertrauen mir.

Marion G. erzählt, dass sie in zweiter Ehe mit einem Beamten verheiratet ist. Ihr Problem: Sie hat vom gemeinsamen Konto 6.000 Euro abgehoben. Angeblich hat sie das Geld einer Freundin geliehen. Ihr Mann weiß nichts davon. Die Frau muss innerhalb von drei Tagen die 6.000 Euro wieder auf dem Konto haben. Sonst, so ihre Angst, wird ihr Mann sich von ihr trennen. Sie beginnt zu weinen. Aber das kenne ich schon. Das Hauptproblem von Marion G.: Es muss schnell gehen. Meine Chance, meine Tricks:

Trick 1: Ich vermittle ihr einen Kredit in Zürich, weil es da schneller geht. Da kann ich zusätzlich hohe Telefon- und Faxgebühren in Rechnung stellen, auch wenn ich die nicht habe. Ich lasse mir 250 Euro in bar auszahlen. Ohne Quittung. Denn es ist illegal, dem Kreditsuchenden gegen Bargeld eine beschleunigte Bearbeitung zu versprechen. Aber das wissen die Kunden ja nicht.

Trick 2: Ich vermeide es, überhaupt von Zinsen zu reden – die sind ja wirklich „saftig". Sie stehen zwar in dem Vertrag, aber das registrieren die meisten nicht. Die wollen nur wissen, was sie monatlich für Raten zahlen müssen.

Trick 3: Marion G. braucht 6.000 Euro. Das ist der Netto-Kredit. Darauf packe ich jetzt die Zinsen für die gesamte Laufzeit, Bearbeitungsgebühr, Vermittlungsgebühr, Gebühr für das Ausfüllen der Formulare und noch so ein paar Kleinigkeiten. Am Ende muss Marion G. einen Kreditantrag über 9.000 Euro unterschreiben.

Trick 4: Ich erkläre der Frau, dass wir den Vertrag um vier Wochen zurückdatieren, weil da die Zinsen noch günstiger waren. Das stimmt nicht. Aber laut Gesetz könnte Marion G. innerhalb von sieben Tagen den Ratenkredit wieder rückgängig machen. Da wir ihn zurückdatiert haben, kann sie das nicht mehr.

Trick 5: Ich überrede Marion G. noch, eine Versicherung abzuschließen, da dann ihr Kreditvertrag großzügiger bearbeitet wird. Das stimmt zwar nicht, aber ich kassiere auch für die Versicherung Provision. Meine Kasse stimmt immer. Und was aus meinen Kunden wird – ihr Problem.

Arbeitsaufgaben
1. Wie lauten die Annoncen des Kredithais?
2. Was bekommt er für einen Vertragsabschluss?
3. Mit welchen Kreditinstituten arbeitet er zusammen?
4. Beschreibe das Problem der Marion G.!
5. Wie gewinnt der Kredithai das Vertrauen seiner Kunden?
6. Berichte über seine Tricks!

Die Privatinsolvenz – ein Ausweg aus der Schuldenfalle

Bundesweit sind rund drei Millionen Haushalte verschuldet, d. h., sie können mit ihren Einnahmen die Ausgaben auf längere Sicht nicht decken. Im Durchschnitt hat jeder dieser Überschuldeten 37.000 Euro Schulden, einen Betrag, den er wohl selten aus eigener Kraft zurückzahlen kann.

Seit 1999 gibt es deshalb in Deutschland die sogenannte „Privatinsolvenz". Dieser Privatkonkurs ist ein Verfahren zur Schuldenregulierung, bei der die Zahlungsunfähigkeit einer Privatperson zu einem Ende geführt werden soll – und der Betroffene die Möglichkeit erhält, ein „neues Leben" zu beginnen. Die Auflagen sind allerdings hart.

In der ersten Phase macht der Schuldner eine genaue Aufstellung seiner Verbindlichkeiten und seiner Einkünfte und versucht einen Vergleich mit den Gläubigern. Lehnt nur einer der Gläubiger ab (was in der Regel passiert, wenn der Schuldner mangels Masse nichts anzubieten hat) folgt Phase zwei:

Das Insolvenzgericht wird eingeschaltet. Das Gericht versucht nochmals, eine Einigung mit den Gläubigern zu erzielen. Funktioniert auch das nicht, kommt Phase drei:

Das Insolvenzverfahren tritt in Kraft. Über einen Zeitraum von sechs Jahren geht alles Einkommen oberhalb der Pfändungsgrenze (ca. 1.000 Euro) an einen Treuhänder, der es an die Gläubiger verteilt. Der Schuldner muss sich in dieser Zeit ernsthaft bemühen, Einkünfte zu erzielen. Nach Ablauf der sechs Jahre erteilt das Gericht die Restschuldbefreiung – der Schuldner kann nun ohne Schulden „neu anfangen".

Wenn das Wasser bis zum Hals steht

Überschuldete Privatpersonen* in Deutschland haben im Durchschnitt 37000 Euro Schulden

So viel % aller Schuldner sind
- Frauen: 34 %
- Männer: 66 %

So viel Prozent der Bundesbürger in der jeweiligen Altersgruppe sind überschuldet (Schuldnerquote)
- unter 20 Jahren: 1
- 20–29: 10
- 30–39: 13
- 40–49: 14
- 50–59: 9
- 60–69: 4
- 70 Jahre und älter: 1

Städte mit den höchsten Schuldnerquoten
- Gelsenkirchen: 14,5 %
- Delmenhorst: 14,6
- Flensburg: 14,8
- Neumünster: 14,9
- Kassel: 15,1
- Halle/Saale: 15,6
- Offenbach/Main: 16,0
- Pirmasens: 16,3
- Bremerhaven: 17,8
- Wuppertal: 17,9

Gründe für die Überschuldung in %
- Arbeitslosigkeit: 39 %
- Trennung, Scheidung, Tod des Partners: 18
- Erkrankung, Sucht, Unfall: 13
- Gescheiterte Selbstständigkeit: 13
- Unwirtschaftliche Haushaltsführung: 12
- Gescheiterte Immobilienfinanzierung: 5

*Ausgaben übersteigen dauerhaft die Einnahmen
Quelle: Creditreform
Stand 2009
© Globus 3185

Kinder in der Schuldenfalle

Immer mehr Jugendliche in Deutschland leben auf Pump. Handy, Essen gehen und Klamotten kosten im Monat oft mehr Geld als den 13- bis 17-Jährigen zur Verfügung steht. „Denen leihe ich nie wieder Geld!" Da ist sich Julian (13) sicher. Insgesamt 17 Euro hat er seit den Sommerferien an verschiedene Klassenkameraden verliehen. 12 Euro davon hat er inzwischen abgeschrieben. „Der Eine hat gesagt, ich hätte doch genug Kohle, ich könnte ihn ruhig mal einladen. Der Nächste hat mir beim Bäcker ein trockenes Brötchen gekauft und gemeint, jetzt wären wir quitt. Dabei hatte ich ihm sechs Euro bei Mc Donald's geliehen." Und nur einer hat Julian das geliehene Geld zurückgegeben. Was Julian gerade erlebt, spiegelt die Situation vieler Jugendlicher in Deutschland wider: Sie brauchen mehr Geld, als sie haben, leihen sich was und können es nicht zurückzahlen!

Jeder zehnte Jugendliche in Deutschland hat Schulden – durchschnittlich 60 Euro. So das Ergebnis der aktuellen Studie vom Institut für Jugendforschung (IJF).
60 Euro – was zunächst gar nicht so alarmierend wirkt, ist im Verhältnis zum „Einkommen" eines Minderjährigen erschreckend viel. Denn: Der Studie zufolge haben Jugendliche im Schnitt 76 Euro pro Monat zur freien Verfügung. Im Klartext: Die Schulden entsprechen rund 80 Prozent des „monatlichen Einkommens" eines Jugendlichen, sind so kaum zurückzuzahlen. „Im Einzelfall beträgt die Schuldenhöhe ein Vielfaches dessen", weiß Karin Fries, die Leiterin des IJF.

Schuldenfalle Nummer 1 ist Ausgehen und Essen gehen. „Der Besuch eines Fastfood-Restaurants oder Kiosks ist ein soziales Gruppenerlebnis", sagt Karin Fries. „Deshalb fällt es ihnen so schwer, Nein zu sagen, auch wenn es ihr Taschengeld übersteigt. Und so addieren sich bei den Freunden auch kleine Summen zu einem Schuldenberg."
Der nächstgrößte Ausgabeposten ist Kleidung. Dafür werden aber nicht die Freunde angepumpt, sondern die Eltern, denn Kleidung kostet Geld.
Dagegen hat das Handy als bislang größte Schuldenfalle ausgedient. Viele Eltern verpassen ihren Kindern mit der Prepaid-Karte eine Kostenbremse – ist ein fixer Betrag vertelefoniert, ist für den Rest des Monats Funkstille.

Können Jugendliche nicht mit Geld umgehen? Karin Fries: „Den Jugendlichen fehlt einfach der Überblick. Sie leihen sich Geld in der festen Absicht, es zurückzuzahlen, aber sie verkalkulieren sich. Die Gefahr ist, dass der Cliquen-Druck auf die Jugendlichen wächst: Sie glauben, dass sie nur mithalten können, wenn sie den größten Hamburger essen und die neuesten Turnschuhe haben, können aber nicht abschätzen, ob sie es sich leisten können.
Außerdem werden Jugendliche heute ständig mit Werbung bombardiert, in der Ratenzahlungsangebote den Eindruck vermitteln, dass kein Traum mehr unerfüllt bleiben muss."

Arbeitsaufgaben
1. Beschreibe, welche Erfahrungen Julian mit verliehenem Geld gemacht hat.
2. Berichte über die Schuldensituation der Jugendlichen in Deutschland!
3. Was sind die größten „Schuldenfallen"?
4. Wie kommt es dazu, dass sich Jugendliche verschulden?

Haushalts- und Taschengeldplan

Ein Haushaltsplan einer Familie hilft, herauszufinden, wie viel Geld übrig bleibt, nachdem vom Familieneinkommen die festen Kosten für Miete, Telefon, Nahrungsmittel, Auto, Versicherungen usw. abgezogen werden.

Genauso funktioniert ein Taschengeldplan. Man kann sich mit einem solchen Plan einen Überblick über die Finanzen verschaffen und somit mit den zur Verfügung stehenden Geldmitteln vernünftig planen.
Ein Taschengeldplan könnte so aussehen (Ausgaben gerundet):

Einnahmen pro Monat:		*Ausgaben pro Monat:*	
Taschengeld	50 Euro	**Feste Ausgaben:**	
Arbeit Tankstelle	100 Euro	Sportverein	20 Euro
Unterstützung von Oma	30 Euro	Zeitschriftenabo	10 Euro
Summe	180 Euro	**Veränderliche Ausgaben:**	
		Kleidung	30 Euro
		Kino	20 Euro
		Ausgehen	60 Euro
		Summe	140 Euro
		Rest: 180 € – 140 € = 40 €	

Tipps für Jugendliche, die mit ihrem Geld nicht klarkommen:

- Das Geld wochenweise aufteilen!
- Die Einnahmen verteilen: Taschengeld und Geld aus anderen Quellen nicht gleichzeitig auszahlen lassen!
- Liste wichtiger Ereignisse wie Geburtstage oder Konzerte für den Monat im Voraus aufstellen und das dafür benötigte Geld in einen Briefumschlag legen und erst entnehmen, wenn es nötig ist!
- Das ersparte Geld konsequent zurücklegen!

Arbeitsaufgabe
Gib eine ehrliche Antwort!

Ich habe mit Geld oft folgendes Problem:

_____

_____

Ich möchte dieses Ziel erreichen:

_____

_____

_____

„Du denkst, es geht nicht mehr weiter ..."

Der Handyvertrag mit dem Freund führte eine 19-Jährige zum Insolvenzverfahren

Petra Kuhn ist ein fröhliches, offenes Mädchen, das auf andere zugeht. Nur bei einem Thema wird sie sofort ruhig und wirkt bedrückt. Petra Kuhn macht gerade ihren qualifizierenden Abschluss nach und hat Schulden zwischen 2.000 und 3.000 Euro – „Das haben wir noch nicht so genau ausgerechnet". „Wir", das steht mittlerweile für sie und ihren Schuldnerberater, an den sie sich vor einigen Monaten gewandt hat. „Du denkst erst, du schaffst es alleine, das alles abzubezahlen. Aber irgendwann gehst du dann doch zum Schuldnerberater, weil du keinen Ausweg mehr siehst".

Wie Petra Kuhn zu ihren Schulden kam, scheint typisch zu sein für viele junge Frauen. Sie geht eine Beziehung mit einem jungen Mann ein, nach nur einem Monat schließen die beiden einen Vertrag für zwei Handys ab – auf ihren Namen. Dass das keine gute Idee war, merkt Petra schon bei der ersten Rechnung: Eine riesige Summe, die sie nicht bezahlen kann. Innerhalb von drei Monaten hat sich durch weitere Rechnungen und Zinsen der Schuldenberg angehäuft, auf dem sie heute sitzt – alleine.

Denn mit dem Freund ist es aus, sie hat nie einen Cent von ihm gesehen. „Er hat gesagt ‚Wir schaffen das schon, wir kriegen das Geld schon'." Aber alles, was dann kam, waren Ausreden. Dabei schätzt Petra Kuhn seinen Anteil an den Handyrechnungen auf 80 Prozent. Natürlich habe sie versucht, den Vertrag zu kündigen. Beim Anbieter habe man ihr aber gesagt, dass der Vertrag nicht kündbar sei und sie ihn höchstens sperren lassen könne. Das hat sie dann auch getan. Doch die Mahnungen kamen weiter, Zinsen ließen die Summen wachsen – und die psychische Belastung. „Die Schulden werden mehr und mehr. Du denkst, es geht nicht mehr weiter. Ich hatte oft den Gedanken, ich will sterben."

Zu ihrem Ex hat Petra Kuhn keinen Kontakt mehr. Ihr Schuldnerberater hat sich mit den Gläubigern in Verbindung gesetzt und ein Insolvenzverfahren eingeleitet, „damit nichts mehr dazukommt".

Ihre Eltern sind geschieden, sie lebt bei der Mutter. Die unterstützt sie, so gut es geht. „Aber sie hat auch nicht viel Geld, sie kann mir da auch nicht helfen." Die 25 Euro, die Petra Kuhn die nächsten sechs Jahre jeden Monat an den Schuldnerberater abgeben muss, zahlt sie von ihrem Taschengeld.

Für Schüler: Geld dazuverdienen – aber wie?

„So kann das nicht weitergehen", beschließt Marie. 10 € für Benzin fürs Mofa, ca. 5 € für Schulhefte, Bleistifte und Zeichenblöcke, der Eintritt ins Kino kostet schon 8 €, eine CD z. B. 13 €. Und das alles mit nur 30 € Taschengeld? Abends spricht sie mit ihren Eltern.

„Du musst erst einmal klarkommen", sagt der Vater bestimmt. „Nächstes Jahr können wir über eine Taschengelderhöhung reden". Auch wenn Marie wütend ist – außer gelegentlich einer Finanzspritze für Klamotten ist da anscheinend nichts zu machen. Sie muss sich etwa anderes einfallen lassen.
Was also tun? Sie hat nicht genügend Geld, möchte aber trotzdem noch etwas kaufen – also muss etwas geschehen! Die Frage taucht auf: Warum nicht jobben?
Ein paar Stunden die Woche hat sie schließlich noch Zeit. Und sie ist gerne draußen an der frischen Luft – da kommt ihr der Aushang im Blumengeschäft gerade gelegen: „Fahrradkurier für Botenfahrten samstags vormittags gesucht." Schon knapp eine Woche später sitzt sie mit ihrem ersten Strauß im Korb auf dem Rad.

Beliebte Schülerjobs

Marie steht mit ihrem neuen Job nicht alleine da. Jugendliche zwischen 15 und 20 Jahren beziehen in Deutschland im Schnitt mehr als die Hälfte ihres Einkommens (57 %) aus – wenn auch unregelmäßigen – Jobs. Nachhilfe geben, Babysitten, Zeitungen austragen und Gartenarbeiten in der Nachbarschaft führen die Liste der beliebtesten Schülerjobs an. Aber es kann auch einmal anders sein:

Markus (16): „Ich spiele Handball in der Juniorenmannschaft und trainiere den Nachwuchs. Hier bekomme ich für jede Stunde 5 €."

Alice (18): „Ich programmiere Internetseiten für Privatpersonen. Das macht mir viel Spaß. Außerdem kann ich von zu Hause aus arbeiten, abends oder am Wochenende, wann immer ich Zeit habe."

Michael (17): „In den Sommerferien habe ich bei einer großen Autofirma am Fließband gearbeitet. Morgens um 7 Uhr anfangen und den ganzen Tag am Band stehen, das ist echte Knochenarbeit. Aber man verdient nicht schlecht dabei. Ich habe ein paar Mal in der Personalabteilung angerufen. Dann hatte ich Glück und es war eine Stelle für die Sommerferien frei."

Den richtigen Job finden

Geld verdienen kann Spaß machen – vorausgesetzt du suchst dir einen Job, der zu dir passt. Es sollte jedoch noch genügend Zeit für Schule und Freunde bleiben.

Deshalb solltest du dir zuallererst überlegen, wie viel Zeit du investieren möchtest und welche Art von Arbeit dir Spaß macht oder zu deinen Zukunftsplänen passt:
Möchtest du vielleicht Maurer werden? Dann ist es sicher nicht falsch, bei einer Baufirma um eine Arbeit nachzufragen.

Häufig bleibt jedoch keine Wahl; gute Jobs sind dünn gesät. Dann muss man eben das nehmen, was angeboten wird.

Wo aber Jobs finden? Du kannst in Geschäften, Cafés usw. in deiner Nähe fragen, ob Aushilfen gesucht werden. Oder bei Firmen, Zeitungsverlagen usw., die Schülerjobs vergeben, anrufen, dort persönlich vorsprechen oder eine Kurzbewerbung abschicken. Nachhilfeschüler/innen findest du am besten über das schwarze Brett in deiner Schule.
Wie überall geht natürlich am meisten über gute Beziehungen!

Die Jobs und das Recht

Für Jugendliche unter 18 Jahren gilt das Jugendarbeitsschutzgesetz – das heißt, nicht jeder Job darf von Minderjährigen übernommen werden. Das Gesetz unterscheidet zwischen Kindern (bis unter 15 Jahre) und Jugendlichen (15 bis unter 18 Jahre).

Kinder:

Ab 13 dürfen Kinder mit Einwilligung der Eltern an fünf Tagen pro Woche maximal zwei Stunden leichte Arbeit verrichten. Auch in den Ferien gibt es hierfür keine Ausnahme. Die Arbeit darf weder besonders anstrengend oder belastend sein (z. B. durch Lärm) noch die Gesundheit gefährden.

Jugendliche:

Wenn du dir Geld nebenbei verdienst, kann das Einkommen unter Umständen steuerpflichtig werden. In diesem Fall bräuchtest du eine Lohnsteuerkarte.

Während der Ferien darfst du in der Regel bis zu vier Wochen, im Jahr maximal 40 Stunden in der Woche arbeiten. Die tägliche Arbeitszeit liegt zwischen 6 Uhr morgens und 20 Uhr abends. Ausnahme: Bist du 16 Jahre oder älter, darfst du im Gaststättengewerbe bis 22 Uhr und in Betrieben mit Mehrschichtsystem (z. B. Krankenhäuser) sogar bis 23 Uhr tätig sein.

Sparen und Anlegen für Kinder und Jugendliche

Die Grundlagen eines angemessenen Umgangs mit Geld werden bereits in jungen Jahren gelegt. Daher brauchen Kinder und Jugendliche eine gezielte Gelderziehung.

In den ersten Lebensjahren empfiehlt sich die Einrichtung eines Sparbuchs, auf das Geldbeträge, die das Kind als Geschenk erhält, einbezahlt werden.
Mit wachsendem Alter verändern sich die Ansprüche an das Geld. Ein erster „Meilenstein" ist der Eintritt in das Schülerleben. Häufig geht dieser neue Lebensabschnitt mit dem ersten Taschengeld einher. Taschengeld, aber auch Entlohnungen für die Verrichtung kleiner Aufgaben im familiären Haushalt, die außerhalb des sonst Üblichen liegen, sind die Grundlage für das Erlernen des vernünftigen Geldumgangs. Mit den gesammelten Geldbeträgen können die Kinder bereits zwischen Sparen oder Ausgeben entscheiden und somit den Umgang mit Geld lernen.

Wie viel Taschengeld ist angemessen?

Grundsätzlich gilt: Das Taschengeld sollte immer gezahlt und nicht als Druckmittel eingesetzt werden, um das Kind etwa für ein bestimmtes Verhalten zu bestrafen. In diesem Fall kann das Kind nie richtig planen und die Erziehung zum bewussten Umgang mit Geld kann nicht funktionieren.
Außerdem sollte dem Kind das Taschengeld zur freien Verfügung stehen, wobei die Eltern für Fahrkarten, Schulsachen und besondere Ausgaben aufkommen.

Jüngeren Kindern sollte das Taschengeld wöchentlich, älteren Kindern monatlich ausgezahlt werden, da es schwieriger ist, sich das Geld für einen ganzen Monat richtig einzuteilen. Dieses Einteilen des zur Verfügung stehenden Geldes muss der Nachwuchs Schritt für Schritt selbst erlernen.

Wie viel Taschengeld ist für mein Kind angemessen?*		
Alter des Kindes/Jugendlichen	Betrag	Frequenz
6 bis 7 Jahre	0,5 bis 2 Euro	wöchentlich
8 bis 9 Jahre	2 bis 3 Euro	wöchentlich
10 bis 11 Jahre	13 bis 15 Euro	monatlich
12 bis 13 Jahre	15 bis 23 Euro	monatlich
14 bis 15 Jahre	23 bis 30 Euro	monatlich
16 bis 17 Jahre	30 bis 40 Euro	monatlich

* Eine Empfehlung der Volksbanken und Raiffeisenbanken

Ein erstes eigenes Konto ermöglicht dem Kind, frühzeitig mit Geldvermögen umzugehen. Ab dem vollendeten siebten Lebensjahr kann dem Kind in Absprache mit den Eltern ein eingeschränktes Verfügungsrecht über das Konto eingeräumt werden.
Je nach Wunsch der Eltern und Entwicklungsstand des Kindes kann auch das Taschengeld direkt auf das Konto überwiesen werden.

Das Jugendkonto ist ein weiterer Schritt in die Erwachsenenwelt. In der Regel erfolgt die Freischaltung des Jugendkontos für den Zahlungsverkehr ab dem zwölften Lebensjahr. Ein zentraler Unterschied zum Erwachsenen-Konto ist, dass beim Jugendkonto keine Kontoüberziehung möglich ist. Ein weiterer Pluspunkt: Das Jugendkonto ist in der Regel kostenlos.
Einsicht in das Konto des Jugendlichen seitens der Eltern besteht bis zum 18. Lebensjahr. Sobald das Erwachsenenalter erreicht ist, wird das Jugendkonto automatisch in ein normales Girokonto umgewandelt. Manche Banken bieten den Jugendlichen auch eine Kreditkarte an. Die Karte funktioniert ähnlich wie eine Prepaid-Karte für das Handy. Man muss nur ein bestimmtes Guthaben auf das Konto einzahlen und schon ist der Jugendliche in der Lage, weltweit bargeldlos zu bezahlen, ein großer Vorteil bei einer Urlaubsreise ins Ausland.

Auch Sparen will gelernt sein!

Bereits Kinder sollen lernen, zu sparen. Größere Wünsche kann man sich meist nur erfüllen, wenn regelmäßig etwas dafür zurückgelegt wird. Deshalb ist ein Sparbuch auch für Kinder und Jugendliche eine wichtige Angelegenheit.
Darüber verfügen dürfen sie aber nur mit Einwilligung der Eltern. Kinder bis zum siebten Geburtstag sind geschäftsunfähig, Minderjährige bis 18 Jahre dürfen nur mithilfe der Eltern Verträge schließen.

Ausnahme: Taschengeldparagraf

Eine Ausnahme bildet der Taschengeldparagraf. Dadurch sollen Massengeschäfte des täglichen Lebens praktikabel gestaltet werden. Das heißt konkret:
Schließt ein Minderjähriger ohne Zustimmung der Eltern einen Vertrag ab, dann gilt dieser als von Anfang an wirksam, wenn der Minderjährige die vertragsmäßige Leistung mit Mitteln bewirkt, die ihm zu diesem Zweck überlassen worden sind.
Gemeint ist damit, dass Geschäfte von Minderjährigen gültig sind, wenn der Junge/das Mädchen sie von seinem Taschengeld bezahlt oder von Geld, das z. B. Oma und Opa ihm mit Zustimmung der Eltern geschenkt haben. Ein Jugendlicher kann sich also z. B. eine CD kaufen, ohne dass die Eltern diesem Vertrag zustimmen müssen. Ratenverträge sind jedoch rechtlich unwirksam.

Kinder- und Jugendspartag — PRIMAX

Hallo liebe Sparer,

am **Samstag, 24. Oktober 2009
von 08:30 Uhr bis 11:30 Uhr**
ist es wieder so weit.

Wir leeren eure Spardosen, Sparbüchsen, Sparsocken, Flaschen und natürlich auch Sparschweine!

Bringt eure angesparten Münzen und Scheine vorbei, denn für alle fleißigen Sparer halten wir wieder
tolle Überraschungen bereit.

Auf euren Besuch freut sich die

Geschäftsstelle Bäumenheim

Spartag

Raiffeisen-Volksbank
Donauwörth eG

Thema 5 — Die Funktionen des Geldes

Lernziele

Die historische Entwicklung des Geldes nachvollziehen können
Die Funktionen des Geldes (Zahlungsmittel, Wertmesser, Wertaufbewahrungsmittel, Wertübertragungsmittel) beschreiben können
Geschichtliche Begriffe zum Thema Geld kennenlernen (Heller, Groschen, Kreuzer, Batzen, Taler, Mark)
Die kleine deutsche Währungsgeschichte von der ersten Mark bis zum Euro nachvollziehen können

Arbeitsmittel/Medien

1 Folienvorlage (Zahlungssituation), 6 Informationsblätter, 2 Arbeitsblätter

Folienvorlage

I. Hinführung

Folie (Zahlungssituation)　　　　　　TA: **Die Funktionen des Geldes**

II. Erarbeitung

1. TZ: Die Geschichte des Geldes
   (Info-Blatt)

   1. Naturaltausch
   2. Warengeld
   3. Metallgeld
   4. Münzgeld
   5. Bargeld
   6. Buchgeld

2. TZ: Die Funktionen des Geldes
   (Info-Blatt)

   1. Zahlungsmittel (Tauschmittel)
   2. Wertmesser
   3. Wertaufbewahrungsmittel
   4. Wertübertragungsmittel

III. Vertiefung

Ein Heller und ein Batzen
(Info-Blatt)

- Heller
- Groschen
- Kreuzer
- Batzen
- Taler
- Mark

IV. Sicherung

Eintrag Arbeitsblätter

V. Ausweitung

Kleine deutsche Währungsgeschichte
(Info-Blatt)

VI. Lösung

S. 90
Wertmesser – Wertübertragungsmittel – Wertaufbewahrungsmittel – Zahlungsmittel
(von links im Uhrzeigersinn)

Die Geschichte des Geldes

Das Geld wurde nicht erfunden, wie z. B. die Uhr oder der Dieselmotor. Vielmehr wurde der für das Leben der Menschen notwendige Waren- und Arbeitskraftaustausch im Laufe der Jahrhunderte immer stärker vereinfacht und immer zweckmäßiger gestaltet. Dabei war es ein langer Weg vom Naturaltausch bis zu unserem heutigen Buchgeld.

1. Naturaltausch:

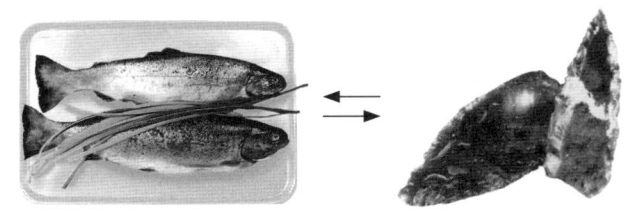

Begehrte Waffen gegen Nahrungsmittel

Reger Tauschhandel herrschte schon ca. 3000 v. Chr. Eine Sache, die man im Überfluss hatte, wurde gegen eine Sache, die man brauchte, eingetauscht. Zum Beispiel Felle gegen Schießpulver und Äxte oder einen großen Sack Gerste gegen einen schönen Ziegenbock.

2. Warengeld:

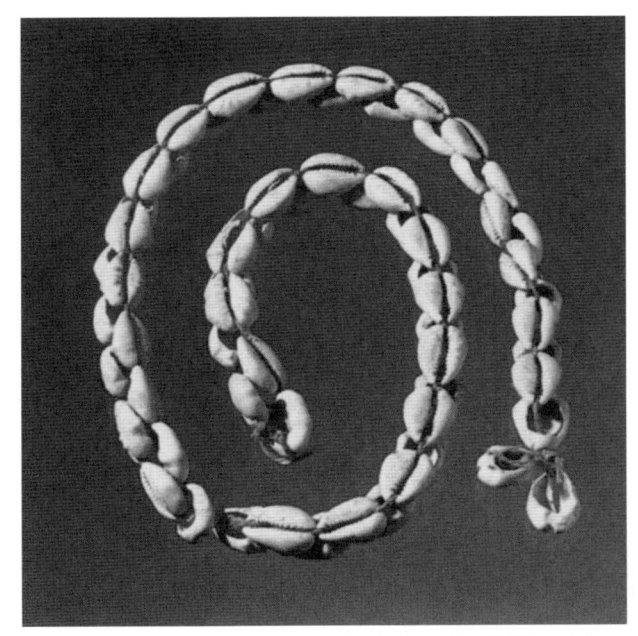

Geldschnüre aus Schalen der Kaurischnecke (Afrika, Asien, Ozeanien)

Beim Naturaltausch mussten die Güter nicht nur nach Art und Qualität, sondern auch noch nach Menge und Wert den Vorstellungen der Tauschpartner entsprechen. Um diese Schwierigkeiten zu überwinden, wurde bald nur noch gegen allgemein begehrte Güter getauscht. Die zum Tausch benützten Waren hatten einen relativ festen, allgemein bekannten Wert.

In vielen Agrargesellschaften diente das Vieh als allgemeines Tauschmittel. In der lateinischen Sprache wird der Name für Geld (pecunia) von pecus (= das Vieh) abgeleitet.

Das Warengeld sollte folgende Eigenschaften aufweisen:
– allgemeine Knappheit
– leichte Teilbarkeit
– große Wertbeständigkeit
– leichte Transportfähigkeit

3. Metallgeld:

Armreifen aus Metall als Zahlungsmittel

Das Warengeld konnte zumeist nicht alle benötigten Eigenschaften erfüllen. Auf der Suche nach geeigneten Materialien gab man den Edelmetallen Gold und Silber den Vorzug, weil sie die verschiedenen Geldeigenschaften in besonders zweckmäßiger Weise in sich vereinen. Metall (Gold, Silber, Kupfer, Bronze) entwickelte sich zum allgemeinen Zahlungsmittel. Es wurde häufig in Barren gegossen oder als Schmuck getragen.

4. Münzgeld:

Lydische Münze, Rückseite    Antike griechische Silbermünze

Ein kleines Volk in Kleinasien – die Lyder – kann sich rühmen, vor über 2500 Jahren das Geld erfunden zu haben. Ihr König Krösus, einer der reichsten

Herrscher des Altertums, wollte sein Gold im Gegenwert der Waren nicht mehr abwiegen, weil die Annahme von Gold und Silber immer mit Gefahren verbunden war:
- Mischung des Edelmetalls mit geringwertigen Metallen.
- Betrug beim Abwiegen durch falsche oder nicht geeignete Gewichte.

Um diesen Gefahren zu entgehen, ließ er die ersten Goldmünzen prägen.

Gewichtseinheiten wurden in vorgefertigte Gold- und Silberstücke geprägt (Prägegeld), wie dies heute noch bei den Goldbarren der Fall ist. Häufig ging man noch einen Schritt weiter und prägte den Gold- und Silberstücken das Bild des Landesherren, verbunden mit einer Wertangabe, auf. So entstanden die Münzen (Münzgeld).

5. Bargeld:

Europas Währung: der Euro

Beim Münzgeld tauchten Schwierigkeiten auf: Transportprobleme wegen des großen Gewichts und Gefahr von Diebstählen und Überfällen. Vorsichtige Leute deponierten (hinterlegten) deshalb ihre Münzen bei einem Geldwechsler. Sie erhielten dafür eine Bescheinigung, aus der hervorging, dass der Überbringer die hinterlegten Münzen jederzeit wieder abholen konnte. Im Laufe der Zeit bildete sich der Brauch heraus, die Bescheinigungen selbst anstelle der hinterlegten Münzen als Zahlungsmittel zu verwenden. Aus solchen Bescheinigungen entwickelte sich das Papiergeld. Heute hat in Deutschland nur die Deutsche Bundesbank das Recht, Papiergeld in Form von Banknoten herauszugeben. Das Papiergeld ist jedoch eine chinesische Erfindung. Schon ab 650 n. Chr. verwendeten die Chinesen dieses Geld, das sie „fliegendes Geld" nannten.

Zur Münze kam das Papiergeld hinzu. Banknoten und Münzen bilden das Bargeld.

6. Buchgeld:

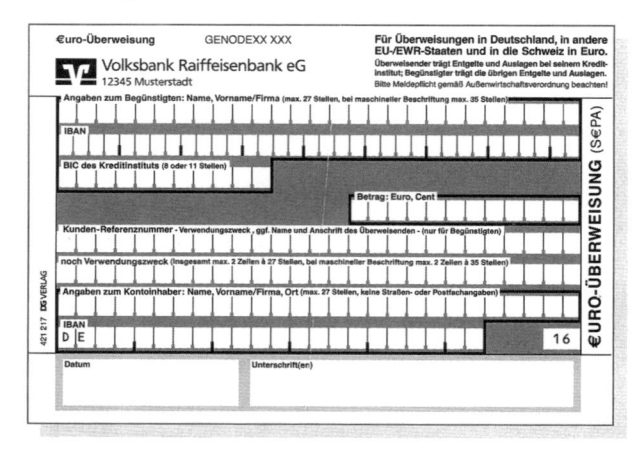

Bargeldlos zahlen per Überweisung

Mit der Gründung sogenannter Girobanken im 16. Jahrhundert in Amsterdam und Hamburg, sollte der bargeldlose Zahlungsverkehr gefördert werden. Für das eingereichte Edelmetall gewährten die Banken ein Guthaben, über das der Inhaber per Anweisung verfügen konnte. Hierzu genügte eine einfache Umschreibung. Das Geld lief im Kreis (lat. giro = „Kreis"). Im Laufe der Zeit entwickelten die Banken dieses System weiter hin zum bargeldlosen Zahlungsverkehr (Buchgeld/Giralgeld). Bargeldlose Zahlungen von Konto zu Konto, z. B per Scheck, Überweisung oder Kreditkarte sind möglich.

Electronic banking ist ein Zauberwort der modernen Bank, die den Umgang mit dem Buchgeld weiter spezifiziert. Per Internet kann man Bankgeschäfte heutzutage vom Wohnzimmer aus erledigen – bequem, zeitsparend und kostengünstig.

Ein Heller und ein Batzen …

In Deutschland wird heute mit Euro und Cent abgerechnet, davor bezahlten die Deutschen mit Mark und Pfennig. So hieß unser Geld aber nicht immer. Heller und Batzen sind Namen alter Münzen. Auch mit Talern oder Kreuzern konnte man früher bezahlen. Woher kamen diese Namen?

Heller

In Hall am Kocher (heute Schwäbisch Hall) wurden seit 1208 Münzen geprägt, die „Haller pfenninc" hießen. Aus „Haller" oder „Häller" wurde dann der „Heller". Die ersten Heller zeigten eine Hand, das Wappen von Hall. Der Pfennig war damals aber viel mehr wert als heute. Für einen Heller bekam man im 14. Jahrhundert etwa 10 Eier oder einen Liter Bier oder einen Schoppen Wein. Die abgebildete Münze ist ein silberner Händel-Heller aus dem 14. Jahrhundert. Im Laufe der Zeit wurde der Heller-Pfennig immer weniger wert und schließlich nur noch aus Kupfer geprägt.

Groschen

Als die Kreuzritter ins Heilige Land zogen, brauchten sie viel Geld. Sie hätten große Mengen an Pfennigen mitschleppen müssen. Deshalb wurden größere Münzen mit größerem Wert geprägt. Ab 1266 wurde in Tours in Frankreich eine Münze geprägt, die „gros Tournois" hieß, die „Dicke aus Tours". Sie wurde in Deutschland, Italien und Böhmen nachgeprägt. Da die Böhmen das „s" wie „sch" sprechen, hieß die Münze dort „grosch" oder „grosche", und daraus wurde unser Groschen. Das Bild zeigt einen Kurkölner Turnois-Groschen aus den Jahren 1332 bis 1349.

Kreuzer

Das war eine Silbermünze im Wert von 4 Hellern (Pfennigen), die seit 1271 in Meran und später an vielen anderen Orten geprägt wurde. Sie zeigte auf einer Seite das Andreaskreuz, das wie ein X aussieht. Nach diesem Zeichen nannte man die Münzen Kreuzer. Die abgebildete Münze ist ein Etsch-Kreuzer aus Meran aus der Zeit zwischen 1271 und 1295.

Batzen

Batzen sagt man auch heute noch zu einem großen Stück, einem Klumpen. Seit 1495 wurden in Salzburg, kurz darauf auch in der Schweiz und im süddeutschen Raum dicke Münzen geprägt, die schwerer waren als die Heller. Sie waren 16 Pfennig wert oder 4 Kreuzer. Unser Bild zeigt einen silbernen Konstanzer Batzen aus der Zeit zwischen 1496 und 1525, den Jahren vor dem Bauernkrieg.

Taler

Aus dem Silber des Joachimstals im Erzgebirge wurden seit 1519 Münzen geprägt, die man Joachimstaler oder einfach Taler nannte. In Schweden wurde daraus „Dealer" und in Amerika „Dollar". Als bei uns im 19. Jahrhundert die Währung auf Mark umgestellt wurde, galt der Taler 3 Mark. Das Bild zeigt den ersten Joachimstaler.

Mark

Auf Silberbarren von geeichtem Gewicht wurde ein behördlicher Stempel eingeschlagen, eine Marke. Diese Barren wogen gewöhnlich ein halbes Pfund. Nach und nach nannte man so ein halbpfündiges Silberstück mit eingeprägter Marke einfach „eine Mark". Als später eine Silbermünze von einem halben Pfund Gewicht geprägt wurde, nannte man sie Mark. Im Laufe der Zeit sank die Münze im Wert und wurde immer leichter. Das Bild zeigt eine altdeutsche Barren-Mark mit Gegenstempel.

Die Funktionen des Geldes

In welcher Form auch immer Geld auftaucht – es hat verschiedene Funktionen:
Geld ist ein Zahlungsmittel (Tauschmittel), ein Wertmesser, ein Wertaufbewahrungsmittel und ein Wertübertragungsmittel.

Arbeitsaufgabe
Erläutere anhand der Bilder diese verschiedenen Funktionen des Geldes!

Unser Leistungsangebot
All Inclusive Vielfalt:

Essen & Trinken ■■■■■
Sport & Fitness ■■■■☐
Unterhaltung ■■■■■
Speziell für Kinder ■■■■☐

Im TUI Paket inklusive

☑ **Neu:** Zug zum Flug 1. Klasse*, **
☑ Visa, Ausreisegebühr*
☑ Early check in/ Late check out (nach Verfügbarkeit): Zimmer am Anreisetag ab 10 Uhr, am Abreisetag bis max. 18 Uhr*
☑ Express check in*
☑ Badetücher und Bademäntel für den Aufenthalt*
☑ 1x/Wo. Candle-Light-Dinner im A-la-carte-Rest. "Alexander" (festes Menü, Reservierung)*
☑ 1x/Erw./Aufenthalt 10 Euro Ermäßigung auf eine Spa Anwendung Ihrer Wahl*
☑ 1 Obstkorb zur Begrüßung (für All Inclusive-Gäste)*
☑ Unbegrenzte Internetnutzung im Business Center (All Incl.-Gäste)*
☑ 5 Kleidungsstücke kostenlosen Wäschereiservice pro Person/ Aufenthalt (für All Incl.-Gäste)*
☑ Wiederholungsurlauber ab 4. Besuch: Jeden Samstag Canapé, Wein und Softgetränke mit dem Management (1x pro Aufenthalt)*

1 Woche Halbpension
pro Person im Doppelzimmer
mit Flug ab München
für z.B.: **€ 739**

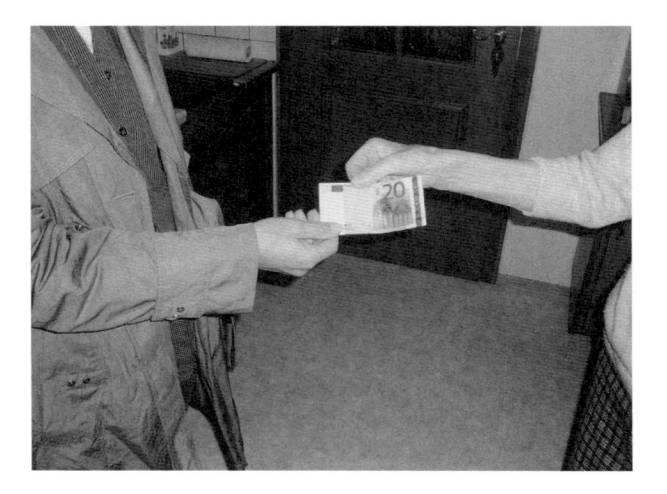

| Klasse: | Datum: | Name: |

Die Geschichte des Geldes

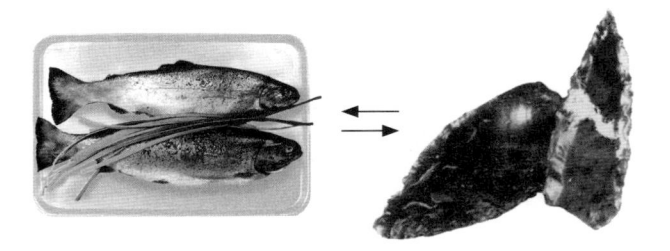

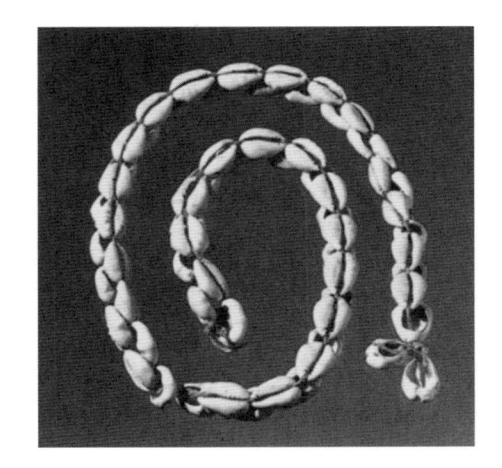

1. _____
So fing es an: Man tauschte Ware gegen Ware.

2. _____
Die zum Tausch benützten Waren hatten einen relativ festen Wert.

3. _____
Metalle (z. B. Gold und Silber) entwickelten sich zum allgemeingültigen Zahlungsmittel.

4. _____
Durch Prägung erhielten die Metallstücke eine Wertangabe.

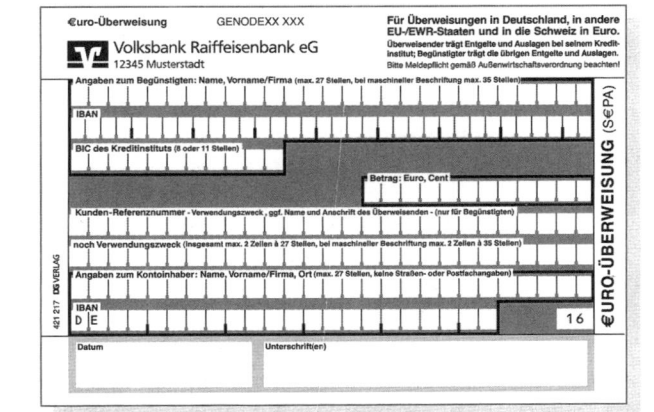

5. _____
Zur Münze kam das Papiergeld. Banknoten und Münzen bilden das Bargeld.

6. _____
Bargeldlose Zahlungen von Konto zu Konto, z. B. durch Überweisung.

Otto Mayr: Geld- und Zahlungsverkehr · Best.-Nr. 504 © Brigg Pädagogik Verlag GmbH, Augsburg

| Klasse: | Datum: | Name: |

Die Geschichte des Geldes (Lösung)

1. Naturaltausch

So fing es an: Man tauschte Ware gegen Ware.

2. Warengeld

Die zum Tausch benützten Waren hatten einen relativ festen Wert.

3. Metallgeld

Metalle (z. B. Gold und Silber) entwickelten sich zum allgemeingültigen Zahlungsmittel.

4. Münzgeld

Durch Prägung erhielten die Metallstücke eine Wertangabe.

5. Bargeld

Zur Münze kam das Papiergeld. Banknoten und Münzen bilden das Bargeld.

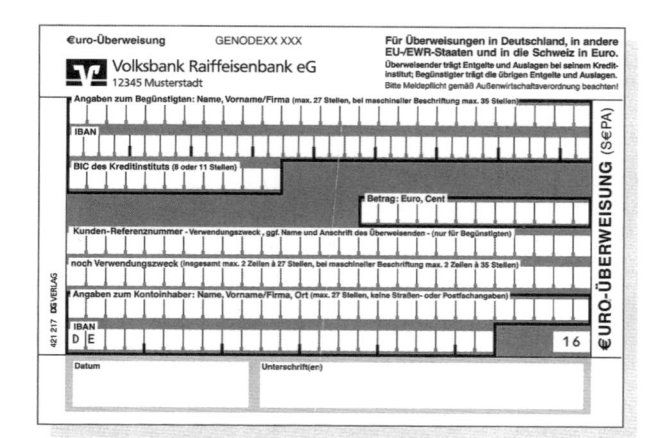

6. Buchgeld

Bargeldlose Zahlungen von Konto zu Konto, z. B. durch Überweisung.

| Klasse: | Datum: | Name: |

Die Aufgaben des Geldes

Arbeitsaufgabe
Klebe oben Beispiele für die verschiedenen Aufgaben des Geldes ein. Erläutere dann die Beispiele.

1. _____ :

   Bsp.: _____

2. _____ :

   Bsp.: _____

3. _____ :

   Bsp.: _____

4. _____ :

   Bsp.: _____

Geld übernimmt täglich millionenfach diese Aufgaben. Ob das Geld als Metallgeld, als Papiergeld oder als Buchgeld auftritt, ist unerheblich. Wichtig ist nur, dass die Menschen bereit sind, Geld anzunehmen und dafür Waren herzugeben und Dienstleistungen zu erbringen.

Wir vertrauen auf die _____ des Geldes.

Dem Staat fällt in diesem Zusammenhang die Aufgabe zu, die _____ der Währungsstabilität zu gewährleisten.

| Klasse: | Datum: | Name: |

Die Aufgaben des Geldes (Lösung)

Schüler kleben Bilder ein, die die Aufgaben des Geldes zeigen.

1. ***Zahlungsmittel (Tauschmittel)***:
   Bsp.: **Ich kaufe mir ein Buch für 29,80 €.**

2. ***Wertmesser***:
   Bsp.: **Der Gebrauchtwagen ist noch ca. 16.000,00 € wert.**

3. ***Wertaufbewahrungsmittel***:
   Bsp.: **Ich verfüge über ein Sparkonto in Höhe von 3.450,00 €.**

4. ***Wertübertragungsmittel***:
   Bsp.: **Mein Vater schenkt mir 20,00 €.**

Geld übernimmt täglich millionenfach diese Aufgaben. Ob das Geld als Metallgeld, als Papiergeld oder als Buchgeld auftritt, ist unerheblich. Wichtig ist nur, dass die Menschen bereit sind, Geld anzunehmen und dafür Waren herzugeben und Dienstleistungen zu erbringen.

Wir vertrauen auf die **Kaufkraft** des Geldes.

Dem Staat fällt in diesem Zusammenhang die Aufgabe zu, die **Erhaltung** der Währungsstabilität zu gewährleisten.

Kleine deutsche Währungsgeschichte

Reichsgründung 1871

Die deutsche Währungsgeschichte begann mit der Reichsgründung 1871 durch Otto von Bismarck: Innerhalb des neuen deutschen Reichsgebietes sollte eine einheitliche Währung den Zahlungsverkehr erleichtern. Mit den Münzgesetzen von 1871 und 1873 wurde die Mark als neues Zahlungsmittel eingeführt. Sie löste allmählich die alten Landeswährungen wie Taler oder Gulden ab. Mit der Errichtung der Reichsbank im Jahr 1876 schuf sich das Deutsche Reich seine zentrale Notenbank.

Goldmünzen im Deutschen Kaiserreich

Das neue Geld besaß für jedermann einen sichtbaren Wert: Es bestand nämlich aus blankem Gold! Das heißt: Die Reichsbank tauschte ihre Banknoten auf Verlangen jederzeit in Goldmünzen um. Da auf diese Weise Goldmünzen im Umlauf waren, sprach man von einer „Goldumlaufwährung".

Erster Weltkrieg

Zu Beginn des Ersten Weltkrieges 1914 wurde durch verschiedene Maßnahmen die Finanzierung des Krieges mithilfe der Notenbank vorbereitet. Damit war gleichzeitig der Weg in die erste große Inflation in Deutschland geebnet.
Die am Ende der Nachkriegsinflation völlig wertlos gewordene Mark wurde 1923/24 durch die Reichsmark (RM) abgelöst. Nun waren allerdings keine Goldmünzen mehr im Umlauf, sodass man von einer „Goldkernwährung" sprach.

Zweiter Weltkrieg

Mit der Machtergreifung der Nationalsozialisten unter Führung von Adolf Hitler wurde die Unabhängigkeit der Reichsbank beseitigt. Im Jahr 1937 wurde die Reichsbank den Weisungen des „Führers und Reichskanzlers" unterstellt. 1939 erhielt Hitler das Recht, den Reichsbankkredit an das Reich in beliebiger Höhe festzusetzen. Damit war für Hitler die Finanzierung des Zweiten Weltkrieges gesichert.
Am Kriegsende hinterließ das Dritte Reich dem deutschen Volk so viele Schulden, dass nur durch eine Währungsreform der wirtschaftliche Wiederaufbau Deutschlands denkbar war.

Nachkriegszeit

Am 20. Juni 1948 wurde nach dem Währungsgesetz die Deutsche Mark als Währungseinheit in Westdeutschland eingeführt; alle Menschen erhielten zunächst einen Betrag von 40 DM ausbezahlt.
Um die sozialen Härten der Währungsreform zu mildern – insbesondere die Benachteiligung der Geldsparer gegenüber denjenigen, die Sachwerte besaßen – wurde ein Lastenausgleich eingeführt.
Die Währungsreform von 1948 erwies sich zusammen mit dem Übergang von der Verwaltungswirtschaft zur Marktwirtschaft als das Schlüsseldatum der deutschen Nachkriegsentwicklung.
Als Gegenstück zur Währungsreform im Westen wurden in der Sowjetzone die „Deutsche Mark der Deutschen Notenbank" ausgegeben, die im Jahr 1962 die Bezeichnung „Mark der DDR" erhielt.

Erste Banknoten nach der Währungsreform

Wiedervereinigung

Im Verlauf der nächsten Jahrzehnte blieben die Währungen der beiden deutschen Staaten getrennt. Dies änderte sich mit dem Zusammenbruch der Ostblockstaaten im Jahr 1989.

Als Begrüßungsgeld nach der Wiedervereinigung erhielt jeder Bürger aus der ehemaligen DDR 100 DM.

Mit dem am 1. Juli 1990 in Kraft getretenen Staatsvertrag über die Schaffung einer Währungs-, Wirtschafts- und Sozialunion zwischen der Bundesrepublik Deutschland und der damals noch existierenden DDR wurde die D-Mark alleiniges gesetzliches Zahlungsmittel in ganz Deutschland. Gleichzeitig ging die Zuständigkeit für die Geld- und Währungspolitik auf die Deutsche Bundesbank über. So gab es zum Zeitpunkt der deutschen Wiedervereinigung am 3. Oktober 1990 nur noch eine einzige Währung: die Deutsche Mark.

Der Euro

Mittlerweile ist der Euro die Währung der Europäischen Währungsunion und nach dem US-Dollar zweitwichtigster Vertreter des Weltwährungssystems.

Der Euro wurde 1999 zunächst als Buchgeld eingeführt; am 1. Januar 2002 wurde erstmals Eurobargeld in Münzen und Scheinen in Umlauf gebracht.

Damit waren die nationalen Währungen (auch die DM) abgelöst. Der Umrechnungskurs von Euro zu DM betrug 1,95583 – ein Euro war also zur Zeit der Umrechnung ca. 2 DM wert. Über die Jahre hinweg nahm der Euro im Verhältnis zum Dollar an Stärke zu. Im Zuge der weltweiten Finanzkrise, die 2007 durch riskante Immobilienfinanzierungen ins Rollen kam, musste der Euro seine erste große Belastungsprobe bestehen.

Der Euro gilt derzeit in 16 Mitgliedsstaaten der Europäischen Union.

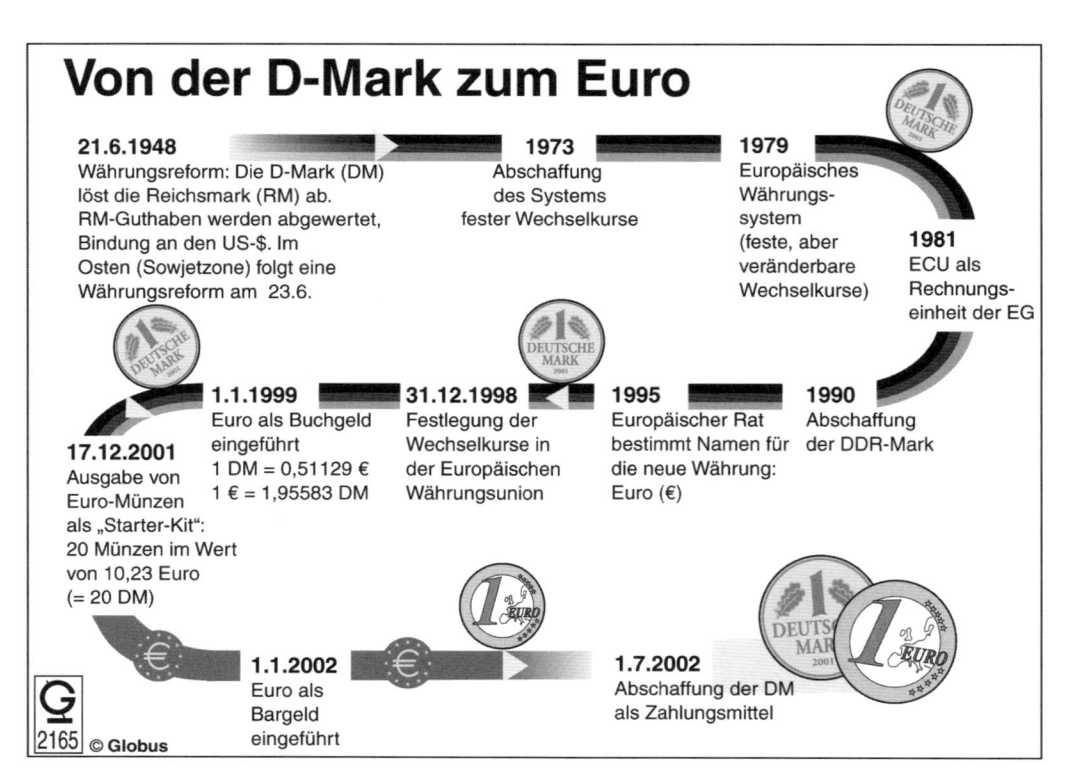

Von der D-Mark zum Euro

21.6.1948
Währungsreform: Die D-Mark (DM) löst die Reichsmark (RM) ab. RM-Guthaben werden abgewertet, Bindung an den US-$. Im Osten (Sowjetzone) folgt eine Währungsreform am 23.6.

1973
Abschaffung des Systems fester Wechselkurse

1979
Europäisches Währungssystem (feste, aber veränderbare Wechselkurse)

1981
ECU als Rechnungseinheit der EG

1990
Abschaffung der DDR-Mark

1995
Europäischer Rat bestimmt Namen für die neue Währung: Euro (€)

31.12.1998
Festlegung der Wechselkurse in der Europäischen Währungsunion

1.1.1999
Euro als Buchgeld eingeführt
1 DM = 0,51129 €
1 € = 1,95583 DM

17.12.2001
Ausgabe von Euro-Münzen als „Starter-Kit": 20 Münzen im Wert von 10,23 Euro (= 20 DM)

1.1.2002
Euro als Bargeld eingeführt

1.7.2002
Abschaffung der DM als Zahlungsmittel

© Globus

Thema 6: Die Aufgabenbereiche der Geldinstitute

Lernziele

Die verschiedenen Aufgabenbereiche der Geldinstitute kennenlernen
Unterschiedliche Formen der Geldanlage kennenlernen
Dienstleistungen der Geldinstitute nennen und erläutern können
Die verschiedenen Formen des bargeldlosen Zahlungsverkehrs kennenlernen
Das Girokonto als Voraussetzung für bargeldlose Zahlungen kennenlernen
Möglichkeiten des elektronischen Zahlungsverkehrs kennenlernen
Sich die Möglichkeiten und Gefahren von Kreditkarten bewusst machen
Überweisungsträger ausfüllen können
Über die neuen Geschäftsbedingungen der Banken informieren

Arbeitsmittel/Medien

1 Folienvorlage (Sparwoche 2009), 12 Informationsblätter, 6 Arbeitsblätter

Folienvorlage

I. Hinführung

Folie (Sparwoche 2009)   TA: **Aufgabenbereiche der Geldinstitute**

II. Erarbeitung

Die Aufgabenbereiche der Geldinstitute (Info-Blatt)	• Geldanlage • Dienstleistungen • Bargeldloser Zahlungsverkehr • Bereitstellung von Krediten • EDV-Service • Auslandsgeschäft • Verwaltung von Effekten
Geldinstitute bieten viele Dienstleistungen (Info-Blatt)	• Schließfächer, Kontoauszugsdrucker, Geldausgabeautomat
Unterschiedliche Formen der Geldanlage (Info-Blatt)	• Sparbuch • Termingeld/Festgeld • Prämiensparen • Bausparen • Lebensversicherung • Aktien • Festverzinsliche Wertpapiere
Der bargeldlose Zahlungsverkehr (Info-Blätter)	• Girokonto, Kontoauszug, Überweisung Dauerauftrag, Lastschrift, Bankkarte, Geldkarte, Scheck, ec-Karte, Reisescheck, Onlinebanking, Kreditkarte

III. Vertiefung

Gesamtwiederholung
Info-Blätter   Überweisung von Rechnungen

IV. Sicherung

Eintrag Arbeitsblätter

V. Ausweitung

Training: Der bargeldlose Zahlungsverkehr
(Info-Blätter)
Geänderte Geschäftsbedingungen
(Info-Blatt)

VI. Lösungen

S. 100:
a) Geldautomat: Hier kann man Bargeld abheben.
b) Kontoauszugsdrucker: Hier kann man seine Kontoauszüge drucken lassen.
c) Schließfächer: Hier kann man Wertsachen deponieren.

Die Aufgabenbereiche der Geldinstitute

Die Klasse M10a macht eine Betriebserkundung bei der örtlichen Sparkasse. Der Referent erläutert die verschiedenen Aufgabenbereiche eines Geldinstitutes. Nach einer einleitenden Power-Point-Präsentation besucht die Klasse die einzelnen Abteilungen der Bank.
Die Schülerinnen und Schüler schauen sich die Tätigkeiten im Bereich der Kasse an, erhalten von einem Sachbearbeiter Hinweise darauf, unter welchen Bedingungen ein Kredit gewährt werden kann, lassen sich die Funktion des Geldautomaten erklären und besichtigen zum Schluss den Tresorraum.
Anschließend werden sie von der Bank zu Butterbrezeln und Cola eingeladen. Nun fassen sie die Aufgabenbereiche der Geldinstitute nochmals zusammen:

Betriebserkundung in einer Sparkasse

BANK

- Bargeldloser Zahlungsverkehr
  - Girokonto
  - Überweisung
  - ec-Karte

- Bereitstellung von Krediten
  - Dispositionskredit
  - Anschaffungsdarlehen
  - Hypothek

- EDV-Service z. B.
  - Onlinebanking
  - Electronic Cash
  - elektronischer Zahlungsverkehr

- Geldanlage z. B.
  - Sparbuch
  - Festgeld
  - Aktien
  - Bausparvertrag

- Dienstleistungen z. B.
  - Schließfächer
  - Geldautomat
  - Kontoauszugsdrucker

- Auslandsgeschäft z. B.
  - Überweisung ins Ausland
  - Bereitstellung von ausländischen Zahlungsmitteln (Devisen)

- Verwaltung von Effekten
  - Aktien
  - Wertpapiere
  - Investmentfonds

Geldinstitute bieten viele Dienstleistungen

Von den vielen Dienstleistungen, die Geldinstitute bieten (z. B. Beratung bei Kreditwünschen, EDV-Service, Immobilienvermittlung, Bereitstellung von ausländischen Zahlungsmitteln) werden folgende drei sehr häufig genutzt:

Arbeitsaufgabe
Sieh dir die Bilder an und erläutere die Funktionen der beiden Dienstleistungen, die du sicher schon genutzt hast.
Die dritte Dienstleistungsform wird nicht ganz so häufig genutzt wie die beiden anderen. Darüber können aber sicher einige deiner Mitschüler oder Mitschülerinnen Auskunft geben!

a)

b)

c)

Unterschiedliche Formen der Geldanlage

Bei der Geldanlage gibt es unterschiedliche Formen. Welche Form der Sparer bevorzugt, hängt immer von drei Überlegungen ab: Sicherheit – Verfügbarkeit – Rendite (Ertrag). Eine kurze Übersicht:

Sparbuch:

- Einzahlungen und Abhebungen sind jederzeit möglich.
- Bei längerer Laufzeit (z. B. ein Jahr) ist eine Abhebung zwischendurch nur durch Kündigung möglich, dadurch entsteht allerdings ein Zinsverlust.
- Der Zinssatz ist relativ niedrig.

Termingeld, Festgeld:

- Das Geld wird für einen bestimmten Zeitraum fest angelegt (z. B. zwei Jahre).
- Während der Laufzeit kann nur durch Kündigung über das Geld verfügt werden. Es entsteht ein Zinsverlust.
- Der Zinssatz ist höher als auf dem Sparbuch.

Prämiensparen:

- Der Sparer bestimmt die Höhe der monatlichen Sparrate und die Laufzeit selbst.
- Je länger der Vertrag läuft, desto höher sind die Zinsen.

Bausparen:

- Der Abschluss erfolgt überwiegend für den späteren Erwerb einer Immobilie.
- Der Bausparvertrag lautet über eine bestimmte Höhe. Wenn ein Teil dieser Summe angespart ist, bekommt der Bausparer die komplette Summe. Der nicht angesparte Betrag wird als zinsgünstiges Darlehen gewährt und muss im Laufe der nächsten Jahre zurückgezahlt werden.
- Vom Abschluss bis zur vollständigen Rückzahlung vergehen im Schnitt ca. 20 bis 25 Jahre.
- Der Bausparvertrag wird vom Staat gefördert (Wohnungsbauprämie).

Versicherungen, z. B. Lebensversicherung:

- Der Sparer zahlt regelmäßig Geld ein. Am Ende der Laufzeit oder im Todesfall wird eine vorher vereinbarte Summe ausgezahlt.
- Der Zinssatz ist relativ niedrig. In der Hauptsache geht es um die Absicherung der Familie im Todesfall des Versicherten.

Aktien:

- Aktien sind Anteilspapiere an Unternehmen, d. h. den Aktionären gehört ein Teil eines Unternehmens.
- Aktien werden an der Börse gehandelt. Der Wert wird durch Angebot und Nachfrage ermittelt. Von hohen Gewinnen bis zum Totalverlust ist alles möglich.

Festverzinsliche Wertpapiere:

- Diese Wertpapiere sind Anteile an privaten und staatlichen Einrichtungen (Beispiele: Pfandbrief, Bundesschatzbrief).
- Sie garantieren einen festen (aber üblicherweise niedrigen) Zinssatz über die gesamte Laufzeit.

Arbeitsaufgabe

Vergleiche die im Text genannten Formen der Geldanlage nach folgendem Schema und gib an, in welcher Form du dein Geld anlegen würdest.
Beachte dabei die unterschiedlichen Ziele, die du mit dem Sparen verbindest.
Du kannst auch mehrere Formen wählen!

Sparform	Sicherheit	Verfügbarkeit	Rendite (Ertrag)
Sparbuch	*sehr gut*	*sehr gut*	*gering*

Der bargeldlose Zahlungsverkehr

Wie der Begriff „bargeldloser Zahlungsverkehr" schon ausdrückt, werden dabei Zahlungen ohne Bargeld getätigt. Man spricht in diesem Zusammenhang auch vom sogenannten Buchgeld. Wie funktioniert nun dieser bargeldlose Zahlungsverkehr und welche Möglichkeiten bietet er?

1. Das Girokonto:

Voraussetzung für den bargeldlosen Zahlungsverkehr ist ein Girokonto, über das die bargeldlosen Zahlungen abgewickelt werden. Der Begriff „Giro" kommt aus dem Italienischen und bedeutet so viel wie Kreis. Dabei wird in einer Art Kreislauf von Bankkonto zu Bankkonto „unsichtbares Geld" weitergegeben. Den Auftrag dazu gibt der Kontoinhaber mit einer Anweisung.
Ein Girokonto kann jeder Volljährige eröffnen. Jugendliche unter 18 Jahren brauchen die Zustimmung der Eltern, mit einer Ausnahme: Wenn du mit der Berufsausbildung beginnst, kannst du ein eigenes Lohn- und Gehaltskonto eröffnen.

Für Schüler und Schülerinnen bieten die Banken ganz spezielle Jugendgiro- oder Taschengeldkonten an. Der Unterschied zum Erwachsenenkonto besteht darin, dass es keinen Überziehungskredit (Dispositionskredit) gibt.

2. Der Kontoauszug:

Auf einem Girokonto gibt es laufend Veränderungen. Beträge werden abgezogen oder du erhältst eine Zahlung, z. B. dein Taschengeld. Um hier den Überblick zu behalten, gibt es den Kontoauszug.
Der Kontoauszug zeigt den aktuellen Kontostand an. Darüber hinaus wird jeder Zahlungsvorgang mit einem kurzen Text als Nachweis aufgeführt. Auf dem Kontoauszug sind die Kontenbewegungen nach „Abgänge" (Soll oder -) und „Zugänge" (Haben oder +) sortiert. In der Spalte „Wert bzw. Valuta" ist das Datum angegeben, an dem die jeweilige Kontobewegung als Belastung oder Gutschrift gebucht wurde.

Raiffeisen-Volksbank Donauwörth eG BLZ 72290100 **751498**   24.09.2009   34/2009   1/1
Geschäftsstelle Asbach-Bäumenheim Tel. 0906/296801 5:59   Kontokorrent
Römerstraße 2, 86663 Asbach-Bäumenheim   **Kontoauszug**   EUR-Konto

Bu-Tag	Wert	Vorgang	alter Kontostand vom 19.09.2009	503,27 S
21.09	21.09	GUTSCHRIFT PN:818		323,50 H
		Konto: 123456789 BLZ: 72290100		
		AUSGLEICH		
24.09.	24.09	GA NR00009932 BLZ72290100 0 PN:8166		100,00 S
		24.09/15:58 UHR BAEUMENHEI		

neuer Kontostand vom 24.09.2009   279,77 S

Max Mustermann

IBAN: DE68 7229 0100 0006 751498 BIC: GENODEF 1DON

Der Kontoauszug listet alle Kontobewegungen auf.

3. Die Überweisung:

Susanne hat sich für ihre Facharbeit ein Buch schicken lassen. Von der Buchhandlung erhält sie eine Rechnung über 19,80 €. Diese bezahlt sie mit einer Überweisung.
Die Überweisung ist eine der am häufigsten genutzten Zahlungsvarianten des bargeldlosen Zahlungsverkehrs. Bei einer Überweisung wird der entsprechende Betrag von dem einen Konto abgezogen und auf dem anderen Konto gutgeschrieben. In der Fachsprache wird diese Kontobewegung auch „Umbuchung" genannt.
Die Bank schickt mittels elektronischer Datenverarbeitung die angegebene Überweisung an die Bank des Empfängers.

Rechnungen per Überweisung bezahlen.

4. Der Dauerauftrag:

Manuel bekommt jeden Monat 50 € Taschengeld. Sein Vater möchte dieses Geld nicht bar auszahlen, sondern überweist den Betrag auf das Girokonto seines Sohnes. Dazu hat er bei seiner Bank einen Dauerauftrag eingerichtet.
Die Bank überweist nun zu jedem Ersten des Monats stets den Betrag von 50 € auf das Konto von Manuel, bis der Vater den Dauerauftrag ändert oder kündigt.
Der Vorteil: Manuel bekommt immer pünktlich sein Taschengeld und sein Vater läuft nicht Gefahr, die Überweisung zu vergessen.

5. Die Lastschrift:

Anders verhält es sich mit der Lastschrift. Das beste Beispiel für ihre Anwendung ist die Telefonrechnung. Diese muss zwar auch jeden Monat bezahlt werden, jedoch mit dem Unterschied, dass sich im Vergleich zum Taschengeld der Betrag ständig ändert. Dafür gibt es das sogenannte Lastschriftverfahren. Manuels Vater erlaubt dem von ihm beauftragten Telekommunikationsunternehmen, jeden Monat die fälligen Telefongebühren von seinem Girokonto abzubuchen. Die Bank erhält von dort die Information, welchen Betrag das Unternehmen von Manuels Vater bekommt. Sie bucht ihn von

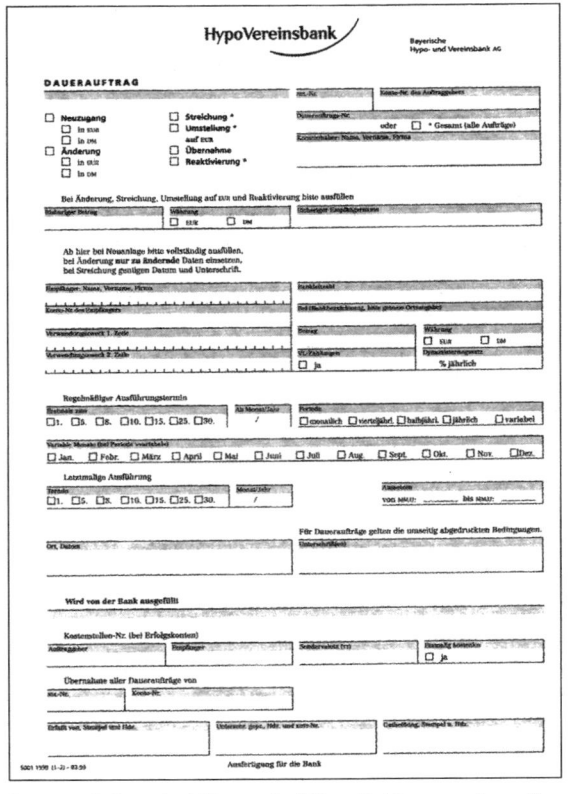

Daueraufträge sind für regelmäßige Zahlungen sinnvoll.

seinem Girokonto ab und überweist ihn an das Unternehmen.

6. Bargeldlos zahlen mit der Karte:

Herr Braun geht zum Einkaufen, möchte aber nicht viel Bargeld im Geldbeutel mit sich führen. Er kauft ein Paar Schuhe für 139,80 €. Er bezahlt mit der Bankkarte.

Wie funktioniert dieses Zahlungsverfahren? Auf der Rückseite der Karte befindet sich ein elektronisch lesbarer Magnetstreifen, der die Basis der Datenverarbeitung bildet, sowie die Unterschrift des Karteninhabers.

Dazu kommt noch eine vierstellige Zahl, die „persönliche Identifikationsnummer", kurz PIN genannt, die jeder Karteninhaber anfangs zusammen mit der Karte erhält. Die PIN gilt wie eine Unterschrift und muss daher geheim bleiben.

Beim Einkauf mit Karte gibt der Verkäufer zunächst den Betrag in die Kasse ein. Anschließend steckt er die Bankkarte in das Karten-Lesegerät oder schiebt sie durch. Jetzt muss Herr Braun seine PIN eingeben oder auf dem Bon unterschreiben.

Wenn ausreichend Guthaben auf dem Konto vorhanden ist, zeigt das Display des Lesegerätes „Zahlung erfolgt" an und die Rechnung ist bezahlt.

Um die Geldkarten noch sicherer zu machen, werden seit Kurzem bei einigen Karten die Magnetstreifen durch spezielle Informations-Chips ersetzt.

Auf der Rückseite von Geldkarten steht die Unterschrift des Karteninhabers.

7. Die elektronische Geldbörse:

Bargeldlos zahlen ist in der Regel etwas für größere Beträge. Aber man kann auch kleinere Beträge, z. B. an Automaten, mit einer Geldkarte bezahlen.

Eine Geldkarte ist mit einem multifunktionalen Chip ausgestattet. Dieser Chip kann mit einem Guthaben von bis zu 200 Euro zu Lasten des eigenen Girokontos aufgeladen werden. Der Kunde kann dann bei allen Geschäften, die diese Geldkarte akzeptieren, bargeldlos zahlen.

Kauft man beispielsweise am Automaten einen Fahrschein und schiebt die Karte in ein spezielles Terminal, so sind im Display das aktuelle Guthaben und der Rechnungsbetrag zu sehen. Ein Druck auf die O.K.-Taste am Terminal genügt und der Betrag wird von der Karte abgebucht. Der Zahlungsvorgang ist beendet.
Die Eingabe einer PIN ist nicht notwendig.

Kontounabhängige Geldkarte

8. eurocheque-Karte (ec-Karte):

Die ec-Karte erhält man erst, wenn man volljährig ist und regelmäßige Geldeingänge hat. Mit ihr kann man im In- und Ausland bargeldlos bezahlen und mit der PIN am Automaten Geld abheben.

9. Schecks – bar und zur Verrechnung:

Frau Schmid bekommt von ihrer Mieterin einen Scheck in Höhe von 350 € überreicht. Damit will sie noch ausstehende Kosten begleichen. Frau Schmid geht zur Bank und löst den Scheck dort ein. Sie erhält das Geld und zahlt es auf ihrem Konto ein.

Ein Scheck ist also in diesem Fall die Anweisung der Mieterin an Frau Schmid, den Betrag von 350 € gegen die Vorlage dieses Schecks auszubezahlen.

Dabei muss der Scheck „gedeckt" sein, d. h. der Aussteller des Schecks muss über ein entsprechendes Guthaben auf seinem Girokonto verfügen.

Frau Schmid bekommt die 350 € sofort ausbezahlt. Man spricht in diesem Zusammenhang von einem Barscheck. Eine Verwendung dieser Art von Schecks stellt allerdings ein hohes Risiko dar. Denn bei Verlust kann der Finder den Scheck ohne Probleme einlösen.

Bevorzugt man indes einen „Verrechnungsscheck", so wird der Betrag nicht in bar ausbezahlt, sondern dem Konto gutgeschrieben. Verrechnungsschecks tragen immer die Aufschrift „Nur zur Verrechnung".

In Zeiten von Geldkarten werden Schecks nicht mehr oft gebraucht.

10. Reisechecks (Travellerschecks):

Das Prinzip: Man kauft bei einer Bank ein Papier, auf dem ein bestimmter Betrag in Euro oder einer anderen Währung steht. Im Ausland kann man dieses Papier – also den Reisescheck – bei einem Kreditinstitut vorlegen und bekommt dann den aufgedruckten Betrag ausgezahlt oder aber man bezahlt direkt damit. Reiseschecks lauten auf feste Beträge, sie werden nur für weltweit wichtige Währungen angeboten, z. B. Euro, US-Dollar, Yen.

Der Vorteil von Reiseschecks: Sie bieten gegenüber Bargeld eine größere Sicherheit bei Verlust und Diebstahl.
Wie funktioniert das? Bereits am Schalter in der Bank unterschreibt der Käufer alle Reiseschecks. Bei der Einlösung wird aus Sicherheitsgründen die Unterschrift noch einmal verlangt. Beide Unterschriften müssen übereinstimmen, sonst wird der Reisescheck nicht eingelöst.

Der Reisescheck verhilft im Ausland zu Bargeld.

11. Onlinebanking:

Hier werden Bankgeschäfte von zu Hause aus am Computer erledigt. Voraussetzung dabei ist ein Internet-Anschluss. Dann kann man jederzeit auf sein Girokonto zugreifen, Überweisungen erledigen, Daueraufträge ändern oder löschen und den Kontostand abfragen.

Der Vorteil dabei: Man ist nicht an die Öffnungszeiten der Bank gebunden und kann seine Bankgeschäfte erledigen, wenn man Zeit hat.

Anders als bei der klassischen Überweisung füllt man kein Überweisungsformular mehr aus, sondern gibt seine Daten für die Überweisung in den PC ein.

Sicherheit wird beim Onlinebanking besonders großgeschrieben. Daher wird der Zugang zu einem Onlinekonto durch eine persönliche Identifikations-Nummer (PIN) geschützt. Zusätzlich muss für jede Überweisung eine nutzbare Transaktionsnummer (TAN) angegeben werden, die vorher von der Bank bereitgestellt wurde. Diese Nummer ist nur ein einziges Mal gültig.

Das PIN/TAN-System ist im Prinzip sicher, es sei denn, die Daten geraten in die falschen Hände! Deshalb sollte man die PIN- und TAN-Liste niemals in der Geldbörse aufbewahren!

Neben dem Onlinebanking bieten einige Banken auch Telefon-Banking an, das ebenfalls durch spezielle Zugangscodes geschützt ist.

Besondere Vorsicht ist geboten, wenn es um das Problem „Phishing" geht!

Phishing-E-Mails tarnen sich als E-Mails von der eigenen Bank! Hier versuchen Internet-Betrüger, mit diesen scheinbar „echten" E-Mails an die persönlichen Bankdaten des Kunden zu kommen, um anschließend Kontobewegungen manipulieren zu können.

Merke: Eine Bank überprüft niemals persönliche Bankdaten per E-Mail!

12. Kreditkarten:

Mit der Kreditkarte kann man bei Vertragspartnern, die dem Kartensystem angeschlossen sind (Hotels, Tankstellen, Einkaufszentren …), per Unterschrift bezahlen. Um eine Kreditkarte zu erhalten, muss man volljährig sein und ein bestimmtes Mindesteinkommen beziehen. Die Beträge werden in der Regel erst zu einem späteren Zeitpunkt per Lastschrift vom Girokonto abgebucht.

Verbraucherschützer warnen: Mit keinem anderen Zahlungsmittel kann man sich so rasch, so tief und so sinnlos verschulden!

Mit Kreditkarte shoppen kann gefährlich werden!

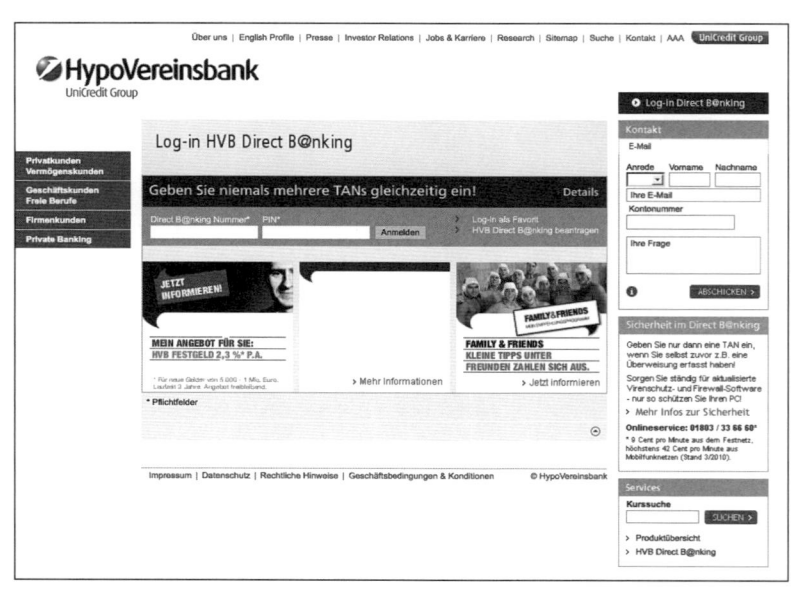

Bankgeschäfte bequem von zu Hause aus erledigen.

Klasse:	Datum:	Name:

Vorteile und Gefahren von Kreditkarten

Vorteile:

_____
_____
_____
_____
_____
_____

Gefahren:

_____
_____
_____
_____

Achtung: Mit keinem anderen Zahlungsmittel kann man sich so _____ so _____ und so _____ verschulden.

| Klasse: | Datum: | Name: |

Vorteile und Gefahren von Kreditkarten (Lösung)

Vorteile:

- *Man kann bargeldlos einkaufen.*
- *Man kann in fast allen Hotels bargeldlos bezahlen.*
- *Man spart Reservierungskosten.*
- *Fast jede Tankstelle akzeptiert Kreditkarten.*
- *Man ist unabhängig von Bargeld.*

Gefahren:

- *Die Karte verlockt zum leichten Geldausgeben.*
- *Es entstehen hohe Gebühren.*
- *Die Karte kann verlorengehen oder gefälscht werden.*

Achtung: Mit keinem anderen Zahlungsmittel kann man sich so **rasch** so **tief** und so **sinnlos** verschulden.

| Klasse: | Datum: | Name: |

Die Aufgabenbereiche der Geldinstitute

Arbeitsaufgabe
Stelle die Aufgabenbereiche der Geldinstitute grafisch dar! Denke an EDV-Service, Geldanlage, Dienstleistungen ...!

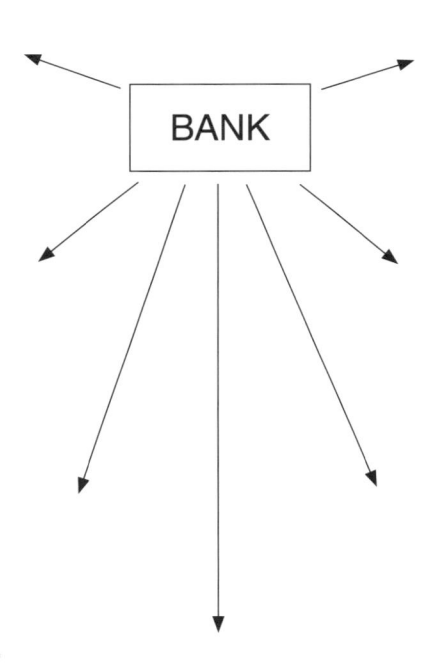

BANK

| Klasse: | Datum: | Name: |

Die Aufgabenbereiche der Geldinstitute (Lösung)

Arbeitsaufgabe
Stelle die Aufgabenbereiche der Geldinstitute grafisch dar! Denke an EDV-Service, Geldanlage, Dienstleistungen ...!

- Bargeldloser Zahlungsverkehr
  - Girokonto
  - Überweisung
  - ec-Karte

- Bereitstellung von Krediten
  - Dispositionskredit
  - Anschaffungsdarlehen
  - Hypothek

BANK

- EDV-Service z. B.
  - Onlinebanking
  - Electronic Cash
  - elektronischer Zahlungsverkehr

- Geldanlage z. B.
  - Sparbuch
  - Festgeld
  - Aktien
  - Bausparvertrag

- Dienstleistungen z. B.
  - Schließfächer
  - Geldautomat
  - Kontoauszugsdrucker

- Auslandsgeschäft z. B.
  - Überweisung ins Ausland
  - Bereitstellung von ausländischen Zahlungsmitteln (Devisen)

- Verwaltung von Effekten
  - Aktien
  - Wertpapiere
  - Investmentfonds

Klasse:	Datum:	Name:

Training: Der bargeldlose Zahlungsverkehr

1. Kontoeröffnung: Kreuze die richtigen Aussagen an!

☐ Bargeldlos zahlen kann nur, wer ein Girokonto hat.
☐ Minderjährige können jederzeit ein Konto eröffnen.
☐ Bei der Eröffnung eines Lohn- oder Gehaltskontos bei Beginn einer Berufsausbildung ist die Zustimmung der Eltern nicht nötig.
☐ Für Jugendgirokonten werden keine Gebühren berechnet.
☐ Bei Jugendgirokonten besteht die Möglichkeit eines Überziehungskredits.
☐ Auf den Kontoauszügen werden alle Gutschriften und Abbuchungen aufgelistet.

2. Scheck: Ergänze den Lückentext!

Ein Scheck ist die Anweisung einer Person, an eine andere Person Geld _____
_____. Der Aussteller muss über ein entsprechendes Guthaben auf dem Konto verfügen, der Scheck muss „_____" sein. Man unterscheidet zwischen einem Barscheck und einem _____.
Beim Barscheck bekommt der Empfänger den Geldbetrag bar ausbezahlt,
beim Verrechnungsscheck wird der Betrag nicht bar ausgezahlt, sondern dem
Konto des Empfängers _____.
Verrechnungsschecks tragen immer die Aufschrift „_____".

3. Bargeldlos zahlen mit der Karte: Bringe die Sätze in die richtige Reihenfolge!

☐ Das Display des Lesegeräts zeigt „Zahlung erfolgt" und der Vorgang ist abgeschlossen.
☐ Ein Magnetstreifen auf der Rückseite der Karte oder ein Chip bilden die Basis der Datenverarbeitung.
☐ Der Verkäufer gibt zunächst den Betrag in die Kasse ein.
☐ Anschließend gibt der Kunde seine PIN ein oder unterschreibt.
☐ Danach zieht der Verkäufer die Karte durch das Karten-Lesegerät.
☐ Der Kunde gibt dem Verkäufer seine ec-Karte.
☐ Diese vierstellige Zahl kann die Unterschrift des Karteninhabers ersetzen.

4. Elektronische Geldbörse: Stelle richtig!

Eine Geldkarte ist mit einem Chip ausgestattet, der bis zu _____ Euro zulasten eines Girokontos aufgeladen werden kann. Wenn ein spezielles Terminal vorhanden ist, sind im Display das aktuelle Guthaben und der Rechnungsbetrag zu sehen. Ein Druck auf die O.K.-Taste am Terminal genügt und der Betrag wird von der Karte abgebucht, nachdem die PIN eingegeben ist.

_____
_____

Klasse:	Datum:	Name:

5. Reisecheck: Kannst du die Fragen beantworten?

a) Wo erhält man einen Reisescheck?
b) Wie kommt man im Ausland damit zu Geld?
c) Auf welche Währungen lauten Reisechecks?
d) Was ist der Vorteil von Reisechecks?
e) Wie wird die Sicherheit gewährleistet?

a) _____

b) _____

_____

c) _____

d) _____

e) _____

_____

6. Die Überweisung: Beantworte folgende Fragen zur vorliegenden Überweisung!

Überweisung 722 901 00
Raiffeisen-Volksbank
Donauwörth eG
86609 Donauwörth

Begünstigter: AUTOHAUS PETERS
Konto-Nr. des Begünstigten: 2020300
Bankleitzahl: 21021000
Kreditinstitut des Begünstigten: RAIBA KEMPTEN
EUR 488,90
Kunden-Referenznummer / Verwendungszweck: REICH-NR. 1448/09
Kontoinhaber: GERD BRAUN
Konto-Nr. des Kontoinhabers: 222444
Datum/Unterschrift: 10.10.09 Gerd Braun

a) Empfänger (mit Angabe der Kontonummer und der Bankleitzahl)?
b) Höhe des Betrags?
c) Verwendungszweck?

_____

_____

_____

| Klasse: | Datum: | Name: |

7. Dauerauftrag und Lastschrift: Entscheide – Dauerauftrag (D) oder Lastschrift (L)?

a) Herr Müller ist Briefmarkensammler und bezieht deshalb regelmäßig die neuesten Briefmarken seines Sammlergebiets vom Briefmarkenversand. Die monatlichen Aufwendungen liegen zwischen 15 € und 25 €. ____

b) Familie Thiel muss monatlich 450 € Miete bezahlen. ____

c) Der Jahresbeitrag des Schützenvereins ist fällig. Er beläuft sich auf 60 €. Allerdings soll der Betrag in den nächsten Jahren angehoben werden. ____

d) Die monatlichen Telefongebühren sind fällig. ____

8. Onlinebanking: Setze sinnvoll zusammen!

Hier werden Bankgeschäfte	an die Öffnungszeiten der Bank gebunden.
PIN- und TAN-Liste	von zu Hause aus am PC erledigt.
Man ist nicht	gibt man in den PC ein.
Seine Daten für eine Überweisung	wird durch eine PIN geschützt.
Der Zugang zu einem Online-Konto	ist nur ein einziges Mal gültig.
Die Transaktionsnummer (TAN)	niemals in der Geldbörse aufbewahren!

9. Der Kontoauszug: Beantworte folgende Fragen zum Kontoauszug!

```
Raiffeisen-Volksbank Donauwörth eG BLZ 72290100 751498   24.09.2009    34/2009         1/1
Geschäftsstelle Asbach-Bäumenheim Tel. 0906/29680 15:59                         Kontokorrent
Römerstraße 2, 86663 Asbach-Bäumenheim        Kontoauszug                        EUR-Konto
Bu-Tag   Wert     Vorgang        alter Kontostand vom 19.09.2009                  503,27 S
21.09    21.09    GUTSCHRIFT PN:818                                               323,50 H
                  Konto: 123456789 BLZ: 72290100
                  AUSGLEICH
24.09.   24.09    GA NR00009932 BLZ72290100 0 PN:8166                             100,00 S
                  24.09/15:58 UHR BAEUMENHEI
                  ----------------------------------------------------
                                 neuer Kontostand vom 24.09.2009                  279,77 S
                  ----------------------------------------------------

Max Mustermann
                            IBAN: DE68 7229 0100 0006 751498  BIC: GENODEF 1DON
```

a) Wie hoch war der alte Kontostand?
b) Wie hoch ist der neue Kontostand?
c) Welche Gelder gingen auf dem Konto ein?
d) Welche Gelder gingen vom Konto ab?

a) _____ b) _____

c) _____ d) _____

| Klasse: | Datum: | Name: |

10. eurocheque-Karte: Wie nennt man diese Karte noch; welche Funktion hat sie?

_____

_____

11. Kreditkarten: Gib das Zitat vieler Verbraucherschützer zum Thema Kreditkarten wieder!

_____

_____

Klasse:	Datum:	Name:

Training: Der bargeldlose Zahlungsverkehr (Lösung)

1. Kontoeröffnung: Kreuze die richtigen Aussagen an!

- [x] Bargeldlos zahlen kann nur, wer ein Girokonto hat.
- [ ] Minderjährige können jederzeit ein Konto eröffnen.
- [x] Bei der Eröffnung eines Lohn- oder Gehaltskontos bei Beginn einer Berufsausbildung ist die Zustimmung der Eltern nicht nötig.
- [x] Für Jugendgirokonten werden keine Gebühren berechnet.
- [ ] Bei Jugendgirokonten besteht die Möglichkeit eines Überziehungskredits.
- [x] Auf den Kontoauszügen werden alle Gutschriften und Abbuchungen aufgelistet.

2. Scheck: Ergänze den Lückentext!

Ein Scheck ist die Anweisung einer Person, an eine andere Person Geld __auszuzahlen__. Der Aussteller muss über ein entsprechendes Guthaben auf dem Konto verfügen, der Scheck muss „__gedeckt__" sein. Man unterscheidet zwischen einem Barscheck und einem __Verrechnungsscheck__.

Beim Barscheck bekommt der Empfänger den Geldbetrag bar ausbezahlt,

beim Verrechnungsscheck wird der Betrag nicht bar ausgezahlt, sondern dem

Konto des Empfängers __gutgeschrieben__.

Verrechnungsschecks tragen immer die Aufschrift „__Nur zur Verrechnung__".

3. Bargeldlos zahlen mit der Karte: Bringe die Sätze in die richtige Reihenfolge!

- [7] Das Display des Lesegeräts zeigt „Zahlung erfolgt" und der Vorgang ist abschlossen.
- [3] Ein Magnetstreifen auf der Rückseite der Karte oder ein Chip bilden die Basis der Datenverarbeitung.
- [1] Der Verkäufer gibt zunächst den Betrag in die Kasse ein.
- [5] Anschließend gibt der Kunde seine PIN ein oder unterschreibt.
- [4] Danach zieht der Verkäufer die Karte durch das Karten-Lesegerät.
- [2] Der Kunde gibt dem Verkäufer seine ec-Karte.
- [6] Diese vierstellige Zahl kann die Unterschrift des Karteninhabers ersetzen.

4. Elektronische Geldbörse: Stelle richtig!

Eine Geldkarte ist mit einem Chip ausgestattet, der bis zu __200__ Euro zulasten eines Girokontos aufgeladen werden kann. Wenn ein spezielles Terminal vorhanden ist, sind im Display das aktuelle Guthaben und der Rechnungsbetrag zu sehen. Ein Druck auf die O.K.-Taste am Terminal genügt und der Betrag wird von der Karte abgebucht, nachdem die PIN eingegeben ist.

Ein Druck auf die O.K.-Taste am Terminal genügt und der Betrag wird von der

Karte abgebucht.

Klasse:	Datum:	Name:

5. Reisescheck: Kannst du die Fragen beantworten?

a) Wo erhält man einen Reisescheck?
b) Wie kommt man im Ausland damit zu Geld?
c) Auf welche Währungen lauten Reiseschecks?
d) Was ist der Vorteil von Reiseschecks?
e) Wie wird die Sicherheit gewährleistet?

a) Reiseschecks erhält man bei seiner Bank.

b) Im Ausland legt man den Reisescheck bei einer Bank vor und bekommt dann den aufgedruckten Betrag ausgezahlt.

c) Reiseschecks werden in weltweit wichtigen Währungen angeboten, z. B. Euro, US-Dollar, Yen.

d) Sie bieten im Vergleich zum Bargeld eine größere Sicherheit bei Verlust und Diebstahl.

e) Bereits am Schalter der heimischen Bank unterschreibt der Käufer alle Reiseschecks. Bei der Einlösung unterschreibt er nochmals. Beide Unterschriften müssen übereinstimmen, sonst wird der Reisescheck nicht eingelöst.

6. Die Überweisung: Beantworte folgende Fragen zur vorliegenden Überweisung!

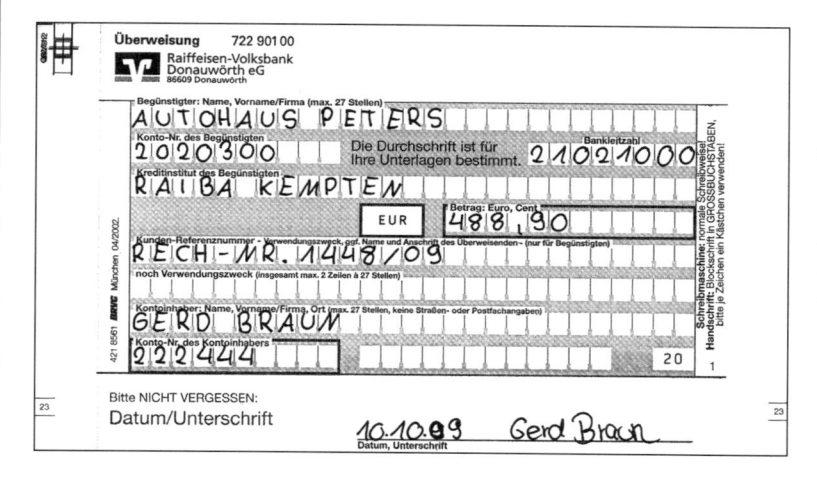

a) Empfänger (mit Angabe der Kontonummer und der Bankleitzahl)?
b) Höhe des Betrags?
c) Verwendungszweck?

a) Autohaus Peters – Kto.-Nr. 2020300 – BLZ 21021000

b) 488,90 €

c) Rechnungs-Nummer: 1448/09

| Klasse: | Datum: | Name: |

7. Dauerauftrag und Lastschrift: Entscheide – Dauerauftrag (D) oder Lastschrift (L)?

a) Herr Müller ist Briefmarkensammler und bezieht deshalb regelmäßig die neuesten Briefmarken seines Sammlergebiets vom Briefmarkenversand. Die monatlichen Aufwendungen liegen zwischen 15 € und 25 €. __L__

b) Familie Thiel muss monatlich 450 € Miete bezahlen. __D__

c) Der Jahresbeitrag des Schützenvereins ist fällig. Er beläuft sich auf 60 €. Allerdings soll der Betrag in den nächsten Jahren angehoben werden. __D__

d) Die monatlichen Telefongebühren sind fällig. __L__

8. Onlinebanking: Setze sinnvoll zusammen!

Hier werden Bankgeschäfte — von zu Hause aus am PC erledigt.
PIN- und TAN-Liste — niemals in der Geldbörse aufbewahren!
Man ist nicht — an die Öffnungszeiten der Bank gebunden.
Seine Daten für eine Überweisung — gibt man in den PC ein.
Der Zugang zu einem Online-Konto — wird durch eine PIN geschützt.
Die Transaktionsnummer (TAN) — ist nur ein einziges Mal gültig.

9. Der Kontoauszug: Beantworte folgende Fragen zum Kontoauszug!

```
Raiffeisen-Volksbank Donauwörth eG BLZ 72290100 751498   24.09.2009    34/2009       1/1
Geschäftsstelle Asbach-Bäumenheim Tel. 0906/29680 15:59                        Kontokorrent
Römerstraße 2, 86663 Asbach-Bäumenheim         Kontoauszug                      EUR-Konto
Bu-Tag   Wert    Vorgang                alter Kontostand vom 19.09.2009            503,27 S
21.09    21.09   GUTSCHRIFT PN:818                                                 323,50 H
                 Konto: 123456789 BLZ: 72290100
                 AUSGLEICH
24.09.   24.09   GA NR00009932 BLZ72290100 0 PN:8166                               100,00 S
                 24.09/15:58 UHR BAEUMENHEI
                                         neuer Kontostand vom 24.09.2009           279,77 S

Max Mustermann
                             IBAN: DE68 7229 0100 0006 751498  BIC: GENODEF 1DON
```

a) Wie hoch war der alte Kontostand?
b) Wie hoch ist der neue Kontostand?
c) Welche Gelder gingen auf dem Konto ein?
d) Welche Gelder gingen vom Konto ab?

a) *503,27 € im Soll*

b) *279,77 € im Soll*

c) *Gutschrift über 323,50 €*

d) *Auszahlung am Geldautomaten in Höhe von 100 €*

| Klasse: | Datum: | Name: |

10. eurocheque-Karte: Wie nennt man diese Karte noch; welche Funktion hat sie?

Auch „ec-Karte" genannt: Mit ihr kann man im In- und Ausland

bargeldlos bezahlen und mit der PIN am Automaten Geld abheben.

11. Kreditkarten: Gib das Zitat vieler Verbraucherschützer zum Thema Kreditkarten wieder!

Mit keinem anderen Zahlungsmittel kann man sich so rasch, so tief und so

sinnlos verschulden!

Geänderte Geschäftsbedingungen – Stand 31. Oktober 2009

Banken und Sparkassen haben zum 31. Oktober 2009 ihre Allgemeinen Geschäftsbedingungen (AGB) geändert. Im Kleingedruckten lauern dabei einige Tücken.
Folgende Änderungen sind zu beachten:

Warum werden die Geschäftsbedingungen umgestellt?

Grund ist eine EU-Richtlinie, die die Zahlungsbedingungen im Europäischen Wirtschaftsraum vereinheitlichen soll. Alle Banken sind gezwungen, ihre Geschäftsbedingungen anzupassen. Änderungen ergeben sich bei Überweisungen, Lastschriften und Haftungsregeln.

Was ändert sich bei Überweisungen in Papierform?

Zahlendreher können teuer werden: Die Banken sind künftig nicht mehr verpflichtet, Kontonummern und Empfängername abzugleichen. Beim Onlinebanking müssen sie das jetzt schon nicht mehr. „Am besten die Kontonummer genau prüfen", rät Holger Handstein von der Verbraucherzentrale NRW.

Lassen sich irrtümliche Überweisungen dann aufhalten?

Grundsätzlich nicht. „Es gibt keine Möglichkeit mehr, die irrtümliche Überweisung zu widerrufen", sagt Handstein. Der Kunde muss das Geld selbst zurückfordern. Manche Banken zeigen sich aber kulant.

Wenn ich meine EC-Karte verliere?

Wenn die Karte abhanden kommt – egal ob verloren oder gestohlen – und ein Fremder damit Geld abbucht, haftet der Kunde bis zu 150 Euro selbst – vorausgesetzt, er kommt seiner Pflicht nach und informiert die Bank umgehend über den Verlust. Manche Banken haben angekündigt, auf die Mithaftung zu verzichten. Wer grob fahrlässig handelt, etwa die PIN-Nummer im Geldbeutel herumträgt, haftet weiter unbegrenzt.

Was ist neu bei Lastschriften?

Das Lastschriftverfahren innerhalb der EU wird vereinheitlicht. Wer etwa ein Ferienhaus in Spanien hat, braucht künftig für die Abbuchungen der Stromkosten kein spanisches Konto mehr. Die Lastschriften können künftig auch vom heimischen Konto eingezogen werden.

Quelle: AZ, 20.10.2009, Sonja Krell

Anwendungsbereich des neuen EU-Zahlungsverkehrsrechts

EWR	EU 27	Belgien*	Irland*	Portugal*
		Bulgarien	Italien*	Rumänien
		Dänemark	Lettland	Schweden
		Deutschland*	Litauen	Slowakei*
		Estland	Luxemburg*	Slowenien*
		Finnland*	Malta*	Spanien*
		Frankreich*	Niederlande*	Tschechien
		Griechenland*	Österreich*	Ungarn
		Großbritannien	Polen	Zypern*
	Island		Liechtenstein	Norwegen

* Stand Januar 2009: In diesen Ländern ist der Euro die gesetzliche Währung.

Bezahlen per Überweisung (1)

RADIO KUGELMANN

Das Fachgeschäft mit Meisterwerkstätte für TV-Video-HiFi-Sat
....

86687 Kaisheim   Stamserstr. 12   Tel.: 09099-504
                                  oder: 09099-90001
                                  Fax : 09099-921470

Radio Kugelmann Stamserstr. 12 86687 Kaisheim
Herrn

>> Bei Zahlung bitte angeben <<
Knd-Nr.   Re-Nr.   Re-Datum
00495   520659   17.03.2010

RECHNUNG

	Menge	Einzelpreis	Gesamtpreis
DTV Nr. 21076			
Sie erhielten:			
- Panasonic TX37LZD800F LCD-TV	1	1386.56	1386.56
- Arcon Digitalreceiver 1500CI	1	125.21	125.21
- Bandridge Power Protector 6-way	1	20.97	20.97
- Arbeit und Betriebskosten	1	35.00	35.00

Immer günstige Angebote an Geräten
und Zubehör

Netto-Betrag Euro	MwSt-Satz	MwSt-Betrag Euro		Rechnungs-Betrag
1567.74	19.00 %	297.87	**Euro**	1865.61
	Zahlbar ohne Abzug nach Erhalt			

-- Es gelten unsere Geschäftsbedingungen --

Banken: Raiff.-Voba Donauwörth Konto 2596997 BLZ 722 901 00   Unsere Steuernummer: 111 241 80033
        Sparkasse   Donauwörth Konto 190140004 BLZ 722 501 60 ID Nr.: DE 127832376

Bezahlen per Überweisung (2)

hörmann Kundendienst GmbH

Telefon (09 06) 36 65
Telefax (09 06) 2 19 40

Hörmann Kundendienst GmbH · Herzog-Ludwig-Straße 25 · 86609 Donauwörth

- **ASF-Tankschutzgeräte**
- **Öl- und Gasheizungen**
- **Schwimmbadtechnik**

Familie
Frieda Mustermann
Maxstr. 1

12345 Musterstadt

www.heizung-hoermann.de
e-mail: Richard.Hoermann@gmx.de

Wir bedanken uns für den von Ihnen erteilten Auftrag und berechnen Ihnen das von uns gelieferte Material sowie die von uns erbrachten Leistungen wie folgt.

Rechnung

Gewerk	Rechnungs-Nr.	Projekt-Nr.	Kunden-Nr.	Sachbearb.	Datum
	2018611	2016966	2246	hö/sf	11.02.2010

Blatt : 1 von 1

Position	Menge	Bezeichnung	Einzel EUR	Gesamt EUR
		Montageschein-Nr. 23797 vom 17.1.2010		
		Defektes Rauchrohr getauscht, undichte Stopfbuchse nachgezogen.		
001	1,25	Arbeitsstunden A-Monteur mit Fahrtzeit	39,50	49,38
002	1,00	Rauchrohr-Bogen V2A 130 mm	31,20	31,20
003	1,00	Rauchrohr-Stück V2A 130 x 0,5 m	28,50	28,50
004	14,00	gefahrene km	0,55	7,70
		Nettobetrag		116,78
		+ 19,00 % Mehrwertsteuer		22,19
		Rechnungsbetrag in EUR		138,97

Für Privatkunden: Nach § 14 Abs. 1 UStG ist diese Rechnung zwei Jahre aufzubewahren. Die Aufbewahrungsfrist beginnt mit dem letzten Tag des Kalenderjahres, in dem die Rechnung ausgestellt worden ist.

Zahlbar bis zum 25.02.2010
ohne weiteren Abzug.

Rechtsform: GmbH · Sitz der Gesellschaft: Donauwörth-Riedlingen · Amtsgericht Augsburg HRB 14054 · Geschäftsführer: Richard Hörmann sen.
Gerichtsstand für beide Teile ist Donauwörth. Umsatzsteuer-ID-Nr. 170513591.
Bankkonto: Sparkasse Donauwörth 190 180 141 (BLZ 722 501 60) · Raiffeisen-Volksbank Donauwörth 815 144 (BLZ 722 901 00)
St.-Nr. 103 128 60398

Bezahlen per Überweisung (3)

Arbeitsaufgabe
Fülle die Überweisungsträger für die beiden Rechnungen richtig aus!

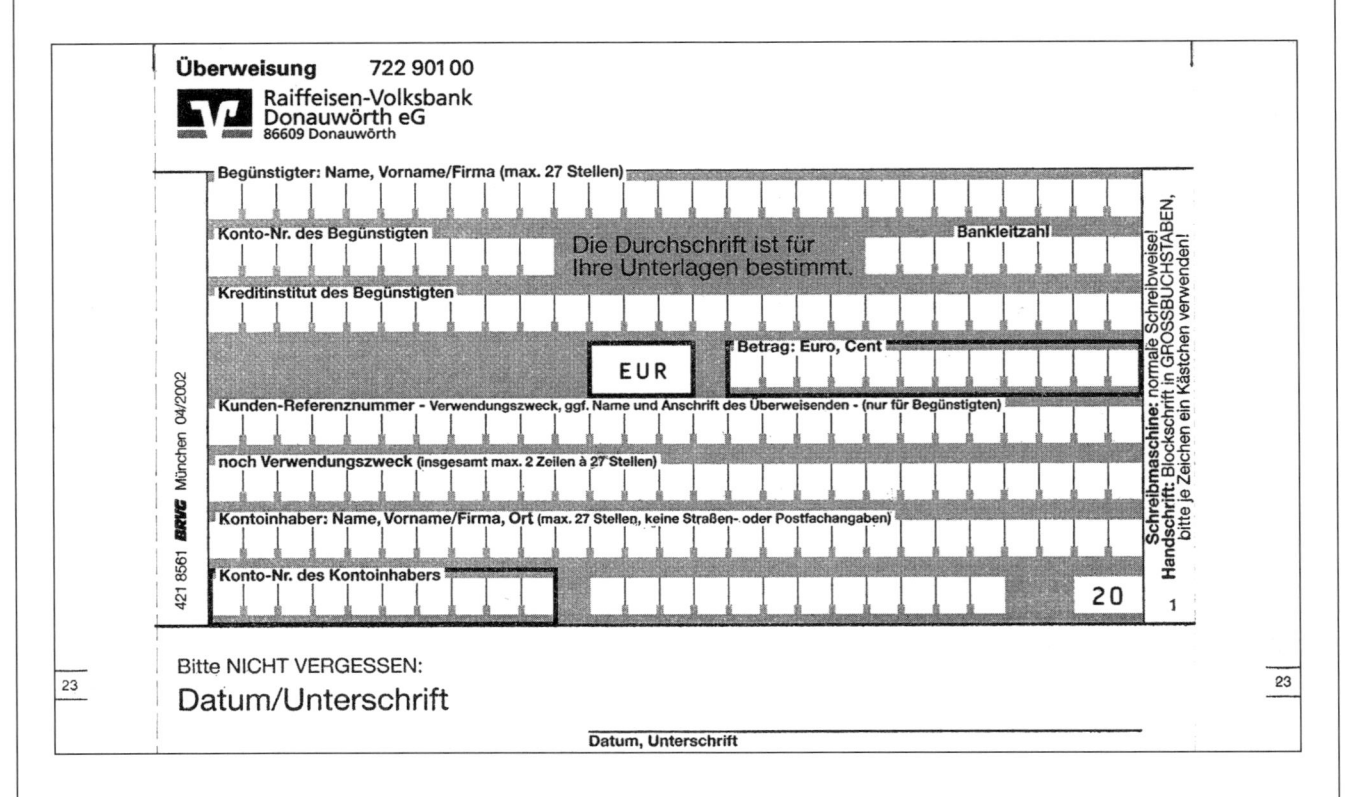

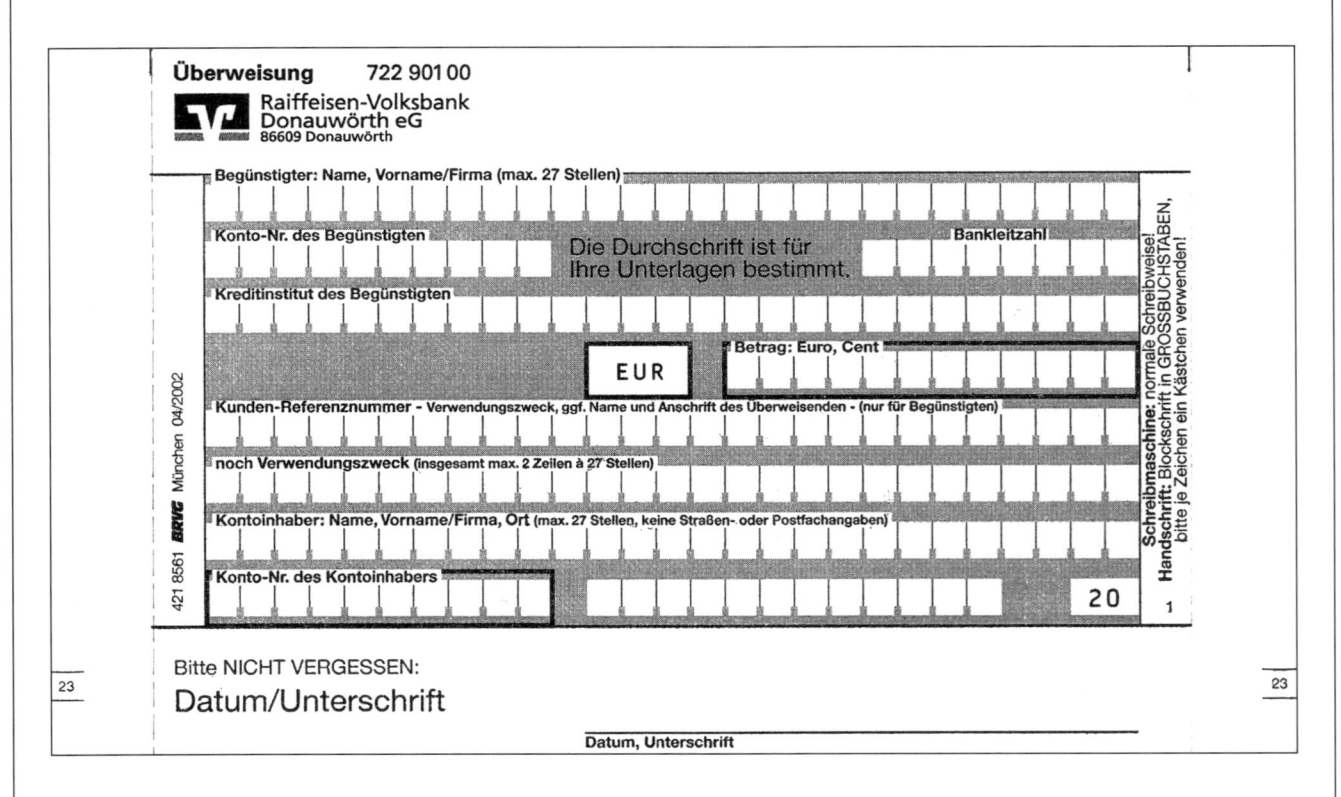

Thema 7: Einkommens- und Vermögenspolitik in der sozialen Marktwirtschaft

Lernziele

Gerechte Einkommens- und Vermögensverteilung und Geldwertstabilität als Ziele der sozialen Marktwirtschaft kennenlernen
Das Vermögensbildungsgesetz als staatliche Maßnahme der Vermögensbildung kennenlernen
Die Bedeutung des Vermögensaufbaus für den Einzelnen bewusst machen
Erkennen, dass man zunächst für den Aufbau eines Vermögens selbst verantwortlich ist
Gründe für einen Konsumverzicht nennen können
Die Einkommenssituation privater Haushalte in Deutschland beurteilen können

Arbeitsmittel/Medien

1 Folienvorlage (Das Magische Sechseck), 1 Folienvorlage (Deutschlands Wohlstandsfortschritt),
6 Informationsblätter, 1 Arbeitsblatt

Zusatz: 46 40323 „Aspekte der sozialen Marktwirtschaft"
46 40324 „Umsetzung der sozialen Marktwirtschaft"

Folienvorlage

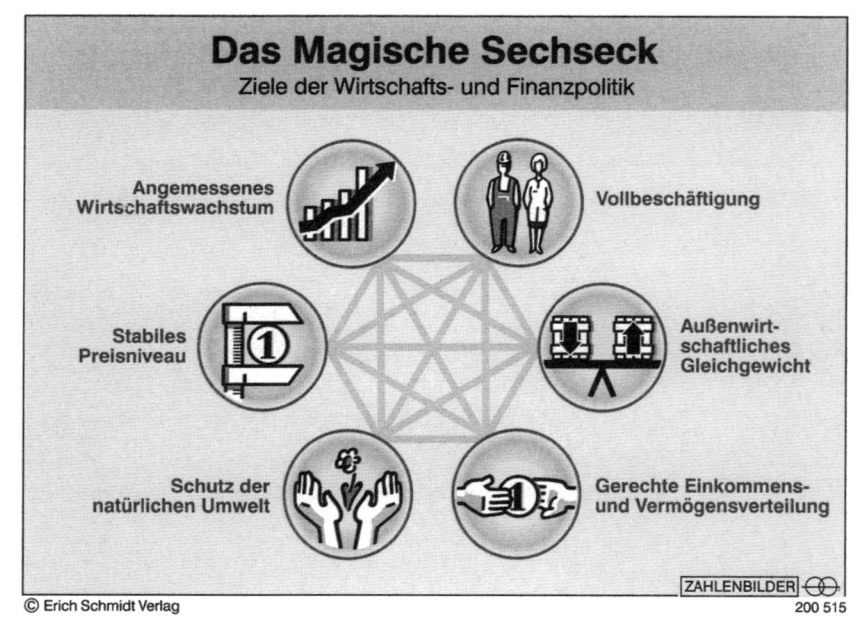

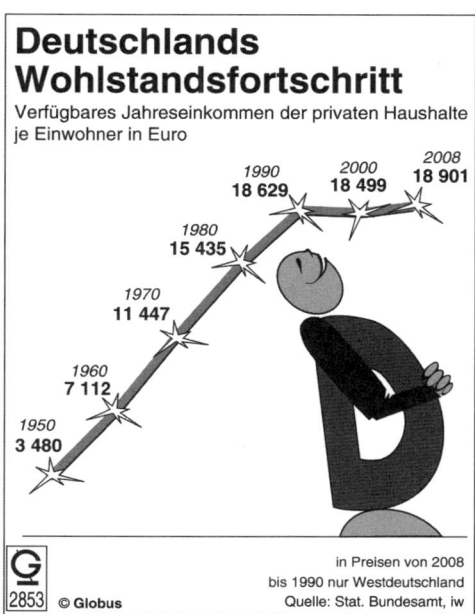

Das Magische Sechseck
Ziele der Wirtschafts- und Finanzpolitik

- Angemessenes Wirtschaftswachstum
- Vollbeschäftigung
- Stabiles Preisniveau
- Außenwirtschaftliches Gleichgewicht
- Schutz der natürlichen Umwelt
- Gerechte Einkommens- und Vermögensverteilung

© Erich Schmidt Verlag
ZAHLENBILDER 200 515

Deutschlands Wohlstandsfortschritt
Verfügbares Jahreseinkommen der privaten Haushalte je Einwohner in Euro

- 1950: 3 480
- 1960: 7 112
- 1970: 11 447
- 1980: 15 435
- 1990: 18 629
- 2000: 18 499
- 2008: 18 901

in Preisen von 2008
bis 1990 nur Westdeutschland
Quelle: Stat. Bundesamt, iw
© Globus 2853

I. Hinführung

Folie 1 (Das Magische Sechseck)

TA: **Einkommens- und Vermögenspolitik in der sozialen Marktwirtschaft**

II. Erarbeitung

Vermögenspolitik (Info-Blatt)	Maßnahmen des Staates mit dem Ziel einer gerechten Vermögensverteilung. Mittel dazu: Vermögensumverteilung und Vermögensbildung
Vermögensumverteilung (Info-Blatt)	Schwerpunktmäßig durch die Steuerpolitik des Staates
Vermögensbildung (Info-Blatt)	Voraussetzung für die Vermögensbildung ist das Sparen
Wozu auf Konsum verzichten? (Info-Blatt)	Vorsorge für sich selbst – Eigene Aus- und Weiterbildung – Ausbildung der Kinder – Abdecken von Risiken – Höhere Lebensqualität
Förderung durch den Staat (Info-Blatt)	Vermögenswirksame Leistungen nach dem 5. Vermögensbildungsgesetz
Das Einkommen privater Haushalte (Info-Blatt)	Frei verfügbares Einkommen (Grafik)

III. Vertiefung

Gesamtwiederholung

IV. Sicherung

Eintrag AB

V. Ausweitung

Folie 2 (Deutschlands Wohlstandsfortschritt)

VI. Lösungen

S. 126:
- ☒ Wer weniger als 8.005 € jährlich verdient, zahlt keine Einkommensteuer.
- ☒ In dem Modell gibt es vier verschiedene Progressionszonen.
- ☐ Wenn ich 10.000 € jährlich verdiene, zahle ich 10 % Einkommensteuer.
- ☒ Bei einem Einkommen von 52.882 bis 250.730 € zahle ich 42 % Einkommensteuer.
- ☒ Die Steuersätze sind im Vergleich zum Jahr 1998 deutlich gesunken.

S. 128:
Einkommen durch Mieteinnahmen = Höhere Lebensqualität
Wohnen im Eigenheim = Höhere Lebensqualität
Vorsorge für Zeiten geringeren Einkommens = Abdecken von Risiken
Vorsorge für Invalidität und Alter = Vorsorge für sich selbst
Auslandsaufenthalt des Kindes während eines Praktikums = Ausbildung der Kinder
Fortbildungsveranstaltungen zur beruflichen Qualifikation = Eigene Aus- und Weiterbildung
Zukünftiges teureres Gesundheitswesen = Abdecken von Risiken

Vermögenspolitik

Unter Vermögenspolitik versteht man wirtschaftliche Maßnahmen des Staates mit dem Ziel, eine möglichst gerechte Vermögensverteilung zu erreichen.
Grundsätzlich ist dabei von einer Gesellschaft zu klären, was hinsichtlich der Verteilung der Vermögen als gerecht angesehen wird.

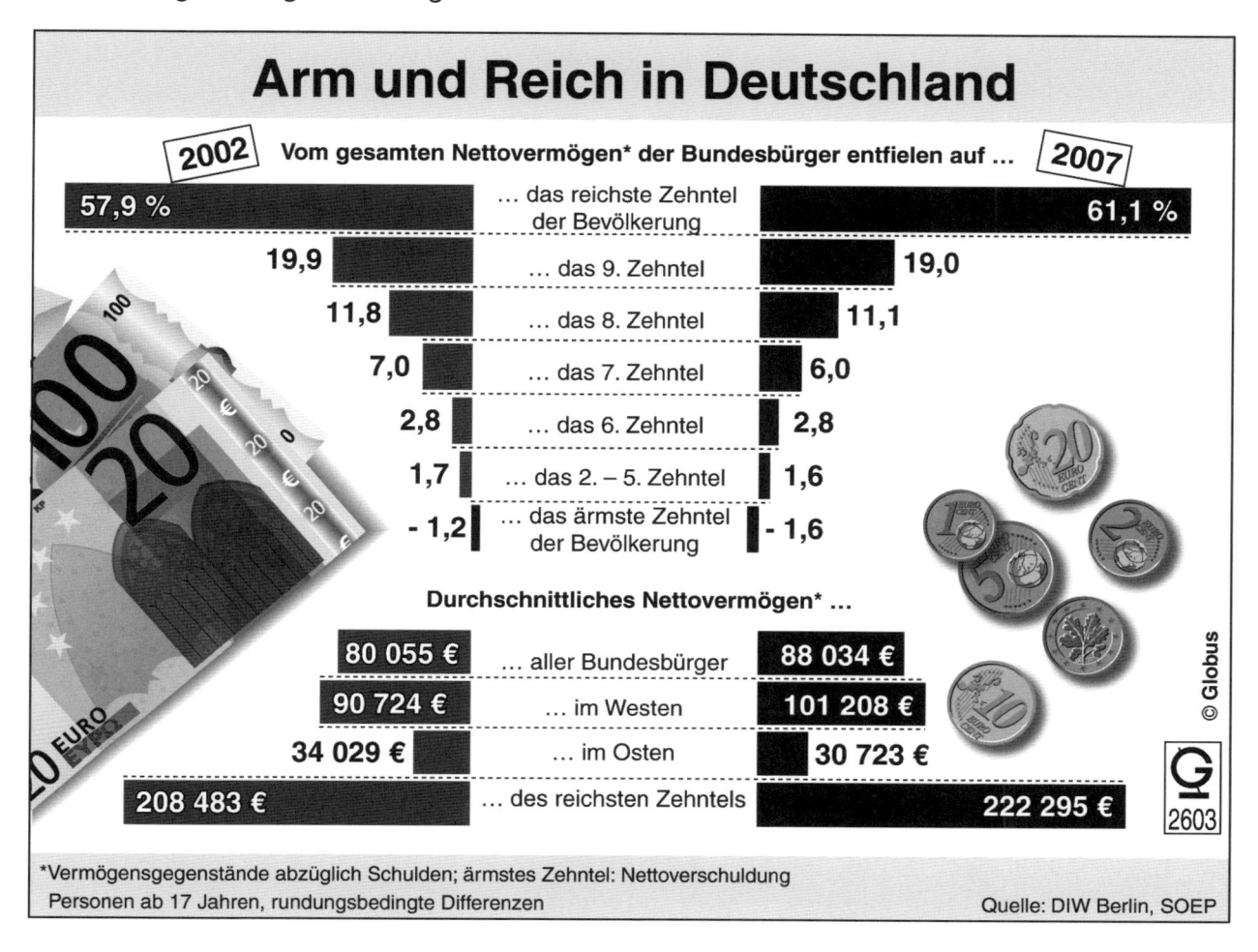

Arm und Reich in Deutschland

Vom gesamten Nettovermögen* der Bundesbürger entfielen auf …

2002		2007
57,9 %	… das reichste Zehntel der Bevölkerung	61,1 %
19,9	… das 9. Zehntel	19,0
11,8	… das 8. Zehntel	11,1
7,0	… das 7. Zehntel	6,0
2,8	… das 6. Zehntel	2,8
1,7	… das 2. – 5. Zehntel	1,6
- 1,2	… das ärmste Zehntel der Bevölkerung	- 1,6

Durchschnittliches Nettovermögen* …

2002		2007
80 055 €	… aller Bundesbürger	88 034 €
90 724 €	… im Westen	101 208 €
34 029 €	… im Osten	30 723 €
208 483 €	… des reichsten Zehntels	222 295 €

*Vermögensgegenstände abzüglich Schulden; ärmstes Zehntel: Nettoverschuldung
Personen ab 17 Jahren, rundungsbedingte Differenzen

Quelle: DIW Berlin, SOEP

Mittel der Vermögenspolitik sind:

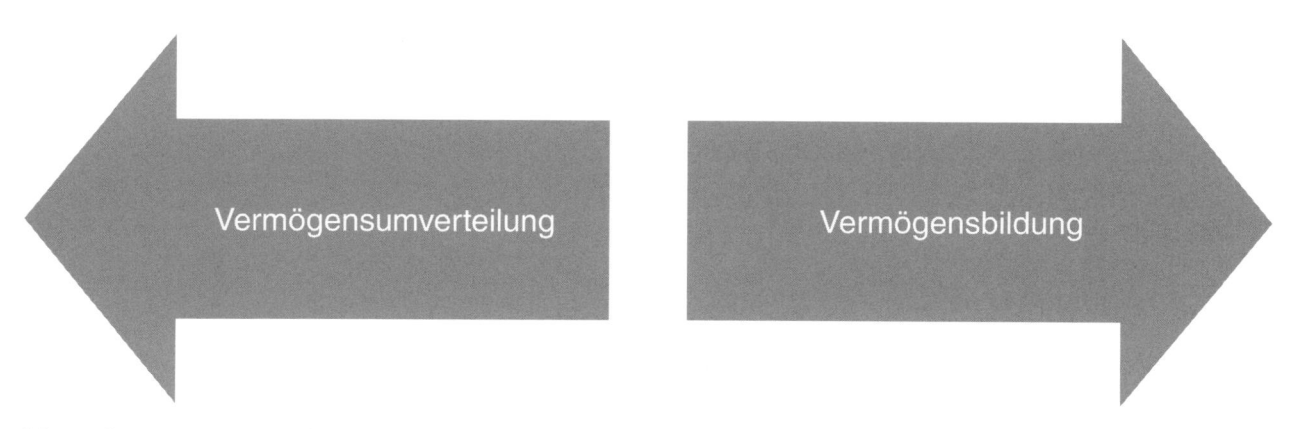

⬅ **Vermögensumverteilung**   **Vermögensbildung** ➡

Vermögensumverteilung erfolgt durch verschiedene Steuern wie Einkommensteuer und Erbschaftssteuer.

Vermögensbildung erfolgt z. B. durch die staatliche Sparförderung. Dabei zahlt der Staat unter anderem eine Arbeitnehmer-Sparzulage.

Vermögensumverteilung

Ein Mittel der Vermögensumverteilung ist die Festlegung der jeweiligen Steuern durch den Staat. Hier versucht der Staat durch Maßnahmen der Steuer- und Sozialpolitik einen gewissen Ausgleich zwischen Besser- und Schlechterverdienenden zu schaffen. Dies erreicht man durch ein Einkommensteuer-Tarifsystem.

Der Eingangssteuersatz im aktuellen Einkommensteuer-Tarif beträgt 14 %, d. h. sobald das Jahreseinkommen eines Arbeitnehmers einen bestimmten Grundfreibetrag überschreitet, zahlt er den geringst möglichen Steuersatz von 14 %. Dieser Grundfreibetrag wurde in den letzten Jahren ständig erhöht. Bis 2008 lag er bei 7.665 € für Alleinstehende, bis Ende 2009 bei 7.834 €, seit 1. Januar 2010 wurde er auf 8.004 € heraufgesetzt. Der Spitzensteuersatz liegt bei 45 %, d. h. wenn jemand ein Jahreseinkommen von über 250.731 € hat, zahlt er dafür 45 % Steuern.

Gegenüber 1998 sind die Steuersätze deutlich gesunken: Damals betrug der Eingangssteuersatz 25,9 % und der Spitzensteuersatz 53 %.

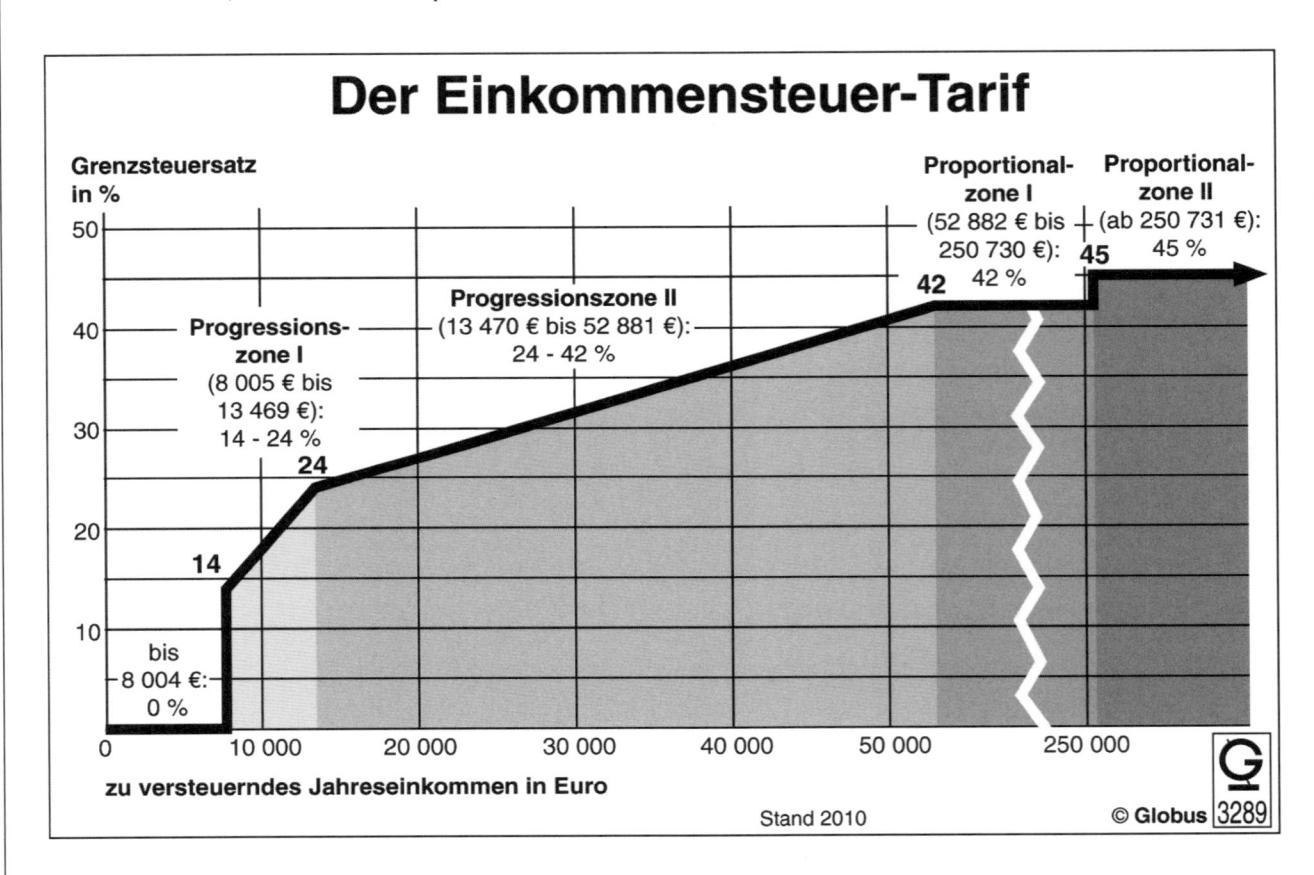

Der Einkommensteuer-Tarif

Grenzsteuersatz in %

- bis 8 004 €: 0 %
- Progressionszone I (8 005 € bis 13 469 €): 14 - 24 %
- Progressionszone II (13 470 € bis 52 881 €): 24 - 42 %
- Proportionalzone I (52 882 € bis 250 730 €): 42 %
- Proportionalzone II (ab 250 731 €): 45 %

zu versteuerndes Jahreseinkommen in Euro

Stand 2010 © Globus 3289

Arbeitsaufgabe
Kreuze die richtigen Aussagen an:

☐ Wer weniger als 8.005 € jährlich verdient, zahlt keine Einkommensteuer.

☐ In dem Modell gibt es vier verschiedene Progressionszonen.

☐ Wenn ich 10.000 € jährlich verdiene, zahle ich 10 % Einkommensteuer.

☐ Bei einem Einkommen von 52.882 € bis 250.731 € zahle ich 42 % Einkommensteuer.

☐ Die Steuersätze sind im Vergleich zum Jahr 1998 deutlich gesunken.

Vermögensbildung

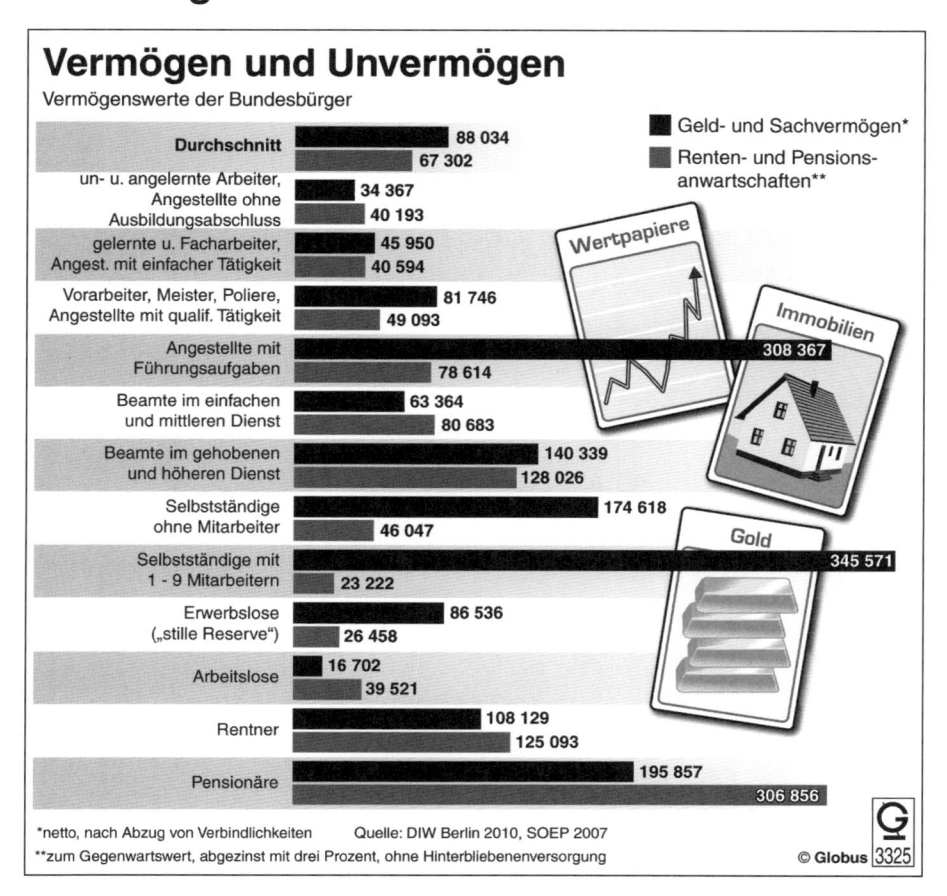

Vermögen und Unvermögen
Vermögenswerte der Bundesbürger

■ Geld- und Sachvermögen*
■ Renten- und Pensionsanwartschaften**

Gruppe	Geld- und Sachvermögen	Renten- und Pensionsanwartschaften
Durchschnitt	88 034	67 302
un- u. angelernte Arbeiter, Angestellte ohne Ausbildungsabschluss	34 367	40 193
gelernte u. Facharbeiter, Angest. mit einfacher Tätigkeit	45 950	40 594
Vorarbeiter, Meister, Poliere, Angestellte mit qualif. Tätigkeit	81 746	49 093
Angestellte mit Führungsaufgaben	308 367	78 614
Beamte im einfachen und mittleren Dienst	63 364	80 683
Beamte im gehobenen und höheren Dienst	140 339	128 026
Selbstständige ohne Mitarbeiter	174 618	46 047
Selbstständige mit 1 - 9 Mitarbeitern	345 571	23 222
Erwerbslose („stille Reserve")	86 536	26 458
Arbeitslose	16 702	39 521
Rentner	108 129	125 093
Pensionäre	195 857	306 856

*netto, nach Abzug von Verbindlichkeiten
**zum Gegenwartswert, abgezinst mit drei Prozent, ohne Hinterbliebenenversorgung
Quelle: DIW Berlin 2010, SOEP 2007
© Globus 3325

Unter „Vermögensbildung" versteht man die Umwandlung von Einkommen in Vermögenswerte, von jetziger in zukünftige Kaufkraft. Der Vermögenszuwachs eines privaten Haushalts ergibt sich aus dem nicht verbrauchten Einkommen – Voraussetzung für die Vermögensbildung ist also das Sparen. Zum Vermögensbegriff gehören dabei nicht nur konkrete Geld- und Sachwerte, sondern auch zukünftige Rentenansprüche.

Man kann aber nur Geld ansparen, wenn man auf einige Dinge verzichtet (Konsumverzicht). Der Begriff „Konsum" ist dabei sehr weit gefasst, der Verzicht kann beispielsweise darin bestehen, in einer kleineren Wohnung zu leben, billigen oder gar keinen Urlaub zu machen, Musikstunden der Kinder zu streichen oder regelmäßig Freizeit zu opfern, um einen Zusatzverdienst zu erzielen.

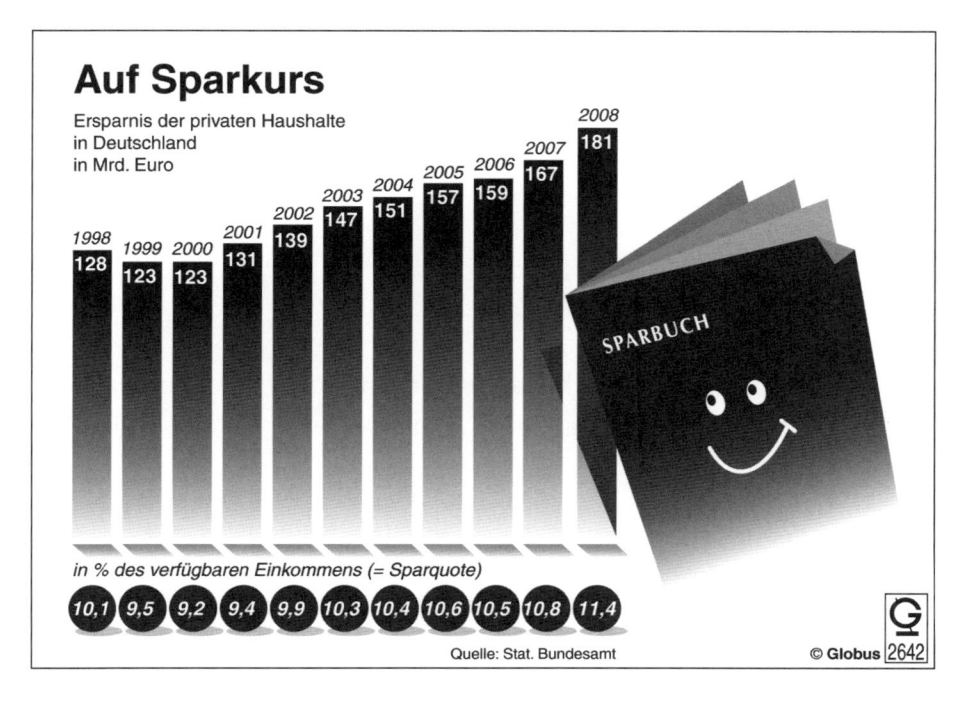

Auf Sparkurs
Ersparnis der privaten Haushalte in Deutschland in Mrd. Euro

Jahr	Mrd. Euro	Sparquote (% des verfügbaren Einkommens)
1998	128	10,1
1999	123	9,5
2000	123	9,2
2001	131	9,4
2002	139	9,9
2003	147	10,3
2004	151	10,4
2005	157	10,6
2006	159	10,5
2007	167	10,8
2008	181	11,4

Quelle: Stat. Bundesamt
© Globus 2642

Wozu auf Konsum verzichten?

Was veranlasst den Menschen, auf Konsum zu verzichten und stattdessen ein Vermögen zu bilden? Es gibt verschiedene Antworten. Eine grundsätzliche Überlegung steht jedoch am Anfang:

Da jede Vermögensbildung eine Verschiebung der Kaufkraft von jetzt auf einen späteren Zeitpunkt bedeutet, kann sie in all ihren Erscheinungsformen als Vorsorge, als Zukunftsplanung begriffen werden.

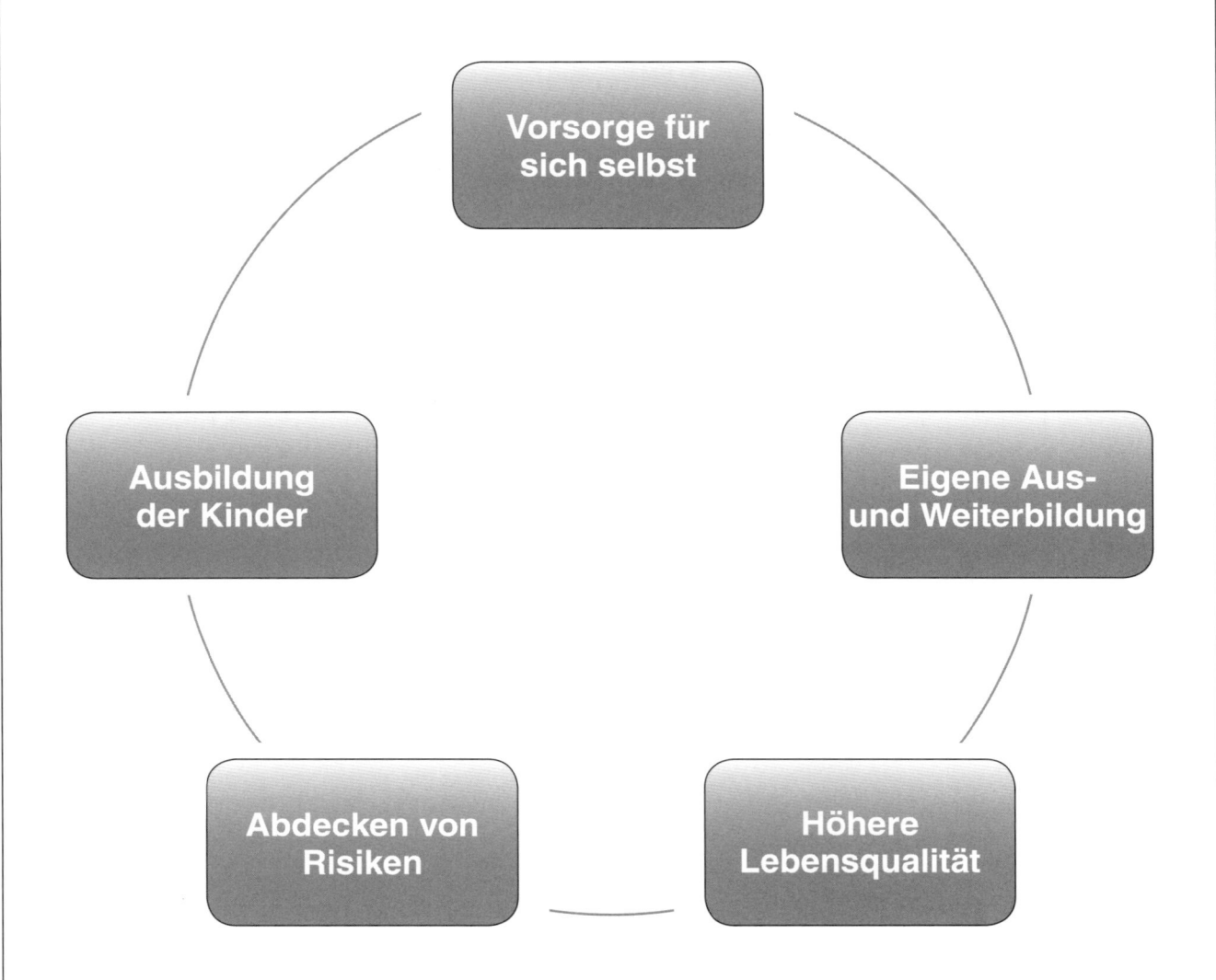

- Vorsorge für sich selbst
- Eigene Aus- und Weiterbildung
- Höhere Lebensqualität
- Abdecken von Risiken
- Ausbildung der Kinder

Arbeitsaufgabe
Ordne den genannten Gründen für Konsumverzicht die folgenden Beispiele zu:

- Einkommen durch Mieteinnahmen
- Wohnen im Eigenheim
- Vorsorge für Zeiten geringeren Einkommens (Arbeitslosigkeit)
- Vorsorge für Invalidität und Alter
- Auslandsaufenthalt des Kindes während eines Praktikums
- Fortbildungsveranstaltungen zur beruflichen Qualifikation
- Zukünftiges teureres Gesundheitswesen

Förderung durch den Staat

Im Gegensatz zur Vermögensanlage, wo bereits vorhandenes Kapital angelegt wird, ist der Aufbau eines Vermögens ein auf längere Sicht angelegtes Vorgehen.
Bei der Wahl der geeigneten Anlageform müssen die drei wesentlichen Kriterien bedacht werden:

- Liquidität
- Sicherheit
- Rentabilität

Um eine gerechtere Verteilung des Vermögens zu erreichen, sollten auch die Arbeitnehmer am Wachstum des Volksvermögens beteiligt werden. Der so gewonnene Handlungsspielraum ist eine wichtige Voraussetzung dafür, dass Menschen frei und selbstbestimmt am Wirtschaftsleben einer Gesellschaft teilnehmen können. Durch eine verbesserte Vorsorge wird außerdem erreicht, dass weniger Menschen in Notsituationen geraten und die Sozialkassen belasten.

Auch aus diesem Grund wurden bereits im Jahr 1961 die sogenannten „vermögenswirksamen Leistungen" ins Leben gerufen, um Arbeitnehmern durch Leistungen von Arbeitgeber und Staat die Vermögensbildung zu erleichtern.

Vermögenswirksame Leistungen (VL):

Vermögenswirksame Leistungen werden vom Arbeitgeber für den Arbeitnehmer angelegt. Der Gesetzgeber schreibt die möglichen Anlageformen dafür vor, z. B. Bausparen, Investmentsparen, Lebensversicherungen. Nach dem 5. Vermögensbildungsgesetz von 1999 fördert der Staat die VL mit zusätzlichen Prämien, der Arbeitnehmersparzulage oder der Wohnungsbauprämie, wenn das Einkommen unter einer bestimmen Höchstgrenze liegt.
Anspruch auf eine Prämie haben grundsätzlich alle Arbeitnehmer (auch Auszubildende), Richter, Beamte und Soldaten. Bei Ledigen darf das jährlich zu versteuernde Einkommen die Grenze von 17.900 € und bei Verheirateten von 35.800 € nicht überschreiten. Unter diesen Voraussetzungen erhalten die Arbeitnehmer eine staatliche Zulage in Höhe von 10 % der VL, maximal jedoch 48 € (Verheiratete 96 €) pro Jahr. Im Zuge der verstärkten privaten und betrieblichen Altersvorsorge werden die VL vermehrt als altersvorsorgewirksame Leistungen eingesetzt. Auch hier unterstützt der Staat die Sparer mit bestimmten Vergünstigungen.

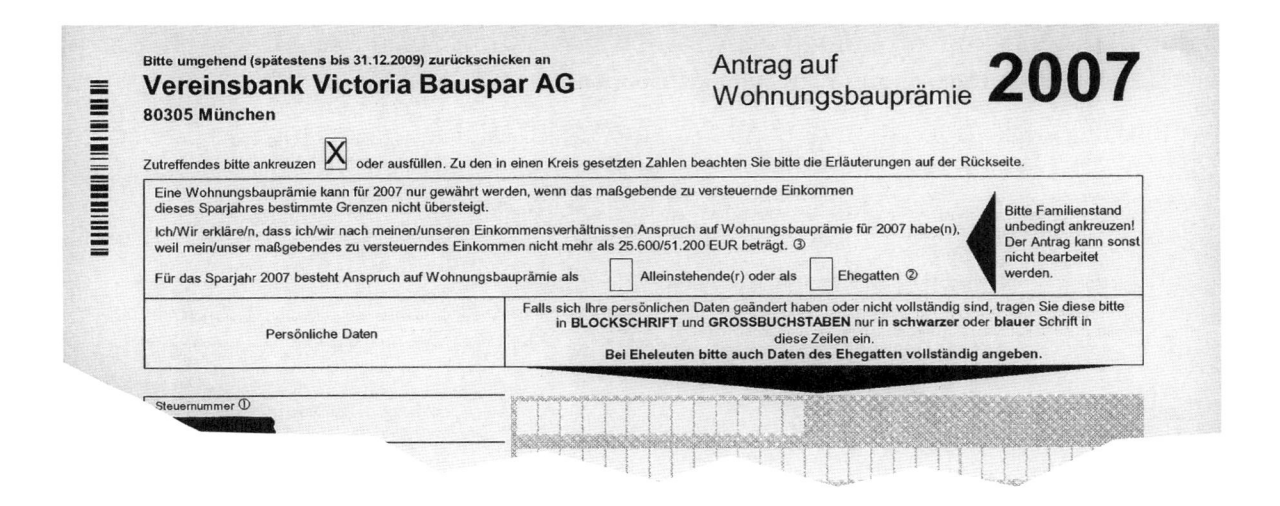

Das Einkommen privater Haushalte

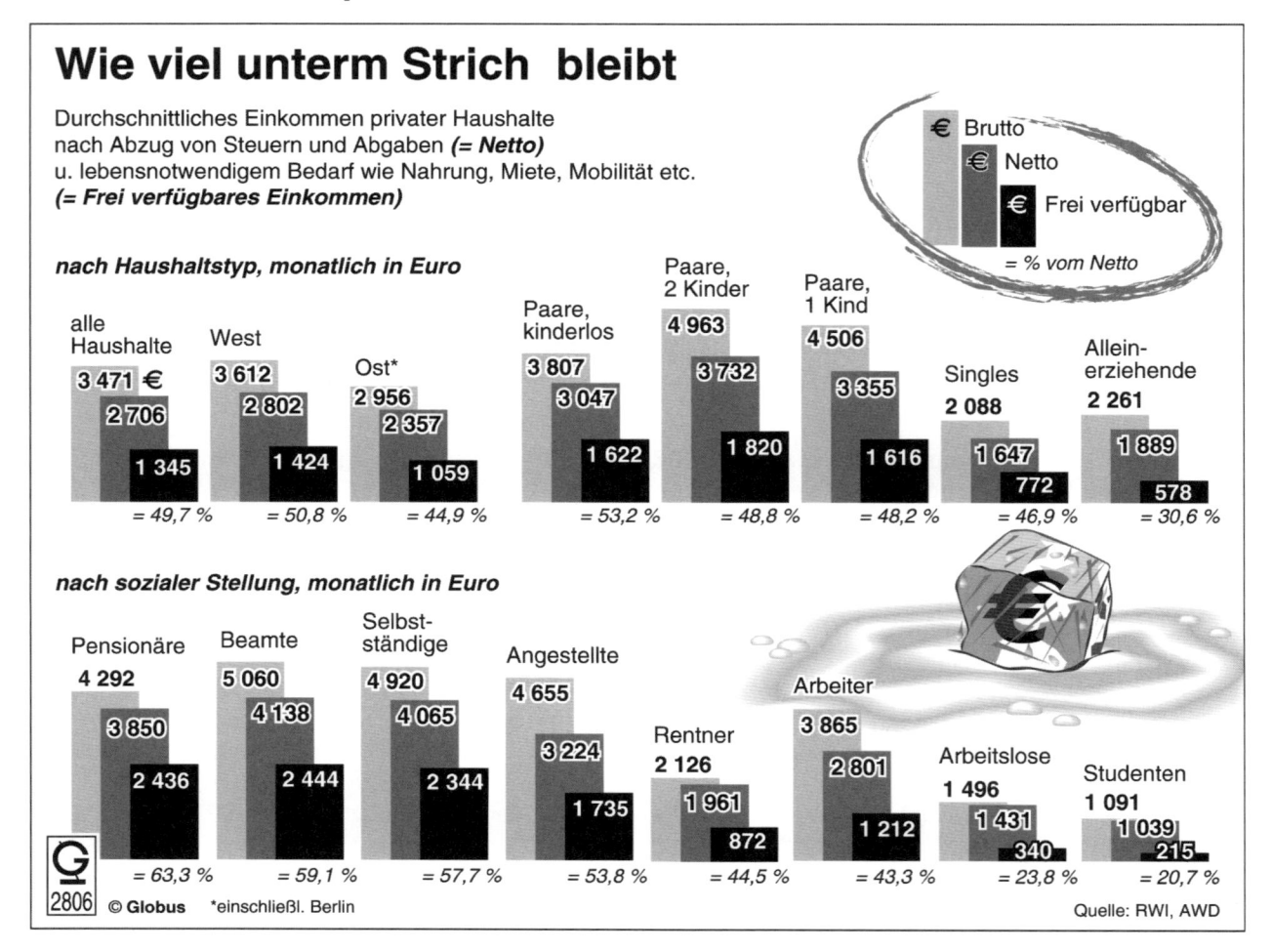

Wie viel unterm Strich bleibt

Durchschnittliches Einkommen privater Haushalte
nach Abzug von Steuern und Abgaben *(= Netto)*
u. lebensnotwendigem Bedarf wie Nahrung, Miete, Mobilität etc.
(= Frei verfügbares Einkommen)

€ Brutto
€ Netto
€ Frei verfügbar
= % vom Netto

nach Haushaltstyp, monatlich in Euro

	alle Haushalte	West	Ost*	Paare, kinderlos	Paare, 2 Kinder	Paare, 1 Kind	Singles	Alleinerziehende
Brutto	3 471 €	3 612	2 956	3 807	4 963	4 506	2 088	2 261
Netto	2 706	2 802	2 357	3 047	3 732	3 355	1 647	1 889
Frei verfügbar	1 345	1 424	1 059	1 622	1 820	1 616	772	578
	= 49,7 %	= 50,8 %	= 44,9 %	= 53,2 %	= 48,8 %	= 48,2 %	= 46,9 %	= 30,6 %

nach sozialer Stellung, monatlich in Euro

	Pensionäre	Beamte	Selbstständige	Angestellte	Rentner	Arbeiter	Arbeitslose	Studenten
Brutto	4 292	5 060	4 920	4 655	2 126	3 865	1 496	1 091
Netto	3 850	4 138	4 065	3 224	1 961	2 801	1 431	1 039
Frei verfügbar	2 436	2 444	2 344	1 735	872	1 212	340	215
	= 63,3 %	= 59,1 %	= 57,7 %	= 53,8 %	= 44,5 %	= 43,3 %	= 23,8 %	= 20,7 %

© Globus *einschließl. Berlin   Quelle: RWI, AWD

Durchschnittlich fließen den Haushalten in Deutschland monatlich 3.471 € an Einkünften und Transferzahlungen zu. (Beachte dabei: Ein Haushalt besteht aus mehreren Personen; Transferzahlungen sind Zahlungen vom Staat wie z. B. Sozialhilfe usw.) Dabei bleiben nach Abzug der Steuern und Sozialabgaben 2.706 € netto.

Zieht man davon die lebensnotwendigen Ausgaben für Miete, Strom, Heizung, Lebensmittel und Möbel ab, bleiben den Haushalten im Durchschnitt noch 1.345 € zur freien Verfügung, also etwas weniger als die Hälfte des Nettoeinkommens.
Deutlich schlechter gestellt sind Alleinerziehende, die nur ca. 30 % zu freien Verfügung haben und Arbeitslose mit ca. 24 %.

| Klasse: | Datum: | Name: |

Einkommens- und Vermögenspolitik in der sozialen Marktwirtschaft

Arbeitsaufgabe

Ergänze den Lückentext!

Unter Vermögenspolitik versteht man _____ des Staates mit dem Ziel, eine möglichst _____ zu erreichen.

Mittel der Vermögenspolitik: _____ und _____ .

Ein wichtiges Mittel der Vermögenspolitik ist die Festlegung der jeweiligen _____ _____ durch den Staat.

Unter Vermögensbildung versteht man die Umwandlung von _____ in _____ . Der Vermögenszuwachs eines privaten Haushalts ergibt sich aus dem _____ .

Voraussetzung für die Vermögensbildung ist das _____ .

Bei der Wahl einer geeigneten Sparform sind die drei wesentlichen Kriterien zu beachten: _____ .

Um eine gerechtere Verteilung des Vermögens zu erreichen, zahlt der Staat sogenannte _____ nach dem 5. Vermögensbildungsgesetz. Dabei erhält eine bestimmte Personengruppe Sparzulagen von Seiten des Staates.

| Klasse: | Datum: | Name: |

Einkommens- und Vermögenspolitik in der sozialen Marktwirtschaft (Lösung)

Arbeitsaufgabe

Ergänze den Lückentext!

Unter Vermögenspolitik versteht man **wirtschaftliche Maßnahmen** des Staates mit dem Ziel, eine möglichst **gerechte Vermögensverteilung** zu erreichen.
Mittel der Vermögenspolitik: **Vermögensumverteilung** und **Vermögensbildung**.
Ein wichtiges Mittel der Vermögenspolitik ist die Festlegung der jeweiligen **Steuerabgaben** durch den Staat.
Unter Vermögensbildung versteht man die Umwandlung von **Einkommen** in **Vermögenswerte**. Der Vermögenszuwachs eines privaten Haushalts ergibt sich aus dem **nicht verbrauchten Einkommen**.
Voraussetzung für die Vermögensbildung ist das **Sparen**.
Bei der Wahl einer geeigneten Sparform sind die drei wesentlichen Kriterien zu beachten:
Liquidität, Sicherheit, Rentabilität.
Um eine gerechtere Verteilung des Vermögens zu erreichen, zahlt der Staat sogenannte **vermögenswirksame Leistungen** nach dem 5. Vermögensbildungsgesetz.
Dabei erhält eine bestimmte Personengruppe Sparzulagen von Seiten des Staates.

Thema 8 Staatshaushalt und Steuern

Lernziele

Das „Hauptbuch der Nation" (Bundeshaushalt) kennenlernen
Das Problem der Staatsverschuldung bewusst machen
Grundsätze der Steuerpolitik kennenlernen
Bewusst machen, dass ein Steuersystem so gerecht wie möglich sein muss
Die Einteilung der Steuern in Besitz-, Verkehr- und Verbrauchsteuern kennenlernen
Wichtige Steuerarten nennen können

Arbeitsmittel/Medien

1 Folienvorlage (Steuerspirale 2008), 12 Informationsblätter, 1 Arbeitsblatt

Zusatz: 46 56050 „Steuern, Abgaben und Sozialstaat"

Folienvorlage

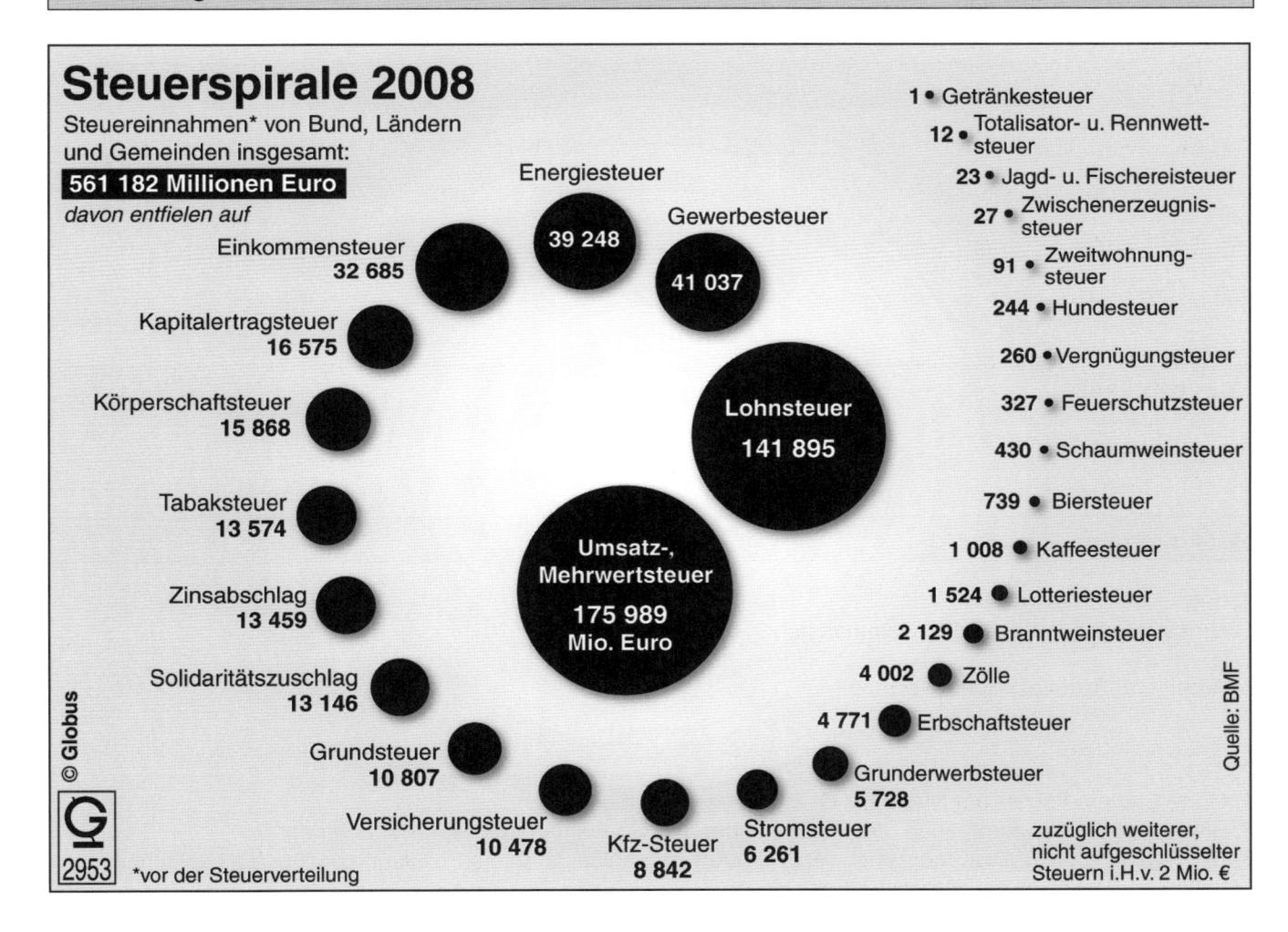

Steuerspirale 2008

Steuereinnahmen* von Bund, Ländern und Gemeinden insgesamt:

561 182 Millionen Euro

davon entfielen auf

- Einkommensteuer **32 685**
- Kapitalertragsteuer **16 575**
- Körperschaftsteuer **15 868**
- Tabaksteuer **13 574**
- Zinsabschlag **13 459**
- Solidaritätszuschlag **13 146**
- Grundsteuer **10 807**
- Versicherungsteuer **10 478**
- Kfz-Steuer **8 842**
- Stromsteuer **6 261**
- Grunderwerbsteuer **5 728**
- Energiesteuer **39 248**
- Gewerbesteuer **41 037**
- Lohnsteuer **141 895**
- Umsatz-, Mehrwertsteuer **175 989 Mio. Euro**

- 1 • Getränkesteuer
- 12 • Totalisator- u. Rennwettsteuer
- 23 • Jagd- u. Fischereisteuer
- 27 • Zwischenerzeugnissteuer
- 91 • Zweitwohnungsteuer
- 244 • Hundesteuer
- 260 • Vergnügungsteuer
- 327 • Feuerschutzsteuer
- 430 • Schaumweinsteuer
- 739 • Biersteuer
- 1 008 • Kaffeesteuer
- 1 524 • Lotteriesteuer
- 2 129 • Branntweinsteuer
- 4 002 • Zölle
- 4 771 • Erbschaftsteuer

zuzüglich weiterer, nicht aufgeschlüsselter Steuern i.H.v. 2 Mio. €

*vor der Steuerverteilung

© Globus 2953 — Quelle: BMF

Otto Mayr: Geld- und Zahlungsverkehr • Best.-Nr. 504 © Brigg Pädagogik Verlag GmbH, Augsburg

I. Hinführung

Folie (Steuerspirale 2008) TA: **Staatshaushalt und Steuern**

II. Erarbeitung

Staatshaushalt und Steuern (Info-Blatt)	Bundeshaushalt 2008 – Haupteinnahmequellen: Umsatzsteuer – Einkommensteuer; größte Ausgabeposten: Arbeit und Soziales, Bundesschuld
Problem Staatsverschuldung (Info-Blatt)	Verschuldung ca. 2 Billionen €, d.h. jeder Bundesbürger hat ca. 25.000 € Schulden
Grundsätze der Steuerpolitik (Info-Blatt)	Steuern sind die Grundlage des politischen Systems – der Staat erfüllt damit seine Aufgaben: Infrastruktur, soziale Ausgaben, Polizei, Bundeswehr ...
	Bund, Länder und Gemeinden erhalten die Steuern nach einem ganz bestimmten System
Unser Steuersystem (Info-Blatt)	Einteilung der Steuern nach Besitz-, Verkehr-, Verbrauchsteuern
Wichtige Steuerarten (Info-Blatt)	Einkommen-, Körperschafts-, Umsatz-, Mineralöl-, Kfz-, Gewerbe-, Kirchen-, Tabaksteuer

III. Vertiefung

Gesamtwiederholung

IV. Sicherung

Eintrag AB

V. Ausweitung

Aktuelle Situation

VI. Lösungen

S. 135:
1. Umsatzsteuer, Lohn- und Einkommensteuer, Energiesteuer
2. ...
3. Arbeit und Soziales, Bundesschuld
4. ...

S. 143:
1. Ohne Steuern könnte der Staat das Gemeinwesen nicht gestalten.
2. Steuern sind Zwangsabgaben, die Bund, Länder und Gemeinden den Bürgern auferlegen.
3. Den Wunsch der Bürger, möglichst wenig Steuern zu zahlen, kann die Politik nutzen, um ein bestimmtes Verhalten der Bevölkerung herbeizuführen.
4. Zu den Abgaben gehören Steuern (z. B. Mehrwertsteuer), Gebühren (z. B. Autozulassung) und Beiträge (z. B. Beiträge zur Krankenversicherung).
5. Geregelt ist dies in Art. 105 GG.
6. Die Steuern bekommen Bund, Länder und Gemeinden.
7. s. Grafik S. 142
8. Untere Einkommen werden nur gering, die besser Verdienenden höher besteuert. Familien werden entlastet.

Staatshaushalt und Steuern

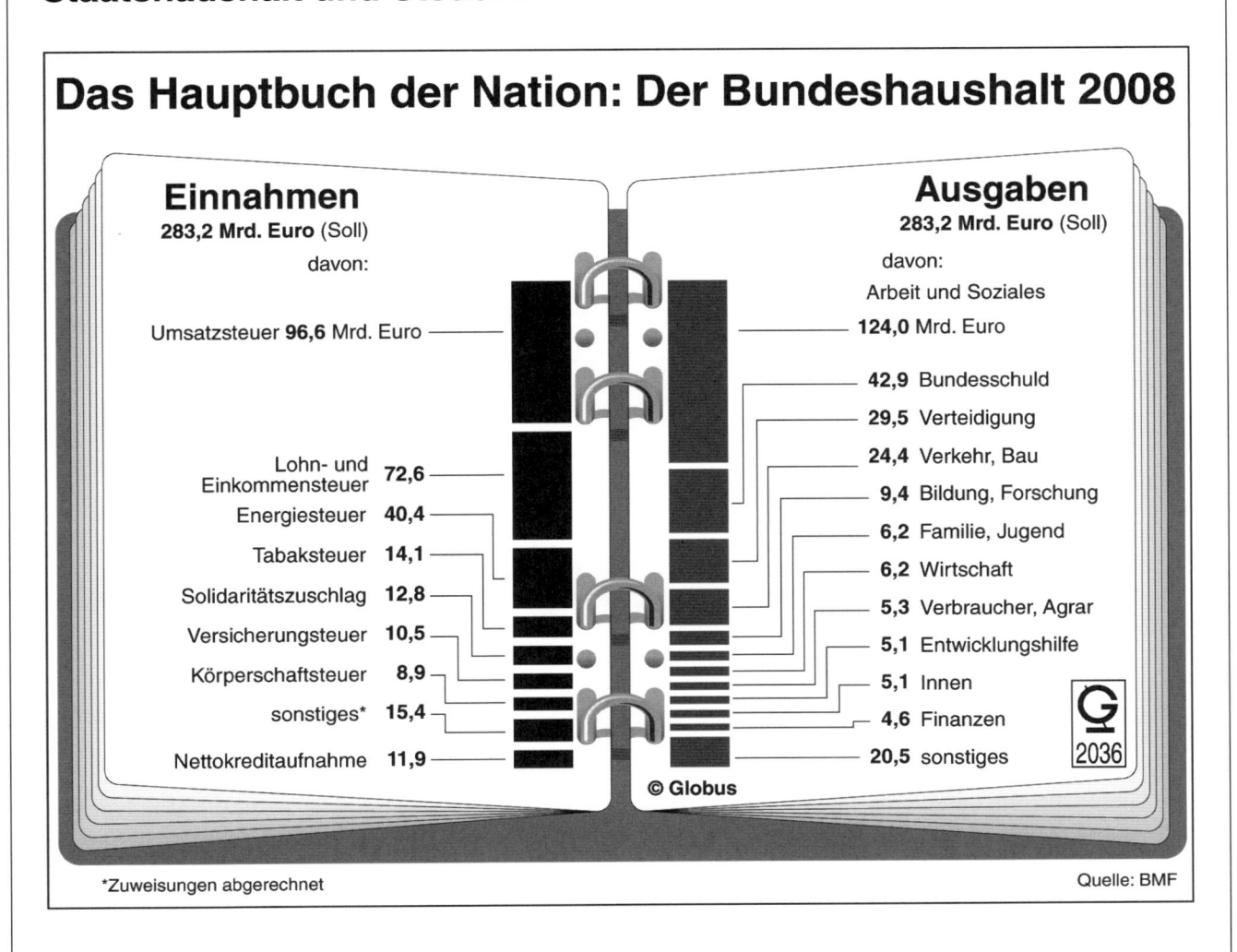

Das Hauptbuch der Nation: Der Bundeshaushalt 2008

Einnahmen
283,2 Mrd. Euro (Soll)
davon:

- Umsatzsteuer **96,6** Mrd. Euro
- Lohn- und Einkommensteuer **72,6**
- Energiesteuer **40,4**
- Tabaksteuer **14,1**
- Solidaritätszuschlag **12,8**
- Versicherungsteuer **10,5**
- Körperschaftsteuer **8,9**
- sonstiges* **15,4**
- Nettokreditaufnahme **11,9**

*Zuweisungen abgerechnet

Ausgaben
283,2 Mrd. Euro (Soll)
davon:

- Arbeit und Soziales **124,0** Mrd. Euro
- **42,9** Bundesschuld
- **29,5** Verteidigung
- **24,4** Verkehr, Bau
- **9,4** Bildung, Forschung
- **6,2** Familie, Jugend
- **6,2** Wirtschaft
- **5,3** Verbraucher, Agrar
- **5,1** Entwicklungshilfe
- **5,1** Innen
- **4,6** Finanzen
- **20,5** sonstiges

© Globus 2036
Quelle: BMF

Das Hauptbuch der Nation: Einnahmen und Ausgaben in Höhe von 283,2 Mrd. Euro stehen sich gegenüber. Wie überall gibt es unterschiedliche Interessen: Der Finanzminister möchte einen ausgeglichenen Haushalt und möglichst wenig Nettokredit-Aufnahme, die Fachminister kämpfen um ihre Budgets.

Arbeitsaufgaben
1. Nenne die drei größten Einnahmequellen des Bundeshaushalts!
2. Erläutere die einzelnen Einnahmequellen!
3. Welches sind die zwei größten Ausgabeposten des Bundeshaushalts?
4. Beschreibe die einzelnen Ausgabeposten!

Problem Staatsverschuldung

Nicht immer reichen das Steueraufkommen und die Einnahmen aus anderen Abgaben, um die Ausgaben zu decken. Dann muss der Staat Kredite aufnehmen – eine folgenreiche Einnahme für den Haushalt, denn die Kredite müssen in Zukunft wieder zurückgezahlt werden, in Form von Zins und Tilgung. Ein aktuelles Problem: Die Wirtschaftskrise im Jahr 2009 verursachte eine enorm hohe Staatsverschuldung, die künftige Generationen wieder abbezahlen müssen.

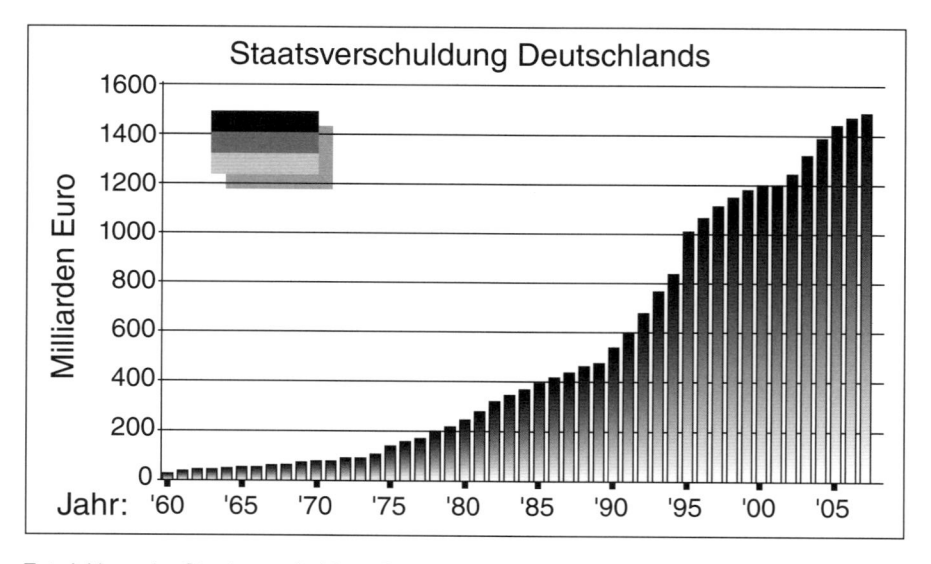

Entwicklung der Staatsverschuldung Deutschlands von 1960–2007 – Quelle: Stat. Bundesamt Deutschland

Der Schuldenstand der öffentlichen Haushalte wird in einer Schuldenquote gemessen, die die Schulden auf das Bruttoinlandsprodukt (BIP) bezieht. Nach den sogenannten „Maastricht-Kriterien" (Maastricht-Vertrag der Europäischen Union von 1992) darf die Schuldenquote des Staates nicht höher als 60 Prozent des BIP sein, die jährliche Neuverschuldung höchstens drei Prozent des BIP betragen.

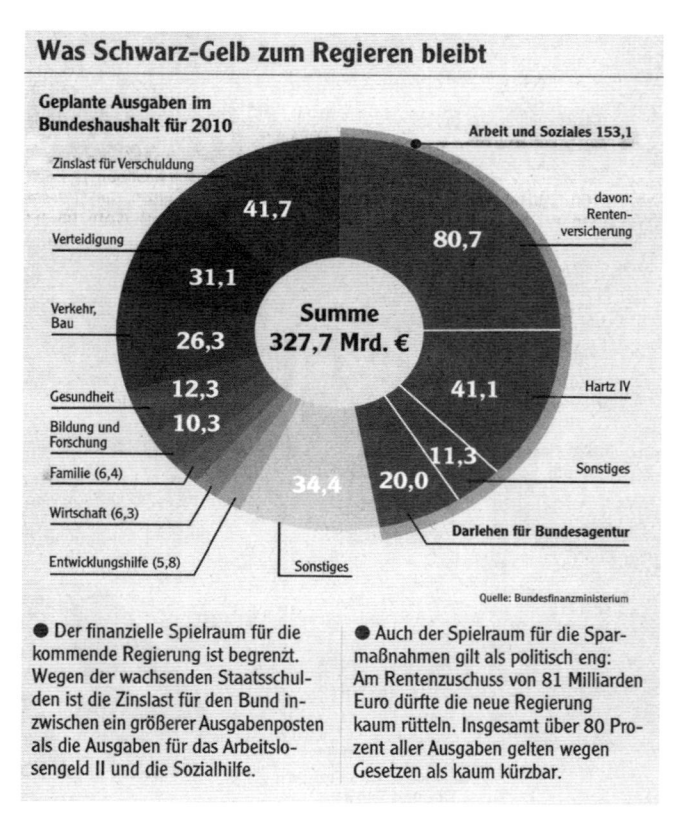

Was Schwarz-Gelb zum Regieren bleibt

Geplante Ausgaben im Bundeshaushalt für 2010

- Zinslast für Verschuldung: 41,7
- Verteidigung: 31,1
- Verkehr, Bau: 26,3
- Gesundheit: 12,3
- Bildung und Forschung: 10,3
- Familie: 6,4
- Wirtschaft: 6,3
- Entwicklungshilfe: 5,8
- Sonstiges: 34,4
- Darlehen für Bundesagentur: 20,0
- Sonstiges: 11,3
- Hartz IV: 41,1
- Arbeit und Soziales: 153,1 (davon: Rentenversicherung 80,7)

Summe 327,7 Mrd. €

Quelle: Bundesfinanzministerium

● Der finanzielle Spielraum für die kommende Regierung ist begrenzt. Wegen der wachsenden Staatsschulden ist die Zinslast für den Bund inzwischen ein größerer Ausgabenposten als die Ausgaben für das Arbeitslosengeld II und die Sozialhilfe.

● Auch der Spielraum für die Sparmaßnahmen gilt als politisch eng: Am Rentenzuschuss von 81 Milliarden Euro dürfte die neue Regierung kaum rütteln. Insgesamt über 80 Prozent aller Ausgaben gelten wegen Gesetzen als kaum kürzbar.

Quelle: Augsburger Allgemeine Zeitung, 22.10.2009

Schulden per Gesetz begrenzen

Aber auch das Grundgesetz zeigt dem Staat Grenzen der Verschuldung auf: Im Artikel 115 GG ist festgelegt, dass der Bund nicht mehr Kredite aufnehmen darf, als im Haushaltsplan an Investitionen vorgesehen ist. Dieses Verbot darf nur in Ausnahmefällen übertreten werden, und zwar dann, wenn „eine Störung des gesamtwirtschaftlichen Gleichgewichts" abgewehrt werden muss.

Hintergrund dieser Bestimmung ist der Gedanke an die nachfolgenden Generationen: Wenn sich der Staat schon verschuldet, soll er es tun, um möglichst nachhaltig zu investieren, damit auch die kommenden Generationen einen Nutzen daraus ziehen können – und nicht nur die Zinsen für die Schulden zahlen müssen.

Obwohl sich dieser Artikel nicht bewährte, wurde er trotzdem nie geändert. Erst die Wirtschafts- und Finanzkrise des Jahres 2009 veranlasste den Gesetzgeber, Änderungen durchzusetzen. So haben Bundestag und Bundesrat in die Verfassung eine neue Regelung eingeführt, die die Staatsverschuldung ab 2020 auf der dann erreichten Höhe einfrieren soll:

- Der Bund darf ab 2016 Schulden grundsätzlich nur noch in Höhe von 0,35 % des Bruttoinlandproduktes (BIP) machen.
- Die Länder dürfen ab 2020 grundsätzlich keine neuen Schulden mehr machen.
- In konjunkturellen Abschwungphasen dürfen neue Schulden gemacht werden, diese müssen in Aufschwungphasen „konjunkturgerecht" wieder zurückgezahlt werden, soweit sie die Grenze von 1,5 % vom BIP überschreiten.
- Bei Naturkatastrophen und „außergewöhnlichen Notsituationen" kann der Bundestag mit einfacher Mehrheit weitere Schulden beschließen. Diese müssen „binnen eines angemessenen Zeitraums" zurückgezahlt werden.
- Für die Jahre 2011 bis 2019 erhalten die Bundesländer Bremen, Saarland, Sachsen-Anhalt und Schleswig-Holstein vom Bund jährlich 800 Mio. Euro, wenn sie ihre jährlichen Haushaltsdefizite allmählich verringern.

Schuldenuhren zeigen den aktuellen Stand der Staatsverschuldung. Es gibt sie in vielen Ländern. Hier wird der Stand von Februar 2010 angezeigt.

Drohende Schuldenexplosion

Bund, Länder und Gemeinden müssen in den nächsten Jahren voraussichtlich mit weitaus höheren Steuerausfällen rechnen als bisher befürchtet. Im Vergleich zu früheren Prognosen werden wohl rund 48 Milliarden Euro weniger in die Staatskassen fließen.

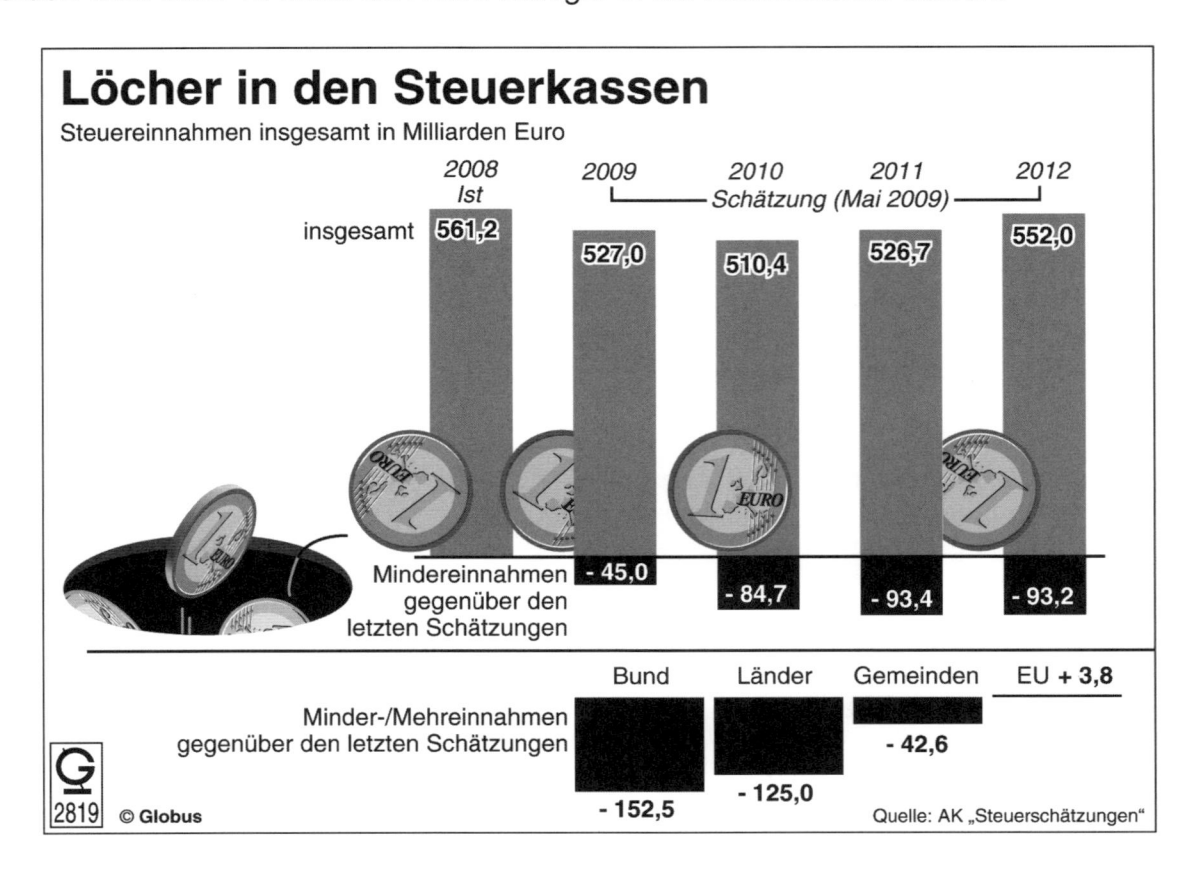

Löcher in den Steuerkassen
Steuereinnahmen insgesamt in Milliarden Euro

	2008 Ist	2009	2010	2011	2012
			Schätzung (Mai 2009)		
insgesamt	561,2	527,0	510,4	526,7	552,0
Mindereinnahmen gegenüber den letzten Schätzungen		-45,0	-84,7	-93,4	-93,2

Minder-/Mehreinnahmen gegenüber den letzten Schätzungen:
- Bund: -152,5
- Länder: -125,0
- Gemeinden: -42,6
- EU: +3,8

Quelle: AK „Steuerschätzungen"

© Globus 2819

Aktueller Stand

Die Staatsverschuldung betrug im Jahr 2009 rund 2 Billionen Euro (= 2.000 Milliarden Euro). Das wiederum heißt, dass jeder Einwohner der Bundesrepublik Deutschland, egal ob Arbeitnehmer, Rentner oder Kleinkind, Schulden in Höhe von ca. 25.000 Euro hat – dies muss erst einmal zurückgezahlt werden. Eine schwierige Aufgabe für die Zukunft.

> **Kann der Staat jemals seine Schulden zurückzahlen?**
>
> Auch wenn es nicht danach aussieht: Der Bund zahlt jedes Jahr brav seine Kredite zurück: Dieses Jahr tilgt der Bund beispielsweise 254 Milliarden Euro Verpflichtungen – nur er nimmt eben über 300 Milliarden neue Darlehen am Kapitalmarkt auf. Der Bund ist dabei fast unbegrenzt kreditwürdig. Bundesanleihen gelten bei professionellen und privaten Anlegern in aller Welt als gefragte und sichere Anlageform.
> Die eigentliche Frage ist, ob der Bund von seiner Gesamtverschuldung jemals herunterkommt: Vor der Eskalation der Finanzkrise wollte der Bund tatsächlich ab 2011 keine neuen Schulden mehr machen und einen „ausgeglichenen Haushalt" vorlegen. Vor dem Zusammenbruch der US-Banken sah es auch tatsächlich so aus, dass dieses Ziel erreichbar ist. Die Steuereinnahmen sprudelten sogar höher in die Staatskasse als erwartet. Doch auch in den besten Zeiten der Großen Koalition blieben die Ausgaben stets höher als die Einnahmen.
> Inzwischen sind die Zinsen, die der Bund für die Kredite zahlen muss, zweitgrößter Haushaltsposten nach dem Sozialetat. Der finanzielle Spielraum der Politik schrumpft damit immer weiter.

Quelle: Augsburger Allgemeine Zeitung, 22. 10. 2009

Grundsätze der Steuerpolitik

Steuern zahlen wir alle – selbst wenn wir es nicht merken. Wer im Café einen Espresso trinkt, sieht auf der Rechnung die Höhe der Mehrwertsteuer. Die Kaffeesteuer und die Getränkesteuer, die ebenfalls im Preis enthalten sind, gehen dagegen unbemerkt an den Staat.

Auch beim Tanken werden mehrere Steuern fällig: Neben der Mehrwertsteuer kassiert der Staat die Mineralölsteuer, in der wiederum ein Anteil der sogenannten Öko-Steuer enthalten ist.

Warum müssen wir Steuern zahlen?

Steuern sind die Grundlage des politischen Systems, sie verschaffen dem Staat Geld, damit er seine Aufgaben erfüllen kann: Schulen, öffentliche Infrastruktur (Straßen, Verkehrsnetze), Krankenhäuser, soziale Absicherung, Kindergärten, Gerichte, Polizei, Bundeswehr und Umweltschutz.

Steuern sind die Haupteinnahmequelle des Staates, ohne sie könnte der Staat das Gemeinwesen nicht gestalten.

Was sind eigentlich Steuern?

Steuern sind Zwangsabgaben, die Bund, Länder und Gemeinden den Bürgern auferlegen. Steuern dürfen nicht zweckgebunden sein: Jeder Euro an Steuern fließt unabhängig von der Steuerart in den Gesamthaushalt des Staates, aus dem wiederum alle Ausgaben finanziert werden.

Es gibt also z. B. keinen eigenen Straßenbauhaushalt, der ausschließlich aus den Einnahmen aus der Mineralölsteuer und der Kfz-Steuer finanziert wird.

Umgekehrt müssen diejenigen keine Steuern zahlen, die einen bestimmten „Tatbestand" nicht erfüllen. Das bedeutet z. B.: Wer kein Auto fährt, muss auch keine Kfz-Steuer bezahlen.

Den Wunsch der Bürger, möglichst wenig Steuern zu entrichten, nutzt die Politik manchmal, um ein bestimmtes Verhalten der Bevölkerung herbeizuführen – oder zu vermeiden. So sollte die mehrstufige Erhöhung der Mineralölsteuer nicht nur dafür sorgen, mehr Geld in die Staatskassen zu bekommen; Absicht war auch, die Menschen dazu zu bringen, ihren Energieverbrauch einzuschränken, um die Umwelt zu schützen.

Quelle: Augsburger Allgemeine Zeitung, 22. 10. 2009

Gebühren und Beiträge

Neben den Steuern kann der Staat noch weitere Abgaben erheben. Diese unterscheiden sich vor allem dadurch von den Steuern, dass es für dieses Geld eine konkrete Gegenleistung gibt.

Bei den Gebühren zahlt man direkt für eine in Anspruch genommene Leistung, zum Beispiel wenn man im Gemeindeamt einen Reisepass verlängern oder beim Straßenverkehrsamt das Auto zulassen will. Hier werden Verwaltungsgebühren fällig.

Daneben gibt es Nutzungsgebühren. Dazu zählen beispielsweise der Eintritt in das städtische Schwimmbad oder die jährliche Abrechnung der Müllabfuhr.

Eine andere Möglichkeit, Einnahmen zu erzielen, sind die Beiträge. Hier werden Kosten für Leistungen, die einer bestimmten Bevölkerungsgruppe zugutekommen, auf diese gesamte Gruppe umgelegt. Ein wichtiges Beispiel sind hier die Beiträge zur Krankenversicherung. Aber auch alle Hausbesitzer eines Neubaugebietes müssen sich über die Anliegerbeiträge daran beteiligen, dass ihr Gebiet mit Straßen, Kanälen und Leitungen erschlossen wird.

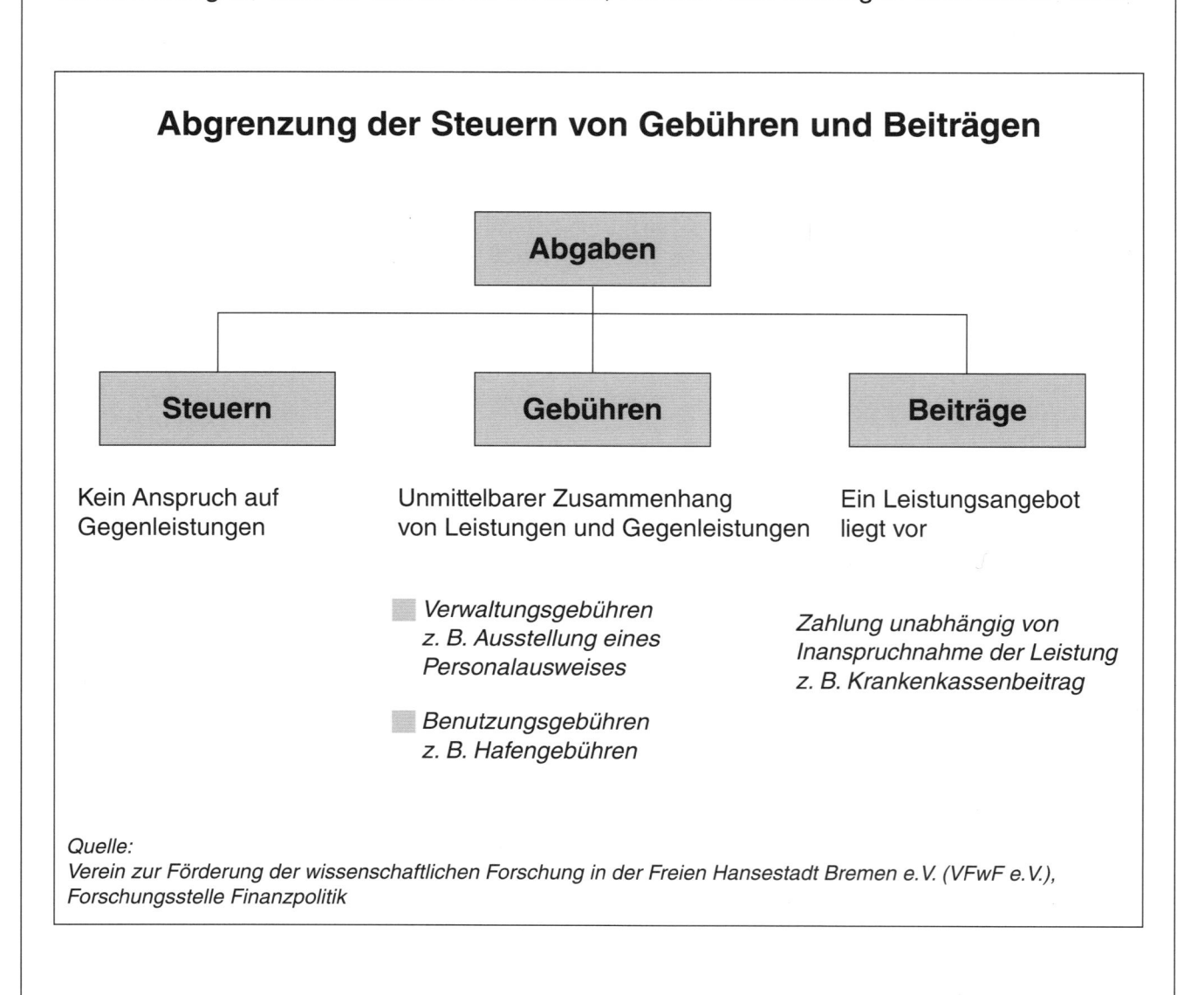

Abgrenzung der Steuern von Gebühren und Beiträgen

Abgaben

Steuern	Gebühren	Beiträge
Kein Anspruch auf Gegenleistungen	Unmittelbarer Zusammenhang von Leistungen und Gegenleistungen	Ein Leistungsangebot liegt vor
	Verwaltungsgebühren z. B. Ausstellung eines Personalausweises	*Zahlung unabhängig von Inanspruchnahme der Leistung z. B. Krankenkassenbeitrag*
	Benutzungsgebühren z. B. Hafengebühren	

Quelle:
Verein zur Förderung der wissenschaftlichen Forschung in der Freien Hansestadt Bremen e.V. (VFwF e.V.), Forschungsstelle Finanzpolitik

Wer entscheidet über die Steuern?

Unser Grundgesetz weist Bund, Ländern und Gemeinden bestimmte Aufgaben zu.
Die Streitkräfte sind zum Beispiel Angelegenheit des Bundes, die Länder müssen sich um die Schulen kümmern und die Gemeinden um die Müllabfuhr.
Für diese Aufgaben brauchen sie Geld. Deshalb fließen nicht alle Abgaben einfach in einen einzigen gesamtstaatlichen Haushalt, sondern werden aufgeteilt.

Der Artikel 105 des Grundgesetzes regelt, wer über die Erhebung der Steuern zu bestimmen hat, damit diese Aufgaben erfüllt werden können.
Mit der sogenannten Gesetzgebungskompetenz ist auch die Möglichkeit verbunden, eine neue Steuer einzuführen und eine existierende Steuer zu verändern oder abzuschaffen.

> **Artikel 105** [Verteilung der Gesetzkompetenz im Steuerwesen]
> (1) Der Bund hat die ausschließliche Gesetzgebung über die Zölle und Finanzmonopole.
> (2) Der Bund hat die konkurrierende Gesetzgebung über die übrigen Steuern, wenn ihm das Aufkommen dieser Steuern ganz oder zum Teil zusteht oder die Voraussetzungen des Artikels 72 Abs. 2 [Herstellung gleichwertiger Lebensverhältnisse; Wahrung der Rechts- oder Wirtschaftseinheit] vorliegen.
> (2a) Die Länder haben die Befugnis zur Gesetzgebung über die örtlichen Verbrauch- und Aufwandsteuern, solange und soweit sie nicht bundesgesetzlich geregelten Steuern gleichartig sind.
> (3) Bundesgesetze über Steuern, deren Aufkommen den Ländern oder den Gemeinden (Gemeindeverbänden) ganz oder zum Teil zufließt, bedürfen der Zustimmung des Bundesrates.

Wer bekommt die Steuern?

Damit Bund, Länder und Gemeinden ihre Ausgaben finanzieren können, erhalten sie die Einnahmen aus verschiedenen Steuerarten. Wer welche Steuern bekommt und welche Steuereinnahmen geteilt werden, steht ebenfalls im Grundgesetz. In Artikel 106 ist die sogenannte Ertragskompetenz festgeschrieben. Dort werden die Steuern in vier Kategorien eingeteilt:

- Gemeinschaftssteuern
- Bundessteuern
- Ländersteuern
- Gemeindesteuern

Wie soll ein Steuersystem gestaltet werden?

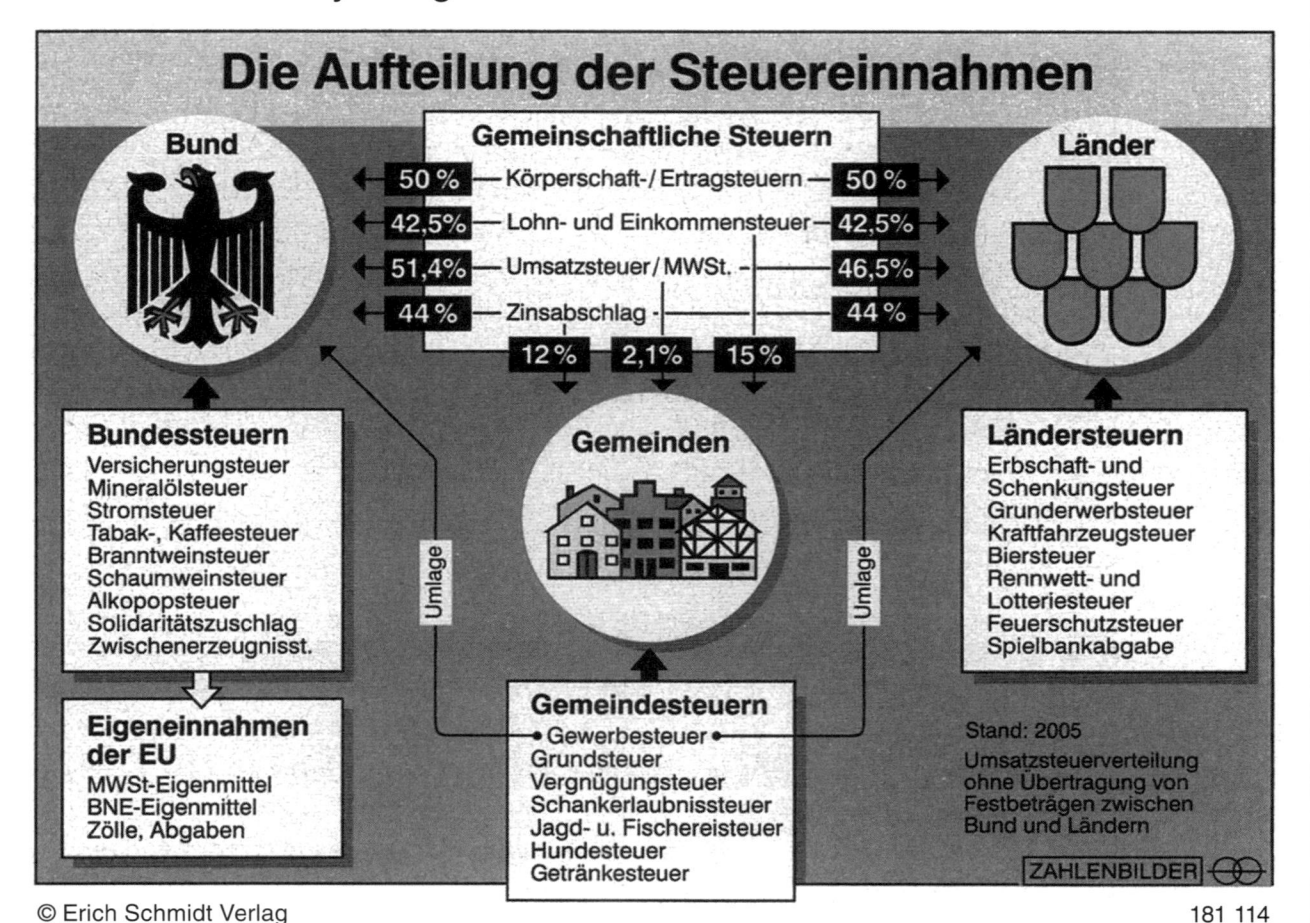

Die Aufteilung der Steuereinnahmen

Gemeinschaftliche Steuern

Bund		Länder
50 %	Körperschaft-/Ertragsteuern	50 %
42,5%	Lohn- und Einkommensteuer	42,5%
51,4%	Umsatzsteuer/MWSt.	46,5%
44 %	Zinsabschlag	44 %

Gemeinden: 12 % | 2,1% | 15 %

Bundessteuern
- Versicherungsteuer
- Mineralölsteuer
- Stromsteuer
- Tabak-, Kaffeesteuer
- Branntweinsteuer
- Schaumweinsteuer
- Alkopopsteuer
- Solidaritätszuschlag
- Zwischenerzeugnisst.

Eigeneinnahmen der EU
- MWSt-Eigenmittel
- BNE-Eigenmittel
- Zölle, Abgaben

Gemeindesteuern
- Gewerbesteuer
- Grundsteuer
- Vergnügungsteuer
- Schankerlaubnissteuer
- Jagd- u. Fischereisteuer
- Hundesteuer
- Getränkesteuer

Ländersteuern
- Erbschaft- und Schenkungsteuer
- Grunderwerbsteuer
- Kraftfahrzeugsteuer
- Biersteuer
- Rennwett- und Lotteriesteuer
- Feuerschutzsteuer
- Spielbankabgabe

Stand: 2005
Umsatzsteuerverteilung ohne Übertragung von Festbeträgen zwischen Bund und Ländern

ZAHLENBILDER

© Erich Schmidt Verlag   181 114

Da Steuern nun einmal notwendig sind, stellt sich die Frage, wie die Steuerlast auf die Bürgerinnen und Bürger verteilt werden soll. Denn eines ist klar: Die Bürgerinnen und Bürger sollen zwar Steuern zahlen, aber nicht durch Steuern geschröpft werden. Es muss im Interesse des Staates liegen, dass die Menschen langfristig bereit und in der Lage sind, ihre Steuern zu bezahlen.

Die Besteuerung soll sich auch nicht hemmend auf die Wirtschafttätigkeit auswirken. Wenn die Steuersätze immer weiter steigen, sind die Steuerpflichtigen möglicherweise nicht mehr bereit, für mehr Geld auch mehr zu arbeiten, da ihnen ja netto – nach Abzug von Steuern und Sozialabgaben – kaum etwas von ihrem Mehrverdienst bleibt.

Das Gleiche gilt für Unternehmen: Wenn sie zu viele Steuern bezahlen müssen, von ihrem Gewinn also nur wenig oder vielleicht gar nichts übrigbleibt, sind sie nicht mehr in der Lage, zu investieren und damit neue Arbeitsplätze zu schaffen oder bestehende zu erhalten.

Steuergerechtigkeit

Unser Steuersystem versucht deshalb, die Lasten fair zu verteilen. Steuerzahler, die sich in der gleichen wirtschaftlichen Lage befinden, sollen auch gleich belastet werden (horizontale Steuergerechtigkeit). Die vertikale Steuergerechtigkeit besagt, dass Steuerzahler in unterschiedlichen wirtschaftlichen Lagen auch unterschiedlich Steuern zahlen müssen.

Steuerzahler mit einem gleich hohen Einkommen befinden sich aber nur dann in der gleichen wirtschaftlichen Lage, wenn die persönlichen Umstände vergleichbar sind.
Ein Single mit einem monatlichen Einkommen von 3.000 Euro ist in einer anderen Situation als der alleinverdienende Familienvater, der das gleiche Gehalt bezieht.

Deshalb versucht unser Steuersystem, die Steuern am Einkommen des Einzelnen und seiner wirtschaftlichen Situation auszurichten. Demnach werden die unteren Einkommen nur gering, die besser Verdienenden höher besteuert. Familien werden durch Kinderfreibeträge entlastet.

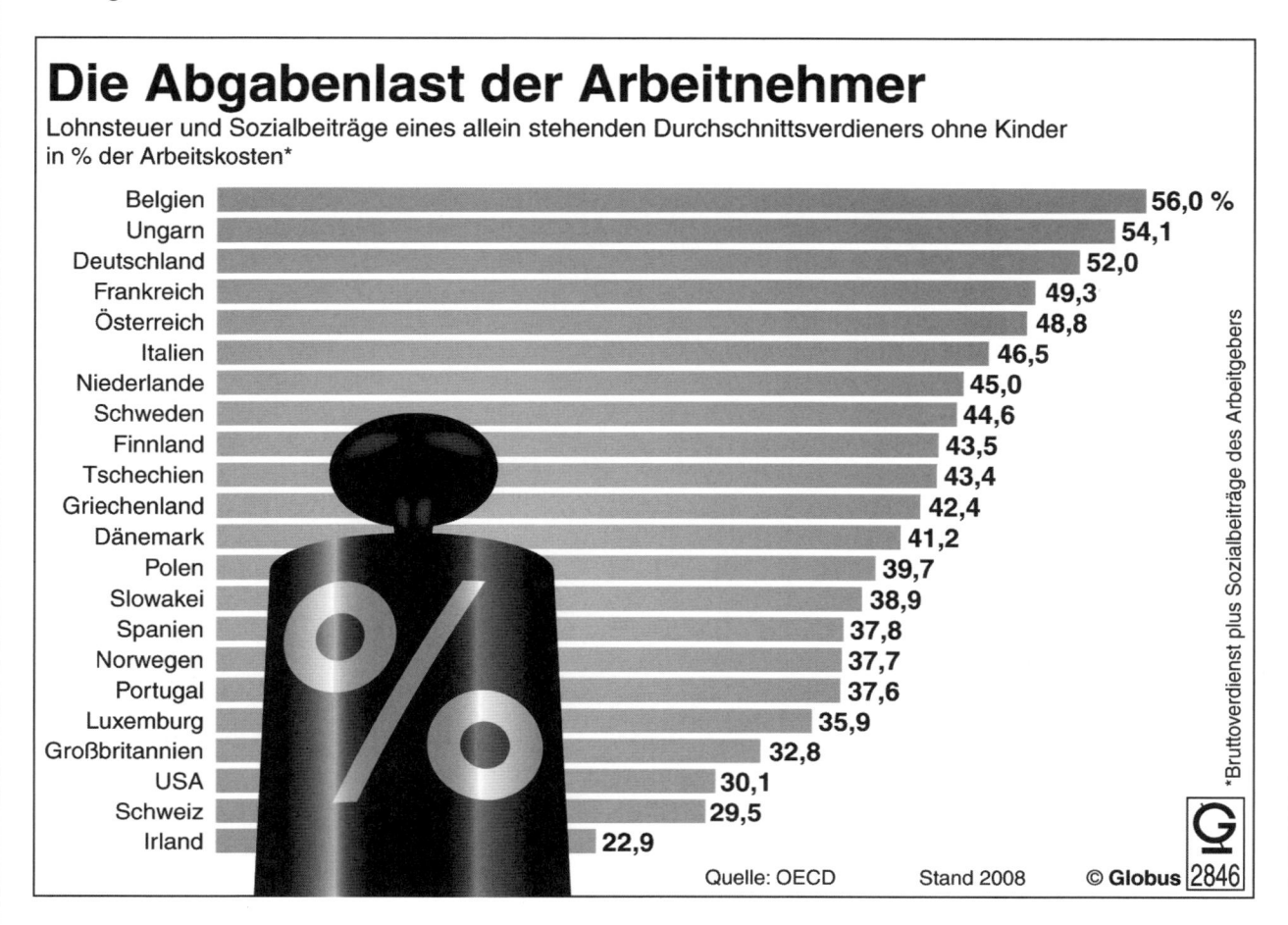

Die Abgabenlast der Arbeitnehmer

Lohnsteuer und Sozialbeiträge eines allein stehenden Durchschnittsverdieners ohne Kinder in % der Arbeitskosten*

Land	%
Belgien	56,0 %
Ungarn	54,1
Deutschland	52,0
Frankreich	49,3
Österreich	48,8
Italien	46,5
Niederlande	45,0
Schweden	44,6
Finnland	43,5
Tschechien	43,4
Griechenland	42,4
Dänemark	41,2
Polen	39,7
Slowakei	38,9
Spanien	37,8
Norwegen	37,7
Portugal	37,6
Luxemburg	35,9
Großbritannien	32,8
USA	30,1
Schweiz	29,5
Irland	22,9

Quelle: OECD — Stand 2008 — © Globus 2846

*Bruttoverdienst plus Sozialbeiträge des Arbeitgebers

Arbeitsaufgaben

1. Warum müssen wir eigentlich Steuern bezahlen?
2. Was sind eigentlich Steuern?
3. In welcher Weise versucht der Staat durch die Steuern das Verhalten der Menschen zu beeinflussen?
4. Was gehört alles zu den „Abgaben"? Nenne Beispiele!
5. Wo ist geregelt, wer die Steuern erheben darf?
6. Wer bekommt die Steuern?
7. Erläutere die Aufteilung der Steuereinnahmen!
8. Wie versucht unser Steuersystem, Steuergerechtigkeit zu gewährleisten?

Unser Steuersystem

In Deutschland gibt es ca. 40 einzelne Steuern, die nach unterschiedlichen Kriterien einzuteilen sind.
Steuern können z. B. danach unterschieden werden, worauf sie erhoben werden.
Daraus folgt die Einteilung in Besitz-, Verkehr- und Verbrauchsteuern.

Wird eine Steuer auf Einkommen oder Vermögen verlangt, spricht man von einer Besitzsteuer. Dazu zählen u. a. die Einkommensteuer, die Kapitalertragssteuer oder auch die Erbschaftssteuer. Daneben gibt es die Verkehrsteuern – Steuern, die Vorgänge des Rechts- und Wirtschaftsverkehrs erfassen. Hierzu gehören z. B. die Umsatzsteuer und die Kraftfahrzeugsteuer.
Die dritte Gruppe in dieser Einteilung sind die Verbrauchsteuern – Steuern, die auf den Verbrauch bestimmter Waren erhoben werden wie z. B. die Mineralölsteuer oder die Tabaksteuer.

Einteilung der Steuern

Besitz-steuern	Einkommensteuer Zinsabschlag Körperschaftsteuer Gewerbesteuerumlage ←		→ Einkommensteueranteil → Anteil am Zinsabschlag Gewerbesteuer
	Solidaritätszuschlag	Erbschaft- und Schenkungsteuer	Grundsteuer
Verkehr-steuern	Versicherung-steuer	Grunderwerbsteuer Kraftfahrzeugsteuer Rennwett- und Lotteriesteuer Spielbankabgabe Feuerschutzsteuer	Schankerlaubnis-steuer
	Umsatzsteuer (Mehrwertsteuer) Einfuhrumsatzsteuer		→ Anteil am Umsatzsteuer-aufkommen
Ver-brauch-steuern	Mineralölsteuer Stromsteuer Tabaksteuer Kaffeesteuer Branntweinsteuer Alkopopsteuer Zwischenerzeugnissteuer Schaumweinsteuer	Biersteuer	Örtliche Verbrauch- und Aufwandsteuern: Getränkesteuer Vergnügungsteuer Hundesteuer Zweitwohnungsteuer u.a.
	BUND	**LÄNDER**	**GEMEINDEN**

© Erich Schmidt Verlag

Um zu ermitteln, was der Steuerpflichtige an Steuern schuldet, wird als Ausgangsbasis ein Wert festgelegt. So gibt es bei jeder Steuerart eine Bemessungsgrundlage. Der Bemessungsgrundlage wird ein Steuertarif zugeordnet, nach dem sich die Höhe der Steuer berechnet.

Wichtige Steuerarten

Einkommensteuer

Die weitaus wichtigste Steuer in Deutschland ist die Einkommensteuer – für den Einzelnen, weil sie ihn am direktesten betrifft und für den Staat, weil sie die meisten Einnahmen bringt.
Die Einkommensteuer wird auf der Grundlage von sieben Einkommensarten ermittelt. Ihr unterliegen die Einkommen:

- aus Land- und Forstwirtschaft
- aus Gewerbebetrieben
- aus selbstständiger Arbeit
- aus nichtselbstständiger Arbeit
- aus Kapitalvermögen
- aus Vermietung und Verpachtung
- aus sonstigen im Einkommensteuergesetz genannten Einkünften
  (z. B. Rente oder Gewinne aus Spekulationsgeschäften)

Körperschaftssteuer

Im Grund ist die Körperschaftssteuer eine besondere Art der Einkommensteuer für juristische Personen, z. B. Aktiengesellschaften, eine GmbH oder auch eine Genossenschaft. Besteuerungsgrundlage ist das Einkommen, das die Körperschaft im Laufe eines Kalenderjahres erzielt.

Umsatzsteuer

Jeder Bürger hat nahezu täglich mit der Umsatzsteuer zu tun. Ob beim Tanken, beim Einkauf im Supermarkt oder bei der Handwerkerrechnung, immer ist die Mehrwertsteuer (unter diesem Namen kennt sie jeder) fällig.
Der Grundgedanke hinter der Umsatzsteuer ist der, dass jeder noch so kleine Umsatz besteuert werden soll; die Umsatzsteuer begleitet jedes Produkt vom Rohstoff über die Fertigware bis in die Hand des Verbrauchers. Deswegen wird sie auch Mehrwertsteuer genannt. Der Endabnehmer (der Verbraucher) trägt dabei die Umsatzsteuer wirtschaftlich – die Unternehmen sind die Gehilfen des Staates. Denn sie nehmen die Umsatzsteuer ein und leiten sie an den Fiskus weiter. Für sie ist die Mehrwertsteuer ein durchlaufender Posten.

Das bedeutet umgekehrt: Die Umsatzsteuer wird vom Endverbraucher mitbezahlt, während das Unternehmen keine Mehrkosten hat.

Der Steuersatz für die Umsatzsteuer beträgt normalerweise 19 %, für bestimmte Umsätze gilt jedoch ein ermäßigter Steuersatz von 7 %, z. B. für Lebensmittel, Bücher, Zeitungen und landwirtschaftliche Erzeugnisse.

Mineralölsteuer

Wer Auto fährt, muss Steuern zahlen, und das gleich mehrfach. Die Mineralölsteuer ist die wichtigste Verbrauchsteuer, weil sie dem Staat die größten Einnahmen beschert. Kraftstoffe wie Benzin und Diesel stellen die größte und für das Steueraufkommen bedeutendste Gruppe der steuerpflichtigen Mineralöle dar.

Kraftfahrzeugsteuer

Jeder Halter eines Fahrzeugs muss zudem die Kfz-Steuer entrichten. Die Steuerpflicht beginnt mit der Zulassung und endet mit der Abmeldung des Fahrzeugs bei der Zulassungsbehörde.
Die Kfz-Steuer wurde zum 1. Juli 2009 umgestellt. Grundsätzlich werden neue Autos nicht mehr nur nach dem Hubraum, sondern auch nach dem Ausstoß des schädlichen Kohlendioxids (CO_2) besteuert.
Die Kfz-Steuer wird durch einen schriftlichen Bescheid festgesetzt. Sie ist grundsätzlich für ein Jahr im Voraus zu zahlen.

Gewerbesteuer

Die Einkommensteuer richtet sich auf eine Person, die Gewerbesteuer richtet sich auf einen Gewerbebetrieb. Dabei spielt keine Rolle, wem das Unternehmen gehört oder wie die finanziellen Verhältnisse des Inhabers sind. Die Gewerbesteuer wird auf Grundlage des sogenannten Gewerbeertrags berechnet, wobei dieser nicht mit dem Gewinn gleichzusetzen ist.
Auf den vom Finanzamt errechneten Gewerbeertrag wenden die Gemeinden einen prozentualen Hebesatz an, den sie zuvor festgelegt haben. Dieser richtet sich nach dem Finanzbedarf der Kommune, an die die Einnahmen aus der Gewerbesteuer fließen.

Kirchensteuer

Die Kirchensteuer ist eine Besonderheit des deutschen Steuerrechts. Die Finanzämter kassieren zwar die Kirchensteuer, die Einnahmen stehen aber nicht dem Staat zu, sondern den Kirchen.
Kirchensteuer müssen all diejenigen zahlen, die der katholischen, der evangelischen Kirche oder anderen Religionsgemeinschaften angehören. Die Pflicht, Kirchensteuer zu zahlen, endet mit dem Austritt aus der Religionsgemeinschaft.
Die Steuer wird auf Grundlage der jährlichen Einkommensteuer berechnet.
Der Steuersatz schwankt je nach Bundesland zwischen acht und neun Prozent der Einkommensteuer.

Tabaksteuer

Nach der Mineralölsteuer ist die Tabaksteuer die ertragreichste Verbrauchsteuer. Alle Tabakwaren sind mit dieser Steuer belegt.

| Klasse: | Datum: | Name: |

Staatshaushalt und Steuern

Der Bundeshaushalt gibt einen Überblick über die Einnahmen und Ausgaben des Bundes. Die beiden größten Einnahmequellen sind die _____ und die _____, die beiden größten Ausgabeposten sind _____ und die _____.

Vor allem das Problem der _____ wird jeden Bürger auf Dauer betreffen. Jeder Einwohner der Bundesrepublik Deutschland hat (Stand 2010) ca. _____ Schulden. Diese müssen zurückgezahlt werden. Eine schwierige Aufgabe für die Zukunft.

Steuern sind die Grundlage des politischen Systems. Sie verschaffen dem Staat Geld, damit er seine Aufgaben erfüllen kann. Dazu gehören:

_____

_____

Die Steuereinnahmen verteilen sich auf _____.

Ein Verteilungssystem versucht, den jeweiligen Interessen gerecht zu werden.

Unser Steuersystem versucht, die Lasten fair zu verteilen. Generell gilt:

Wer wenig verdient, _____, wer mehr verdient, _____.

Die Steuern kann man in drei verschiedene Bereiche einteilen:

_____

_____

_____

Wichtige Steuerarten in Deutschland sind:

_____

_____

| Klasse: | Datum: | Name: |

Staatshaushalt und Steuern (Lösung)

[Abbildung einer Lohnsteuerbescheinigung]

Der Bundeshaushalt gibt einen Überblick über die Einnahmen und Ausgaben des Bundes. Die beiden größten Einnahmequellen sind die **Umsatzsteuer** und die **Einkommensteuer**, die beiden größten Ausgabeposten sind **Arbeit und Soziales** und die **Bundesschuld**.

Vor allem das Problem der **Staatsverschuldung** wird jeden Bürger auf Dauer betreffen. Jeder Einwohner der Bundesrepublik Deutschland hat (Stand 2010) ca. **25.000 €** Schulden. Diese müssen zurückgezahlt werden. Eine schwierige Aufgabe für die Zukunft.

Steuern sind die Grundlage des politischen Systems. Sie verschaffen dem Staat Geld, damit er seine Aufgaben erfüllen kann. Dazu gehören:

Schulen, Straßenbau, Krankenhäuser, soziale Absicherung, Kindergärten,

Gerichte, Polizei, Bundeswehr, Umweltschutz, Rückzahlung der Bundesschuld.

Die Steuereinnahmen verteilen sich auf **Bund, Länder und Gemeinden**.
Ein Verteilungssystem versucht, den jeweiligen Interessen gerecht zu werden.
Unser Steuersystem versucht, die Lasten fair zu verteilen. Generell gilt:
Wer wenig verdient, **zahlt weniger Steuern**, wer mehr verdient, **zahlt mehr Steuern**.

Die Steuern kann man in drei verschiedene Bereiche einteilen:

Besitzsteuern: z. B. Einkommensteuer, Körperschaftssteuer

Verkehrsteuern: z. B. Versicherungssteuer, Grunderwerbsteuer

Verbrauchsteuern: z. B. Mineralölsteuer, Kaffeesteuer

Wichtige Steuerarten in Deutschland sind:

Einkommensteuer, Körperschaftssteuer, Umsatzsteuer (Mehrwertsteuer),

Mineralölsteuer, Kfz-Steuer, Gewerbesteuer, Kirchensteuer, Tabaksteuer

Thema 9: Der Aufbau des Bankwesens in der BRD

Lernziele

Die Gliederung des deutschen Bankwesens kennenlernen
Die Tätigkeitsfelder der Universal- und Spezialbanken beschreiben können
Die Rolle der Deutschen Bundesbank beschreiben können
Offenmarktpolitik und Mindestreservepolitik als Instrumente der Geldpolitik beschreiben können

Arbeitsmittel/Medien

1 Folienvorlage (Bankgebäude und Euro), 6 Informationsblätter, 3 Arbeitsblätter

Folienvorlage

I. Hinführung

Folie (Bankgebäude und Euro)   TA: **Der Aufbau des Bankwesens in der Bundesrepublik Deutschland**

II. Erarbeitung

Das deutsche Bankwesen (Info-Blatt)	Die Banken gliedern sich in – Private Geschäftsbanken – Öffentlich-rechtliche Kreditinstitute – Genossenschaftliche Banken Universalbanken und Spezialbanken
Die Deutsche Bundesbank (Info-Blatt)	Die Deutsche Bundesbank ist die Zentralbank der BRD. Ihr oberstes Ziel: Preisniveaustabilität.
Die Deutsche Bundesbank steuert das Geldwesen (Info-Blatt)	Die Aufgaben der Bundesbank: – Notenbank – Bank der Banken – Bankenaufsicht – Bank des Staates – Verwaltung der Währungsreserven – Hauptverwaltungen und Filialen – Bundesbankgewinne an den Staat
Instrumente der Geldpolitik (Info-Blatt)	– Offenmarktpolitik: Steuerung der umlaufenden Geldmenge und der Zinssätze durch Kauf und Verkauf von Wertpapieren. – Mindestreservepolitik: Steuerung der Geldmenge und der Zinssätze durch den Mindestreservesatz.

III. Vertiefung

Gesamtwiederholung

IV. Sicherung

Eintrag Arbeitsblätter

Das deutsche Bankwesen (Dreisäulensystem)

Das deutsche Bankwesen zählt zu den größten der Welt. Internationale Großbanken aus Deutschland sind u. a. die Deutsche Bank und die Commerzbank.

Eine Bank oder ein Kreditinstitut ist ein Unternehmen, das Dienstleistungen für den Zahlungs- und Kreditverkehr anbietet. Die Aufsicht über die Banken übt die Bundesanstalt für Finanzdienstleistungsaufsicht (BaFin) aus. Das deutsche Bankwesen bestand im Jahr 2008 aus ca. 2.300 Geldinstituten mit ca. 40.000 Zweigstellen. Die addierten Bilanzsummen beliefen sich auf ca. 7,6 Milliarden Euro.

Das Bankwesen in Deutschland ist nach dem Kreditwesengesetz (KWG) geregelt. Es gliedert sich in drei Sektoren: private, öffentlich-rechtliche und genossenschaftliche Banken (Dreisäulensystem). Als Universalbanken bezeichnet man dabei die Kreditinstitute, die die gesamte Bandbreite der Bank- und Finanzdienstleistungsgeschäfte anbieten, wie sie für deutsche Banken im KWG definiert sind. Spezialbanken (z. B. Bausparkassen oder die KfW) dagegen bieten nur für bestimmte Geschäftsbereiche oder Kundengruppen Dienstleistungen an.

Private Geschäftsbanken

Diese Banken gehören üblicherweise Aktionären, die auch das volle unternehmerische Risiko tragen. Die Bank ist also im Privatbesitz. Der Gewinn steht den Eigentümern zu.
Zu den privaten Geschäftsbanken gehören u. a.:

- Großbanken wie z. B. die Deutsche Bank, HypoVereinsbank und die Commerzbank. Sie betreuen vorwiegend die Großindustrie und vermögende Privatkunden.
- Privatbanken: Dabei handelt es sich hauptsächlich um Banken, die die Betreuung vermögender Privatkunden zum Ziel haben.
- Private Realkreditinstitute (z. B. Hypo Real Estate).
- Private Bausparkassen (z. B. BHW).

Öffentlich-rechtliche Kreditinstitute

Diese Banken sind nicht so sehr auf Gewinnmaximierung ausgerichtet, sondern verstehen sich als Dienstleister im Bereich der Kommunen. Die Stadt bzw. der Landkreis haften z. B. mit ihrer Steuerkraft für diese Kreditinstitute. Der Gewinn kommt den Bürgern zugute.

Zu den öffentlich-rechtlichen Kreditinstituten gehören u. a.:

- Die meisten Landesbanken. Die Landesbanken sind Hausbanken eines oder mehrerer Bundesländer und betreuen Großkunden. Der Großteil wird als Anstalt des öffentlichen Rechts geführt.
- Sparkassen. Die Gewinne der Sparkassen sollen für das Gemeinwohl eingesetzt und nicht an die Eigentümer ausgeschüttet werden.
  Die Sparkassen sind für die Bürger vor Ort ein großer Ansprechpartner und versorgen den Mittelstand in der Region mit Krediten.
- Landesbausparkassen (LBS).

Genossenschaftliche Banken

Hier können Privatpersonen durch Anteilscheine Miteigentümer werden und haften in Höhe ihrer Anteile. Der Gewinn wird an die Miteigentümer, an die „Genossen" ausbezahlt.
Zu den genossenschaftlichen Kreditinstituten gehören u. a.:

- Rund 1.250 Volks- und Raiffeisenbanken. Die Genossenschaftsbanken haben das größte Filialnetz in Deutschland. Auch sie sind wie die Sparkassen Ansprechpartner vor Ort und finanzieren den Mittelstand.

| Klasse: | Datum: | Name: |

Das deutsche Bankwesen

Das deutsche Bankwesen zählt zu den größten der Welt. Es besteht aus ca. _____ Geldinstituten mit ca. _____ Zweigstellen. Die Aufsicht über die Banken übt die _____ _____ aus.

Das deutsche Bankwesen gliedert sich in drei Sektoren (_____).

Banken werden in _____ und _____ eingeteilt.

Private Geschäftsbanken

z. B. _____.

Sie gehört _____ (Aktionären), die auch das volle unternehmerische Risiko tragen.

Der Gewinn steht den _____ (Aktionären) zu.

Öffentlich-rechtliche Banken

z. B. _____.

Die Stadt bzw. der Landkreis haften mit ihrer _____ für die Bank.

Der Gewinn kommt den _____ zugute (z. B. Spende für den Computersaal einer Schule).

Genossenschaftliche Banken

z. B. _____.

Privatpersonen können durch Anteilscheine _____ werden und haften in Höhe ihrer Anteile.

Der Gewinn wird an die „_____" ausbezahlt.

| Klasse: | Datum: | Name: |

Das deutsche Bankwesen (Lösung)

Das deutsche Bankwesen zählt zu den größten der Welt. Es besteht aus ca. __2.300__ Geldinstituten mit ca. __40.000__ Zweigstellen. Die Aufsicht über die Banken übt die __Bundesanstalt für Finanzdienstleistungsaufsicht__ aus.

Das deutsche Bankwesen gliedert sich in drei Sektoren (__Dreisäulensystem__).

Banken werden in __Universalbanken__ und __Spezialbanken__ eingeteilt.

Private Geschäftsbanken

z. B. __Commerzbank__.

Sie gehört __Privatpersonen__ (Aktionären), die auch das volle unternehmerische Risiko tragen.

Der Gewinn steht den __Eigentümern__ (Aktionären) zu.

Öffentlich-rechtliche Banken

z. B. __Sparkassen__.

Die Stadt bzw. der Landkreis haften mit ihrer __Steuerkraft__ für die Bank.

Der Gewinn kommt den __Bürgern__ zugute (z. B. Spende für den Computersaal einer Schule).

Genossenschaftliche Banken

z. B. __Raiffeisen-Volksbank__.

Privatpersonen können durch Anteilscheine __Miteigentümer__ werden und haften in Höhe ihrer Anteile.

Der Gewinn wird an die „__Genossen__" ausbezahlt.

Die Deutsche Bundesbank

Die Bundesbank ist die Zentralbank der Bundesrepublik Deutschland. Ihr Sitz ist in Frankfurt am Main und sie ist Teil des Europäischen Systems der Zentralbanken.
Die Aufgaben der Deutschen Bundesbank sind im § 3 des Bundesbankgesetzes definiert. Dort heißt es:
„Die Deutsche Bundesbank ist als Zentralbank der Bundesrepublik Deutschland integraler Bestandteil des Europäischen Systems der Zentralbanken (ESZB). Sie wirkt an der Erfüllung seiner Aufgaben mit dem vorrangigen Ziel mit, die *Preisniveaustabilität* zu gewährleisten, hält und verwaltet die Währungsreserven der Bundesrepublik Deutschland, sorgt für die bankmäßige Abwicklung des Zahlungsverkehrs im Inland und mit dem Ausland und trägt zur Stabilität der Zahlungs- und Verrechnungssysteme bei."

Die Bundesbank als Notenbank

Die Bundesbank versorgt als Notenbank die Wirtschaft mit Bargeld und sichert die Umlauffähigkeit des Bargeldes.

Die Bundesbank als Bank der Banken

Die Geschäftsbanken können ihren Bedarf an Geld bei der Bundesbank decken. Sie können nicht benötigte Gelder kurzfristig bei der Bundesbank anlegen.
Die Bundesbank unterstützt den Zahlungsverkehr zwischen inländischen und ausländischen Geschäftsbanken.

Bankenaufsicht

Die Bundesbank wirkt auch an der Bankenaufsicht mit. Hierbei arbeitet sie mit dem Bundesamt für Finanzdienstleistungsaufsicht (BaFin) zusammen. Dabei geht es vor allem um die Sicherung der Stabilität des Finanzsystems. Die Bundesbank übernimmt die laufende Überwachung der Banken, wertet die Jahresabschlussberichte aus und führt Prüfungen durch. Sie liefert darüber hinaus die statistischen Daten zur wirtschaftlichen Lage der Kreditinstitute.

Die Bundesbank als Bank des Staates

Als Bank des Staates führt die Bundesbank kostenlos Konten für die Bundes-, Landes- und Kommunalbehörden sowie für die Sozialversicherungsträger und wickelt für diese normale Bankdienstleistungen ab.

Die Bundesbank als Verwalterin der Währungsreserven

Währungsreserven sind sämtliche Vermögen der Bundesbank, die nicht auf Euro lauten. Dies sind beispielsweise Goldreserven, Wertpapiere in ausländischer Währung und Guthaben bei ausländischen Banken.
Die Währungsreserven bilden dabei einen Gegenwert zur eigenen Währung. Sie werden möglichst rentabel angelegt und bilden zudem eine Möglichkeit zur Intervention bei starken Schwankungen des Wechselkurses.

Die Hauptverwaltungen und Filialen

Die Deutsche Bundesbank unterhält bundesweit neun Hauptverwaltungen und 47 Filialen. Die Hauptverwaltungen nehmen die Aufgaben der Bankenaufsicht in ihrer Region wahr, sie gewähren Banken Kredite und informieren allgemein über Finanzthemen. Die Filialen versorgen die regionale Wirtschaft mit Euro-Bargeld. Man kann dort auch immer noch D-Mark-Banknoten und -Münzen in Euro umtauschen.

Bundesbankgewinn

Den Gewinn aus ihren Geschäften führt die Deutsche Bundesbank an den Bund als deren Eigentümer ab. Er geht dann in den Haushalt der Bundesrepublik Deutschland ein.

DEUTSCHE BUNDESBANK
EUROSYSTEM

Instrumente der Geldpolitik

Das oberste Ziel der Europäischen Zentralbanken ist es, die Preisniveaustabilität zu erhalten. Um dieses Ziel zu erreichen, bedient sich die Deutsche Bundesbank als Teil des ESZB schwerpunktmäßig folgender Instrumente:

1. Offenmarktpolitik:

Ziel der Offenmarktpolitik ist es, die umlaufende Geldmenge und die Zinssätze zu steuern. Hier tritt die Bundesbank als Käufer oder Verkäufer auf dem „offenen Markt" (daher der Name!) in Erscheinung. Ganz vereinfacht ausgedrückt:
Immer wenn die Bundesbank Wertpapiere kauft, pumpt sie Geld in die Wirtschaft. Der Geldmarkt wird also flüssiger (liquider). Die Banken können jetzt mehr (und billigere) Kredite vergeben.
Verkauft die Bundesbank aber Wertpapiere, so zieht sie Geld aus dem Verkehr. Das Geld wird wieder knapper und teurer.
Auf diese Art und Weise kann die Bundesbank die umlaufende Geldmenge und die Höhe der Zinssätze steuern.

2. Mindestreservepolitik:

Die Kreditinstitute müssen ein Guthaben bei der Deutschen Bundesbank unterhalten, das einem bestimmten Prozentsatz der Einlagen ihrer Kunden entspricht, die sogenannten „Mindestreserven". Damit ist sichergestellt, dass die Kreditinstitute auf die Bundesbank angewiesen sind, d. h. sich bei ihr refinanzieren müssen.
Die Bundesbank kann diesen Prozentsatz (Mindestreservesatz) verändern, um Geldumlauf und Kreditgewährung zu beeinflussen.
Erhöht die Bundesbank den Mindestreservesatz, so zwingt sie die Geld- und Kreditinstitute, ihre Guthaben bei der Bundesbank aufzustocken. Die Banken können diese Mittel also nicht mehr ausleihen. Liquiditätsverknappung wiederum bedeutet Reduzierung der Geldmenge; die Zinsen steigen.
Wenn die Bundesbank den Mindestreservesatz ermäßigt, geschieht das Gegenteil.

Die Deutsche Bundesbank steuert das Geldwesen

Die Deutsche Bundesbank ist die nationale Zentralbank der Bundesrepublik Deutschland. Sie ist Bestandteil des Europäischen Systems der Zentralbanken (ESZB) und verpflichtet, an der Erfüllung seiner Aufgaben mit dem vorrangigen Ziel der Preisniveaustabilität zu gewährleisten, mitzuwirken.

Nach § 12 des Bundesbankgesetzes ist die Deutsche Bundesbank verpflichtet die allgemeine Wirtschaftspolitik der Bundesregierung zu unterstützen. Bei der Ausübung ihrer Bankgeschäfte ist die Bundesbank jedoch von Weisungen der Bundesregierung unabhängig.

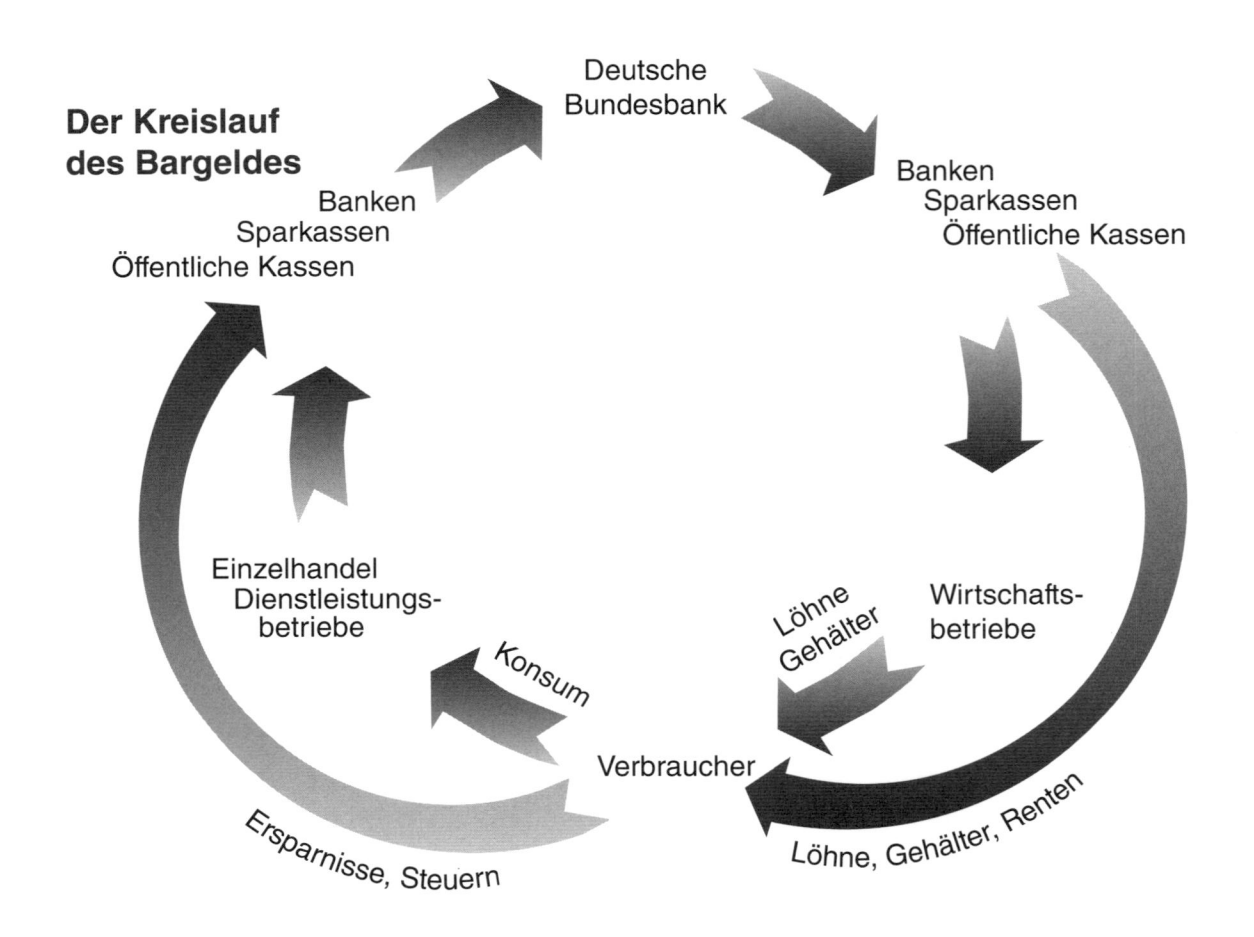

Der Kreislauf des Bargeldes

- Deutsche Bundesbank
- Banken Sparkassen Öffentliche Kassen
- Wirtschaftsbetriebe
- Löhne Gehälter
- Verbraucher
- Löhne, Gehälter, Renten
- Konsum
- Einzelhandel Dienstleistungsbetriebe
- Ersparnisse, Steuern
- Banken Sparkassen Öffentliche Kassen

Aufgaben der Deutschen Bundesbank

Abwicklung des Zahlungsverkehrs

im Inland und mit dem Ausland

Geldversorgung (Notenausgabe)

Aufgabenerfüllung im Rahmen des ESZB

Durchführung der geldpolitischen Beschlüsse der EZB

Bank des Staates

Mitwirkung bei der Kreditaufnahme des Bundes und der Länder

Verwaltung der nationalen Währungsreserven

Mitwirkung bei der Bankenaufsicht

Vertretung der BRD in internationalen Währungsbehörden

Klasse:	Datum:	Name:

Aufgaben der Deutschen Bundesbank

Die Deutsche Bundesbank ist die _____ der Bundesrepublik Deutschland.

Ihr Sitz ist in _____ und sie ist Teil des Europäischen Systems der Zentralbanken (_____).

Die Hauptaufgabe der Deutschen Bundesbank besteht darin, die _____ zu gewährleisten.

Aufgaben der Deutschen Bundesbank:

1. Die Bundesbank versorgt die Wirtschaft mit _____.
2. Die _____ können ihren Bedarf an Geld bei der Bundesbank decken.
3. Die Bundesbank wirkt auch an der _____ mit.
4. Als Bank des Staates führt die Bundesbank Konten für die _____ _____ sowie für die _____ _____.
5. Die Bundesbank ist die Verwalterin der _____.
6. Die Bundesbank unterhält bundesweit _____ _____.
7. Der _____ der Bundesbank geht an die Bundesrepublik Deutschland.
8. Die Bundesbank führt die _____ der EZB durch.
9. Die Bundesbank wirkt bei der _____ des Bundes und der Länder mit.
10. Die Bundesbank vertritt die Bundesrepublik bei _____ Währungsbehörden.

| Klasse: | Datum: | Name: |

Aufgaben der Deutschen Bundesbank (Lösung)

Die Deutsche Bundesbank ist die __Zentralbank__ der Bundesrepublik Deutschland.

Ihr Sitz ist in __Frankfurt am Main__ und sie ist Teil des Europäischen Systems der Zentralbanken (__ESZB__).

Die Hauptaufgabe der Deutschen Bundesbank besteht darin, die __Preisniveaustabilität__ zu gewährleisten.

Aufgaben der Deutschen Bundesbank:

1. Die Bundesbank versorgt die Wirtschaft mit __Bargeld__.
2. Die __Geschäftsbanken__ können ihren Bedarf an Geld bei der Bundesbank decken.
3. Die Bundesbank wirkt auch an der __Bankenaufsicht__ mit.
4. Als Bank des Staates führt die Bundesbank Konten für die __Bundes-, Landes- und Kommunalbehörden__ sowie für die __Sozialversicherungsträger__.
5. Die Bundesbank ist die Verwalterin der __Währungsreserven__.
6. Die Bundesbank unterhält bundesweit __neun Hauptverwaltungen und 47 Filialen__.
7. Der __Gewinn__ der Bundesbank geht an die Bundesrepublik Deutschland.
8. Die Bundesbank führt die __geldpolitischen Beschlüsse__ der EZB durch.
9. Die Bundesbank wirkt bei der __Kreditaufnahme__ des Bundes und der Länder mit.
10. Die Bundesbank vertritt die Bundesrepublik bei __internationalen__ Währungsbehörden.

| Klasse: | Datum: | Name: |

Die Deutsche Bundesbank steuert das Geldwesen

Das oberste Ziel der Europäischen Zentralbank (EZB) ist es, die Preisniveaustabilität zu erhalten. Um dieses Ziel zu erreichen, wendet die Deutsche Bundesbank als Teil des ESZB vor allem folgende beiden Instrumente an:

1. _____:
Ziel der Offenmarktpolitik ist es, die umlaufende Geldmenge und die Zinssätze zu _____.
Wenn die Bundesbank Wertpapiere kauft, fließt Geld in die Wirtschaft. Es gibt _____ Geld und die Banken können mehr _____ vergeben.
Die Kredite werden dadurch _____.
Wenn die Bundesbank allerdings Wertpapiere verkauft, zieht sie Geld aus dem Verkehr. Die Folge: Das Geld wird wieder _____ und die Zinsen _____;
die Kredite werden _____.

2. _____:
Die Kreditinstitute müssen bei der Deutschen Bundesbank eine bestimmte Einlage als _____ einbringen. Dies geschieht nach einem festgelegten Prozentsatz, dem _____.
Erhöht die Bundesbank diesen Mindestreservesatz, so müssen die Geldinstitute ihre Guthaben bei der Bundesbank _____. Die Banken können deshalb diese Mittel nicht mehr als Kredit vergeben. Folge: Es ist _____ Geld im Umlauf und die Zinsen _____.
Wenn die Bundesbank den Mindestreservesatz ermäßigt, kommt mehr Geld in Umlauf und die Zinsen _____.

| Klasse: | Datum: | Name: |

Die Deutsche Bundesbank steuert das Geldwesen (Lösung)

Das oberste Ziel der Europäischen Zentralbank (EZB) ist es, die Preisniveaustabilität zu erhalten. Um dieses Ziel zu erreichen, wendet die Deutsche Bundesbank als Teil des ESZB vor allem folgende beiden Instrumente an:

1. **Offenmarktpolitik**:

Ziel der Offenmarktpolitik ist es, die umlaufende Geldmenge und die Zinssätze zu **steuern**.

Wenn die Bundesbank Wertpapiere kauft, fließt Geld in die Wirtschaft. Es gibt **mehr** Geld und die Banken können mehr **Kredite** vergeben.

Die Kredite werden dadurch **billiger**.

Wenn die Bundesbank allerdings Wertpapiere verkauft, zieht sie Geld aus dem Verkehr. Die Folge: Das Geld wird wieder **knapper** und die Zinsen **steigen**;

die Kredite werden **teurer**.

2. **Mindestreservepolitik**:

Die Kreditinstitute müssen bei der Deutschen Bundesbank eine bestimmte Einlage als **Mindestreserve** einbringen. Dies geschieht nach einem festgelegten Prozentsatz, dem **Mindestreservesatz**.

Erhöht die Bundesbank diesen Mindestreservesatz, so müssen die Geldinstitute ihre Guthaben bei der Bundesbank **erhöhen**. Die Banken können deshalb diese Mittel nicht mehr als Kredit vergeben. Folge: Es ist **weniger** Geld im Umlauf und die Zinsen **steigen**.

Wenn die Bundesbank den Mindestreservesatz ermäßigt, kommt mehr Geld in Umlauf und die Zinsen **fallen**.

Thema 10 — Der Wirtschaftskreislauf

Lernziele

Das Modell des einfachen Wirtschaftskreislaufs erläutern können
Den Zusammenhang zwischen privaten Haushalten, Unternehmungen, Geld- und Güterverkehr beschreiben können
Bewusst machen, dass im erweiterten Wirtschaftskreislauf die Rolle der Banken dargestellt wird
Erkennen, dass im vollständigen Wirtschaftskreislauf auch die Rolle des Staates und des Auslands bewertet wird
Die Auswirkungen wirtschaftlicher Entwicklungen auf den Wirtschaftskreislauf beschreiben können

Medien

1 Folienvorlage (einfacher Wirtschaftskreislauf), 4 Informationsblätter, 1 Arbeitsblatt

Zusatz: 46 52781 „Die Rolle der privaten Haushalte im Wirtschaftskreislauf" (52 min)
46 40326 „Grundfragen der Volkswirtschaft"
46 54706 „Der Jugendliche im Wirtschaftsleben" (16 min)

Folienvorlage

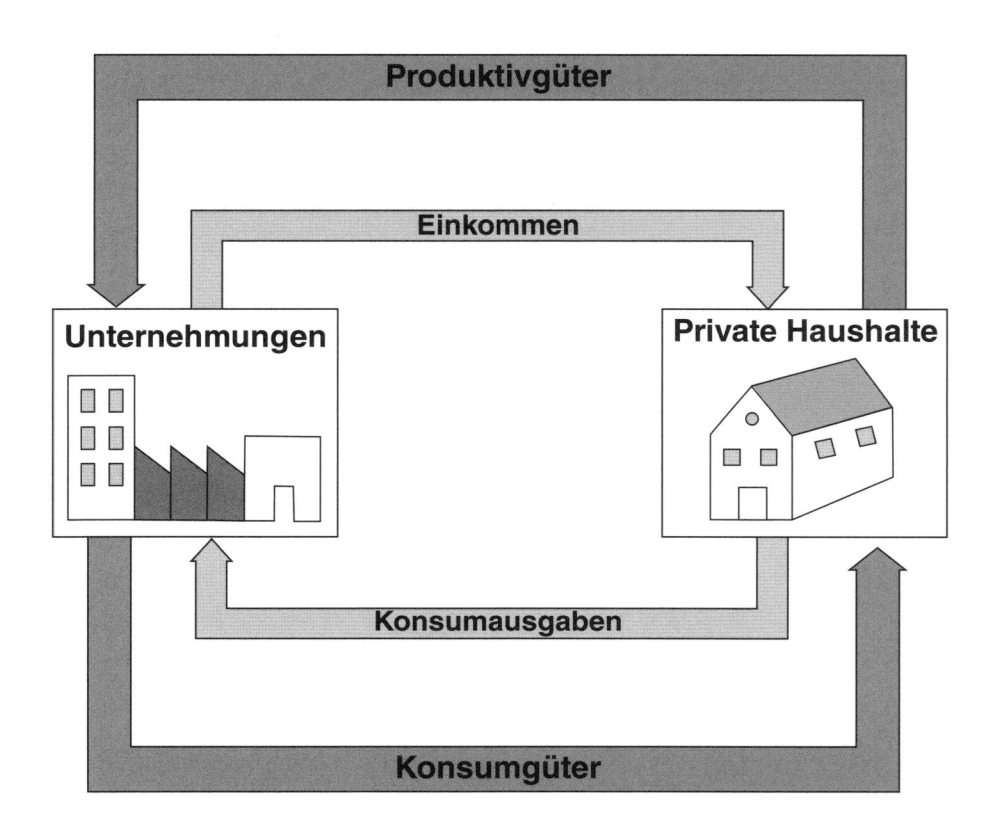

Produktivgüter → Unternehmungen
Einkommen → Private Haushalte
Konsumausgaben → Unternehmungen
Konsumgüter → Private Haushalte

I. Hinführung

Folie
(einfacher Wirtschaftskreislauf)

TA: **Was ist ein Wirtschaftskreislauf?**

II. Erarbeitung

Der einfache Wirtschaftskreislauf
(Info-Blatt)

Private Haushalte und Unternehmen stehen sich gegenüber.
Güterstrom: Privathaushalte stellen Arbeit zur Verfügung,
Unternehmen verkaufen Konsumgüter.
Geldstrom: Private Haushalte beziehen Einkommen von den
Firmen und bezahlen Waren und Dienstleistungen.

Der erweiterte Wirtschaftskreislauf
(Info-Blatt)

Der einfache Wirtschaftskreislauf wird durch die Rolle der
Banken erweitert.

Der vollständige Wirtschaftskreislauf
(Info-Blatt)

Die Rollen des Staates und des Auslands werden in das Modell
einbezogen.

III. Vertiefung

Gesamtwiederholung

IV. Sicherung

Eintrag AB

V. Ausweitung

Auswirkungen auf den
Wirtschaftskreislauf
(Info-Blatt)

Investitionen führen zu Aufträgen an Unternehmen, die
wiederum Menschen Arbeit bieten können. Diese verdienen
Geld und können Konsumartikel kaufen …

VI. Lösungen

S. 165:

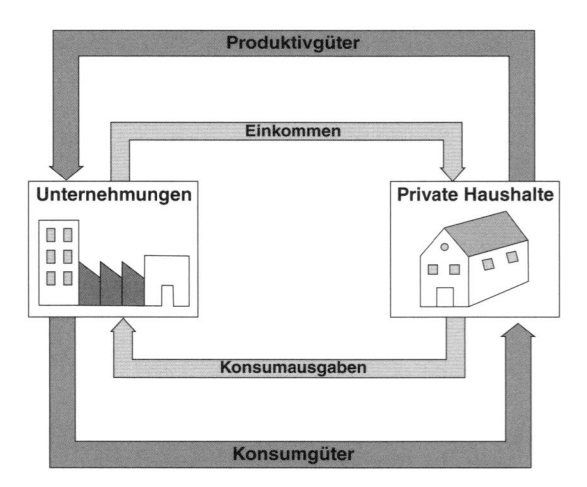

[Diagramm: Wirtschaftskreislauf zwischen Unternehmungen und Privaten Haushalten mit den Strömen Produktivgüter, Einkommen, Konsumausgaben und Konsumgüter]

S. 168:
Investitionen führen zu Aufträgen an Unternehmen. Diese wiederum können Arbeitnehmer beschäftigen, die mit ihrer Tätigkeit Geld verdienen. Dieses Geld geben sie für z. B. Konsumartikel aus, an denen Firmen wieder verdienen. Die Gewinne der Firmen und die Arbeit der Menschen führen zu Steuereinkommen für den Staat, der damit wieder seinen Aufgaben nachkommen kann …
Ein sinkender Export zwingt Unternehmen dazu, ihre Produktion zu drosseln. Sie machen weniger Gewinn oder sogar Verluste. Das kann dazu führen, dass Arbeitnehmer ihre Arbeitsstelle verlieren. Dadurch fehlt den privaten Haushalten Einkommen, sodass sie weniger konsumieren können.

Der einfache Wirtschaftskreislauf

In einem einfachen Modell des Wirtschaftskreislaufs stehen sich private Haushalte (Stätten des Verbrauchs) und Unternehmen (Stätten der Erzeugung) gegenüber.
Die privaten Haushalte stellen den Unternehmen Arbeitsleistungen zur Verfügung. Für diese Arbeitsleistung zahlen die Unternehmen Einkommen in Form von Löhnen und Gehältern.
Mit diesem Einkommen wiederum kaufen sich die Haushalte von den Unternehmen Konsumgüter oder Dienstleistungen.

Der Wirtschaftskreislauf stellt die Verbindung zwischen Geldströmen und Güterströmen dar. Der Geldstrom besteht aus den Einkommen und Konsum-Ausgaben der privaten Haushalte bzw. aus den Lohnzahlungen und Gewinnen der Unternehmen.
Im Güterstrom fließt der Produktionsfaktor Arbeit von den privaten Haushalten zu den Unternehmen und die Wirtschaftsgüter (Waren und Dienstleistungen) von den Unternehmen zu den Konsumenten.

Arbeitsaufgabe
Zeichne den Geldkreislauf gelb und den Güterkreislauf schwarz in das folgende Modell des einfachen Wirtschaftskreislaufs ein!

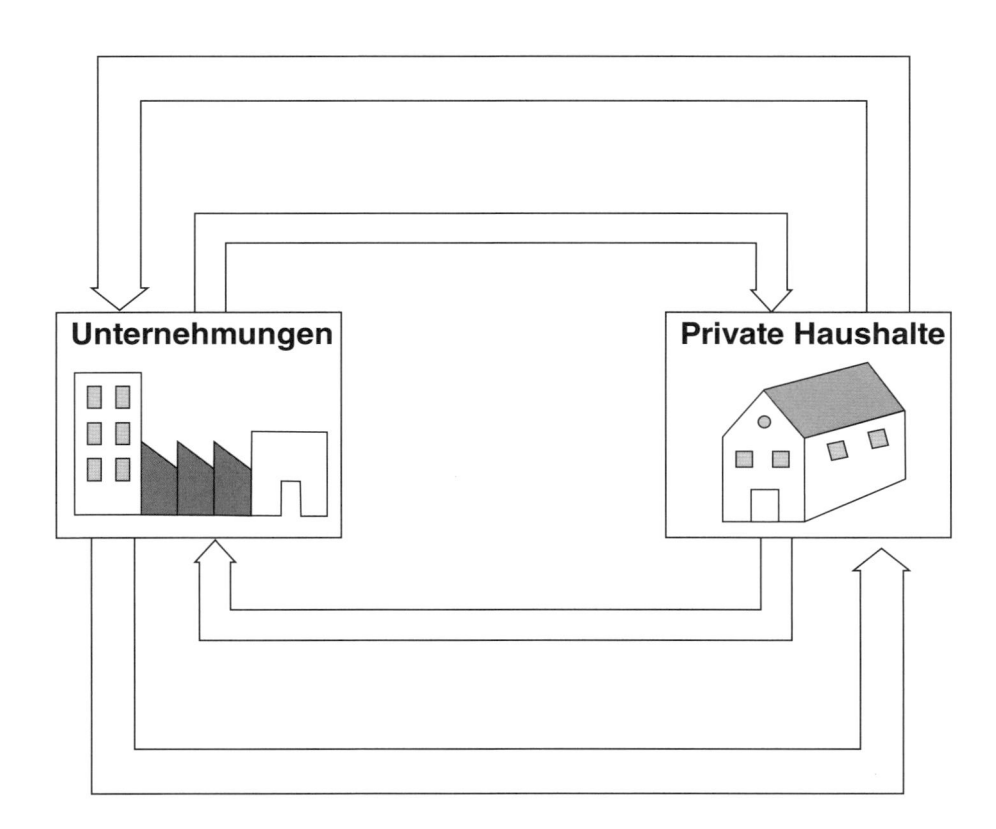

Legende:

Produktivgüter (Arbeit, Kapital, Boden)
Einkommen (Löhne und Gehälter)
Konsumausgaben (Ausgaben für Waren und Dienstleistungen)
Konsumgüter (Waren und Dienstleistungen)

Der erweiterte Wirtschaftskreislauf

Das Modell des einfachen Wirtschaftskreislaufs geht davon aus, dass die privaten Haushalte ihr gesamtes Einkommen für den Kauf von Konsumgütern ausgeben. Auch die Rolle der Banken wird in diesem Modell nicht berücksichtigt. Beides entspricht aber nicht der Wirklichkeit.

Die privaten Haushalte verwenden nur einen Teil ihres Einkommens für Konsumzwecke, einen anderen Teil sparen sie und bilden damit bei Banken Vermögen. Diese Gelder verwenden die Banken z. B. dafür, Kredite an Unternehmen zu gewähren, die diese für Investitionen benötigen.

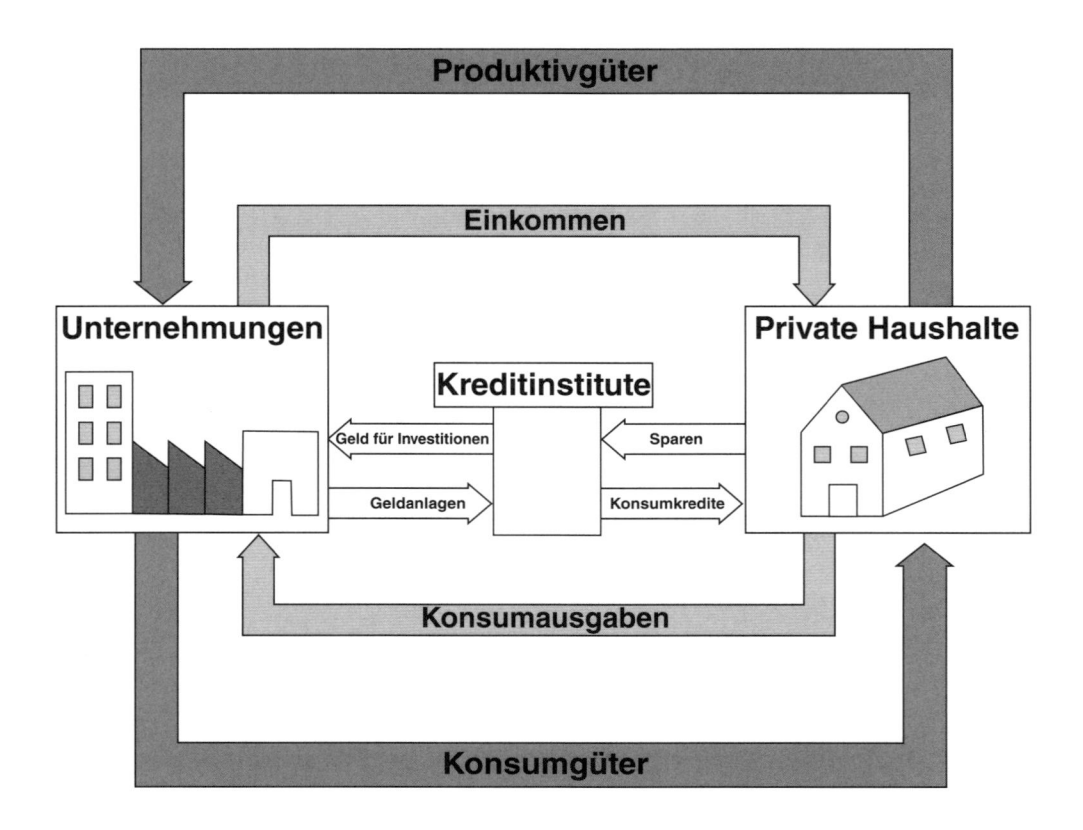

Legende:

Produktivgüter (Arbeit, Kapital, Boden)
Einkommen (Löhne und Gehälter)
Konsumausgaben (Ausgaben für Waren und Dienstleistungen)
Konsumgüter (Waren und Dienstleistungen)
Geld für Investitionen (Kredite, Förderungen)
Sparen (Vermögensbildung, Rücklagen)
Geldanlagen (Vermögensbildung, Rücklagen)
Konsumkredite (Ratenkauf, Finanzierungsangebote)

Der vollständige Wirtschaftskreislauf

Wenn neben den Kreditinstituten auch der Staat und das Ausland in das Modell einbezogen werden, ergibt sich das Konzept eines vollständigen Wirtschaftskreislaufs.

Der Staat beeinflusst den Wirtschaftskreislauf in mehrfacher Hinsicht. Einerseits nimmt er Steuern und Sozialabgaben von privaten Haushalten und Unternehmen ein, andererseits zahlt er Einkommen an die Privathaushalte und kauft bei Unternehmen ein.

Das Ausland beeinflusst den Wirtschaftskreislauf ebenfalls in mehrfacher Hinsicht. Von großer Bedeutung für den vollständigen Wirtschaftskreislauf ist Export und Import von Waren, Dienstleistungen und Kapital. Auch Arbeitsleistung im Ausland gehört dazu: Ein deutscher Arbeitnehmer z. B. kann zur Arbeit ins Ausland auspendeln, sein Einkommen fließt jedoch in den deutschen Wirtschaftskreislauf – und umgekehrt.

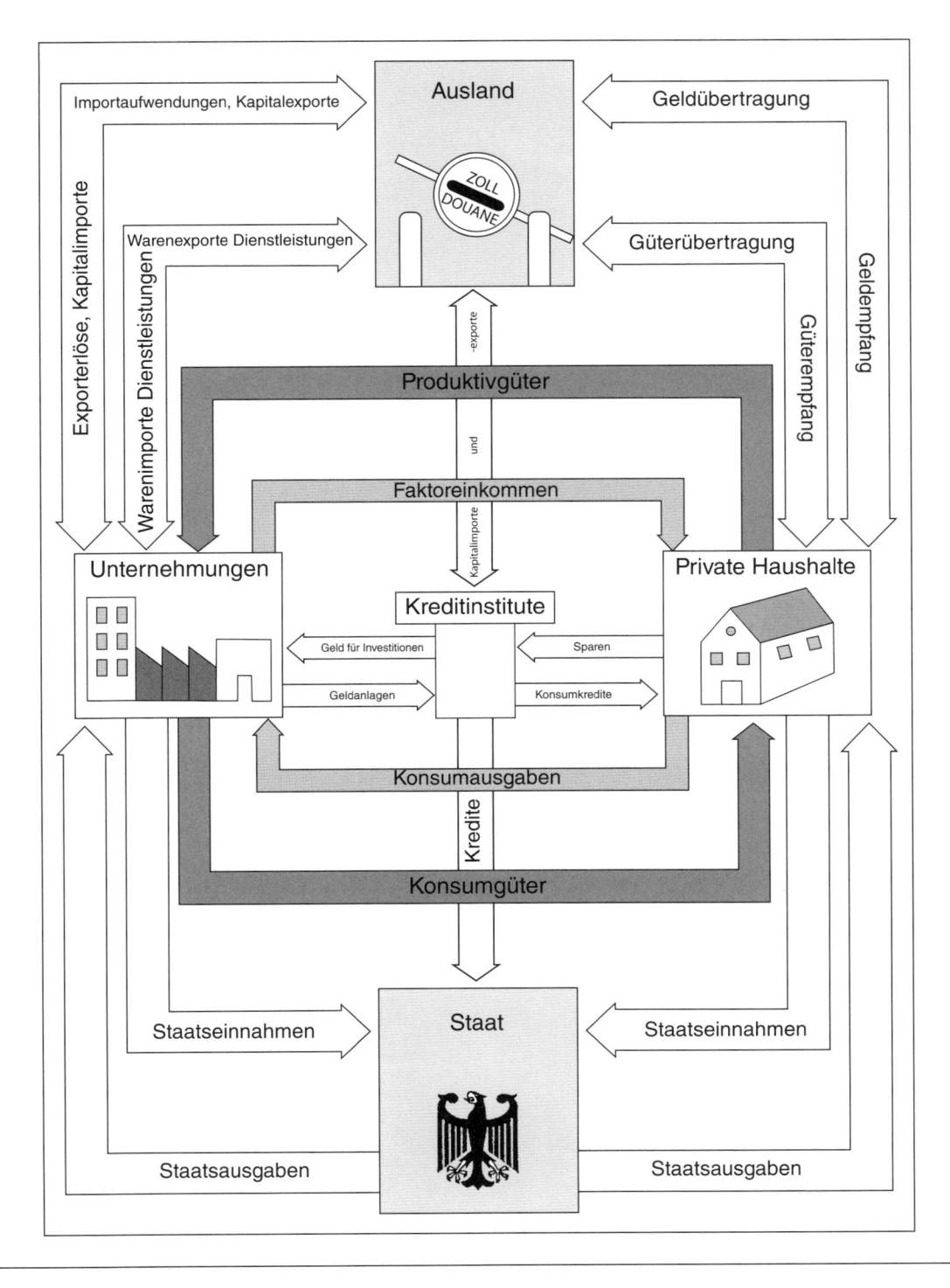

Auswirkungen auf den Wirtschaftskreislauf

Arbeitsaufgabe
Erläutere die Auswirkungen der hier dargestellten wirtschaftlichen Entwicklungen auf den Wirtschaftskreislauf!

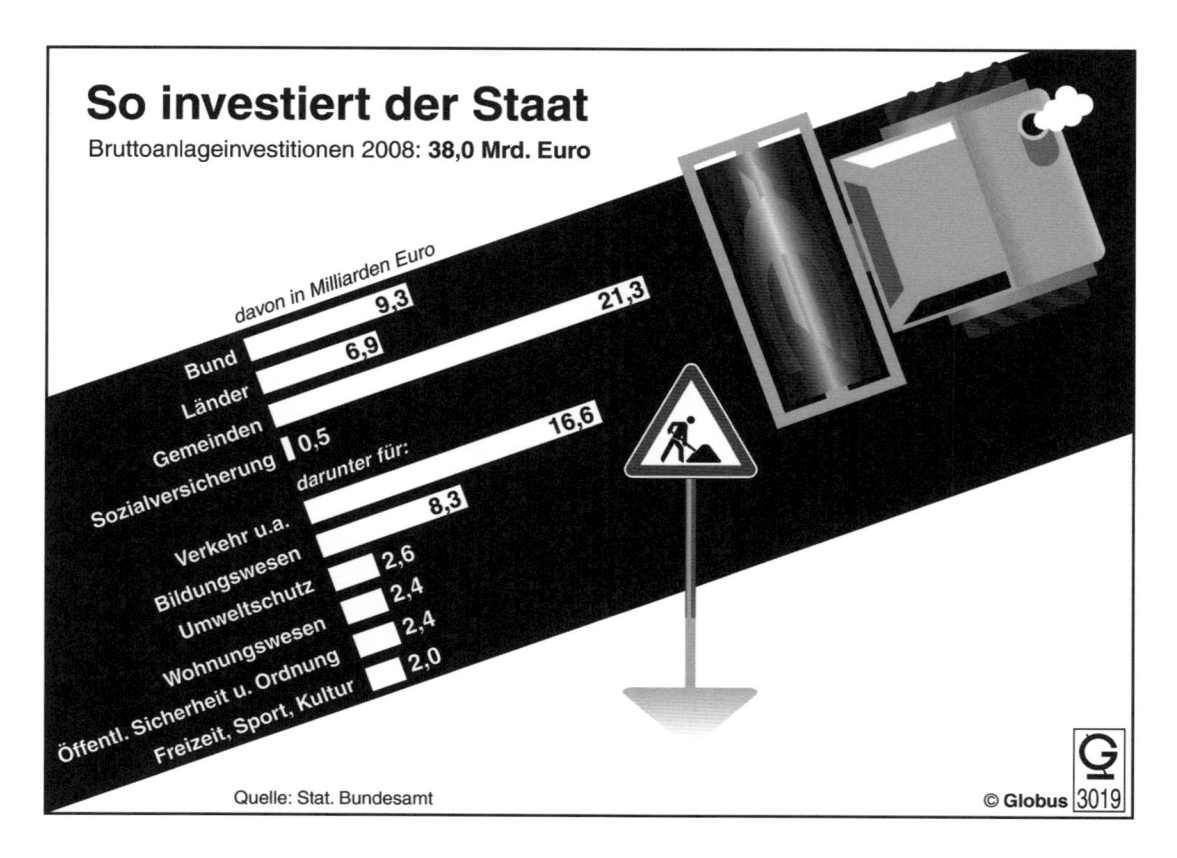

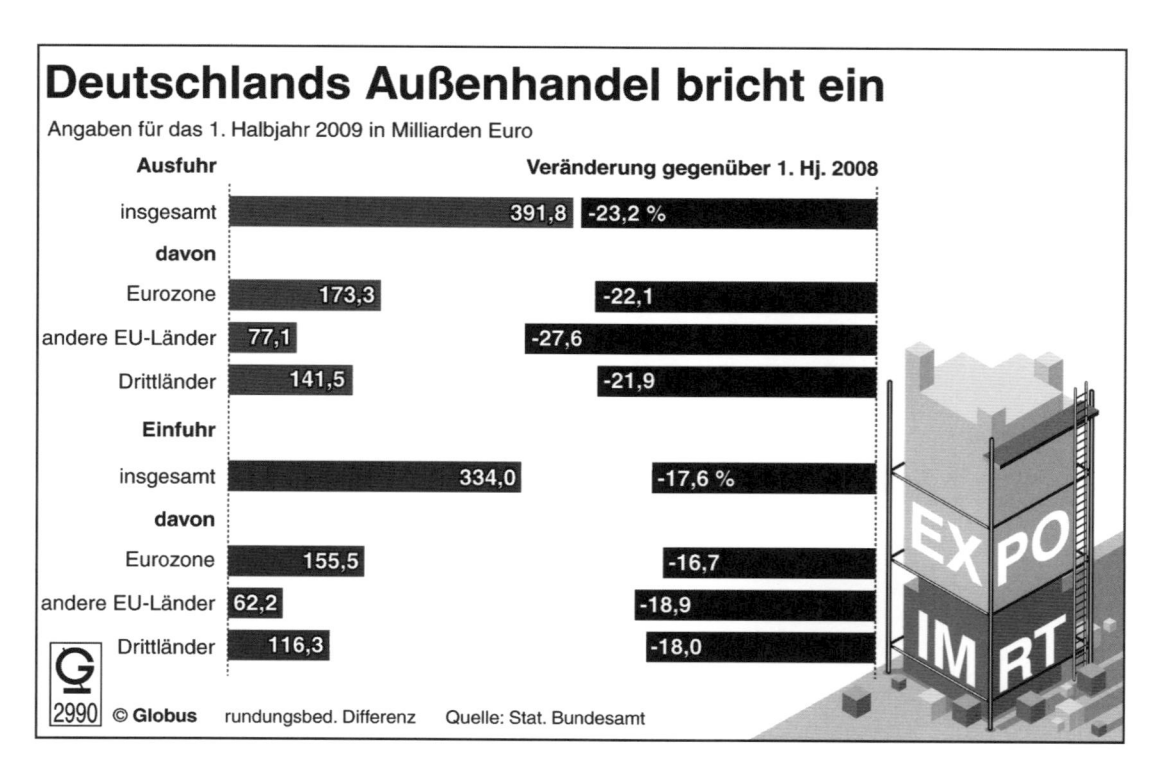

So investiert der Staat
Bruttoanlageinvestitionen 2008: **38,0 Mrd. Euro**

davon in Milliarden Euro
- Bund: 9,3
- Länder: 21,3
- Gemeinden: 6,9
- Sozialversicherung: 0,5

darunter für:
- Verkehr u.a.: 16,6
- Bildungswesen: 8,3
- Umweltschutz: 2,6
- Wohnungswesen: 2,4
- Öffentl. Sicherheit u. Ordnung: 2,4
- Freizeit, Sport, Kultur: 2,0

Quelle: Stat. Bundesamt
© Globus 3019

Deutschlands Außenhandel bricht ein
Angaben für das 1. Halbjahr 2009 in Milliarden Euro

	Ausfuhr	Veränderung gegenüber 1. Hj. 2008
insgesamt	391,8	-23,2 %
davon		
Eurozone	173,3	-22,1
andere EU-Länder	77,1	-27,6
Drittländer	141,5	-21,9
Einfuhr		
insgesamt	334,0	-17,6 %
davon		
Eurozone	155,5	-16,7
andere EU-Länder	62,2	-18,9
Drittländer	116,3	-18,0

© Globus 2990 rundungsbed. Differenz Quelle: Stat. Bundesamt

Klasse:	Datum:	Name:

Der einfache Wirtschaftskreislauf

In der Marktwirtschaft stehen sich die _____ (Stätten der Erzeugung) und die _____ (Stätten des Verbrauchs) gegenüber. Die privaten Haushalte stellen den Unternehmen _____ zur Verfügung. Diese beziehen _____ (Lohn oder Gehalt). Mit diesem Einkommen kaufen die privaten Haushalte _____ oder bezahlen _____.

Die Unternehmer brauchen, um Produkte oder Dienstleistungen anbieten zu können, die Arbeitsleistung der privaten Haushalte. Für diese zahlen sie Löhne und Gehälter, die für die Unternehmen _____ darstellen.

Die Konsumgüter werden von den Unternehmen an die privaten Haushalte verkauft, die Dienstleistungen ihnen angeboten. Die _____ hieraus fließen wieder den Unternehmen zu.

Arbeitsaufgabe
Erkläre anhand der Grafik den einfachen Wirtschaftskreislauf! Ergänze die Grafik durch Richtungspfeile und setze die folgenden Begriffe ein:

Unternehmen – private Haushalte – Güter/Dienstleistungen – Lohn/Gehalt – Arbeitsleistung – Preise für Güter/Dienstleistungen

.... Geldkreislauf   _____ Güterkreislauf

| Klasse: | Datum: | Name: |

Der einfache Wirtschaftskreislauf (Lösung)

In der Marktwirtschaft stehen sich die **Unternehmen** (Stätten der Erzeugung) und die **privaten Haushalte** (Stätten des Verbrauchs) gegenüber. Die privaten Haushalte stellen den Unternehmen **Arbeitskräfte** zur Verfügung. Diese beziehen **Einkommen** (Lohn oder Gehalt). Mit diesem Einkommen kaufen die privaten Haushalte **Konsumgüter** oder bezahlen **Dienstleistungen**.

Die Unternehmer brauchen, um Produkte oder Dienstleistungen anbieten zu können, die Arbeitsleistung der privaten Haushalte. Für diese zahlen sie Löhne und Gehälter, die für die Unternehmen **Kosten** darstellen.

Die Konsumgüter werden von den Unternehmen an die privaten Haushalte verkauft, die Dienstleistungen ihnen angeboten. Die **Erlöse** hieraus fließen wieder den Unternehmen zu.

Arbeitsaufgabe
Erkläre anhand der Grafik den einfachen Wirtschaftskreislauf! Ergänze die Grafik durch Richtungspfeile und setze die folgenden Begriffe ein:

Unternehmen – private Haushalte – Güter/Dienstleistungen – Lohn/Gehalt – Arbeitsleistung – Preise für Güter/Dienstleistungen

.... Geldkreislauf   _____ Güterkreislauf

Grafik:
- Oben: *Arbeitsleistung*
- *Lohn/Gehalt*
- Links: **Unternehmen**
- Rechts: **private Haushalte**
- *Preise für Güter/Dienstleistungen*
- Unten: *Güter und Dienstleistungen*

Otto Mayr: Geld- und Zahlungsverkehr · Best.-Nr. 504 © Brigg Pädagogik Verlag GmbH, Augsburg

Thema 11 Geld und Moral

Lernziele

Sich der Bedeutung des Geldes als Ausdruck gesellschaftlichen Erfolgs bewusst werden
Stellung nehmen zu gesellschaftlichen Entwicklungen, die das Thema Geld betreffen
Sich den Wert des Geldes für die eigene Person bewusst machen
Das Einkommen von Topmanagern, Spitzensportlern, Politikern kritisch werten
Sensibel werden für künftige finanzpolitische Entwicklungen
Den Aufruf des Bundespräsidenten verstehen
Das Thema Geld sachlich diskutieren

Medien

1 Folienvorlage (Zeitungsausschnitt), 8 Informationsblätter

Folienvorlage

BANKEN

Wirtschaftsminister gegen Grenzen bei Bonuszahlungen

Der Bundeswirtschaftsminister hat davor gewarnt, Bonuszahlungen für Bankmanager gesetzlich zu begrenzen.
Er sehe es höchst kritisch, dass manche Manager sich völlig hemmungslos bedienten. Er sei aber zurückhaltend, was das Eingreifen des Staates bei Bonuszahlungen angehe, sagte der Minister dem *Hamburger Abendblatt*. Er betonte: „Vieles auf diesem Feld ist international verflochten. Das kann man mit nationalen Regelungen nicht beeinflussen." *(ddp)*

I. Hinführung

Folie
(Zeitungsausschnitt)

TA: **Geld und Moral**

II. Erarbeitung

Unmoralische Einkommenshöhen
(Info-Blatt)

Arcandor-Chef Karl-Gerhard Eick erhält für ein halbes Jahr Arbeit 15 Millionen Euro – ohne dass der Konkurs der Firma abgewendet werden konnte.

Sportler-Einkommen
(Info-Blatt)

Anscheinend regt sich über hohe Sportlereinkommen niemand auf, nur über hohe Einkommen von Managern und Politikern.
Christiano Ronaldo verdient als derzeitig bestbezahlter Fußballer monatlich 13 Millionen Euro bei Real Madrid

Das Einkommen unserer Politiker
(Info-Blatt)

Für viele Menschen ist das Einkommen eines Politikers hoch, für manche eher niedrig zu bewerten.
Der Grund für öffentlichen Unmut ist die hohe Altersversorgung der Politiker.
Eine Lösung der Einkommensfrage bleibt offen.

III. Vertiefung

Köhler fordert mehr Verantwortung
und Moral
(Info-Blatt)

Der Bundespräsident fordert mehr Moral an den Finanzmärkten.
Was vielen abhanden gekommen ist, ist die Haltung:
„Das tut man nicht!"

IV. Ausblick

Zur Diskussion gestellt
(Info-Blätter)

V. Lösungen

S. 177:

1. Köhler wirft den Bankinstituten vor, sie hätten beim Umgang mit dem Risiko zunehmend Durchblick und Weitsicht verloren.
2. Sie hätten nur an den kurzfristig zu erzielenden Gewinn gedacht.
3. „Was vielen abhanden gekommen ist, das ist die Haltung: So etwas tut man nicht!"
4. „Es braucht einen starken Staat, der dem Markt Regeln setzt und für ihre Durchführung sorgt." Dazu mehr Information für die Bürger.

Unmoralische Einkommenshöhen – raffgierige Manager?

Karl-Gerhard Eick bekommt trotz der Arcandor-Pleite einen goldenen Handschlag in zweistelliger Millionenhöhe. Er sei nicht gierig, sagt er: Aber auch nicht blöd.

Anfang September 2009 hatte der Arcandor-Chef Karl-Gerhard Eick seinen letzten großen Auftritt als Chef des Handels- und Touristik-Konzerns. Im März 2009 holte die Bank Sal. Oppenheim den ehemaligen Finanzchef der Deutschen Telekom.
Er sollte den Konkurs des Unternehmens verhindern. Dafür garantierte diese Bank dem neuen Chef eine Summe von 15 Millionen Euro. Abwenden konnte Eick die Pleite des Konzerns allerdings nicht.

15 Millionen für ein halbes Jahr Arbeit ohne Risiko und ohne erkennbaren Erfolg?
Da empörte sich die Öffentlichkeit. Doch es war nicht nur die Summe selbst. Fast noch skandalöser war die Tatsache, dass Eick sich die Millionen garantieren ließ – unabhängig davon, ob er Erfolg haben würde oder nicht. Für eine solche Einstellung hat niemand Verständnis, vor allem nicht in Krisenzeiten. Eick sieht sich damit eingereiht zwischen die größten Management-Raffzähne.

„Ich bin nicht gierig, aber auch nicht blöd", versuchte Eick sich zu rechtfertigen.
Warum auch hätte er seine hoch bezahlte Telekom-Stelle verlassen sollen, wenn ihm nicht woanders ein größeres Einkommen ermöglicht worden wäre?

Aber nun hat er Zeit darüber nachzudenken, was er falsch gemacht hat. Sein Ansehen hat er eingebüßt. Ergänzend muss man feststellen, dass die Bank Sal. Oppenheim an der Pleite nicht schuldlos war. Denn die Vorstände garantierten Eick nicht nur 15 Millionen Euro Grundgehalt. Sie schrieben ihm auch in den Vertrag, dass er erst richtig abkassieren würde, wenn er das Unternehmen retten und es wieder im Wert steigen würde. Doch dieser Anreiz-Bonus war an den Kurs der Arcandor-Aktie gekoppelt. Bei einer Zerschlagung des Konzerns in die einzelnen Teile Karstadt, Primondo und Thomas Cook hätte der Konkurs vielleicht verhindert werden können, die Aussicht auf den Superbonus hätte Eick damit aber verspielt. Wahrscheinlich hielt er deshalb an der Aussicht auf eine Gesamtrettung fest.

Dass Eick jetzt seinen früheren Mitarbeitern ein Drittel der Summe spenden will, wird den einst hoch geachteten Finanzchef der Deutschen Telekom in der breiten Öffentlichkeit auch nicht rehabilitieren.

Arbeitsaufgaben
1. Kannst du das Verhalten des Spitzenmanagers verstehen?
2. Billigst du sein Verhalten?
3. Antworte ehrlich: Was hättest du an seiner Stelle gemacht?
4. Sind solch hohe Einkommen deiner Meinung nach vertretbar?

Sportler-Einkommen

Aus einem Internet-Forum:

Zu den Berichten über die Kritik der Bundeskanzlerin zu den Manager-Einkünften:
Es ist schon erstaunlich, wie man sich zur Zeit medienwirksam über die hohen Managergehälter und -abfindungen aufregt.
Diejenigen, die sich heute mehr oder weniger qualifiziert äußern, vergessen wohl, dass sie sich über einige ganz wenige Gehälter oder Abfindungen aufregen.
Die Mehrzahl der Führungskräfte in Deutschland verdient bestimmt nicht so viel, dass es gerechtfertigt ist, einen ganzen Berufsstand negativ darzustellen.
Dabei vergessen sie, dass dieser Berufsstand ganz wesentlich dazu beiträgt, dass die Wirtschaft zum Wohle aller, ich betone *aller*, erfolgreich arbeitet.

Über wahnsinnig hohe Sportler-Einkommen in fast allen Bereichen regt sich kaum jemand auf. Sind die Leistungen von Sportlern mit den Leistungen unserer Topmanager gleichzusetzen?
Finden Herr Köhler und Frau Merkel es richtig, dass auf diesem Feld mit Gehältern und Ablösesummen gearbeitet wird, die in keinem Verhältnis zur Leistung des Jeweiligen stehen? Doch hierüber zu reden ist nicht „wählerwirksam".

Im gönne jedem Manager sein Gehalt, genauso jedem Politiker. Bei den Politikern allerdings stimmen die Leistung und der Erfolg oft weniger als bei den ach so „gierigen Managern". Man sollte, wie es so schön heißt, erst einmal vor der eigenen Türe kehren.

Aus einem Zeitungsbericht vom 17. Juni 2009:

Mit Christiano Ronaldo wechselt im Sommer 2009 der bestbezahlte Fußballer von Manchester United zu Real Madrid. Der Portugiese, der für eine Rekordsumme von 94 Millionen Euro zu dem spanischen Spitzenverein wechselt, soll ca. 13 Millionen Euro im Jahr verdienen.

Arbeitsaufgaben
1. Was hältst du von der Meinung des Teilnehmers am Internet-Forum?
2. Sind die Einkommen von Sportlern in dieser Höhe gerechtfertigt?

Das Einkommen unserer Politiker

Es ist ein ewiger Konflikt. Auf der einen Seite die Bürger, die oft anklagen, die Politiker würden sich an Steuergeldern bereichern. Auf der anderen Seite die Politiker, die oft jammern, man würde ihnen überhaupt nichts gönnen und sie am liebsten aus dem Amt jagen, wenn ein Abendessen versehentlich falsch verbucht wurde.

Viele Menschen nehmen Politiker verzerrt wahr: Sie sollen für Wohlstand sorgen, die Bildung fördern, Deutschland optimal vertreten – nur kosten sollten sie am besten gar nichts. Dabei haben viele kaum eine Vorstellungen, was Politiker wirklich verdienen. Angela Merkel – immerhin die Bundeskanzlerin und somit die Verantwortliche für ein Volk von mehr als 80 Millionen Einwohnern – bekommt im Monat rund 16.900 Euro (Stand Oktober 2009) inklusive Ortszuschlag und Amtszulage. In ihrer Funktion als Abgeordnete erhält sie nochmals 6.735 Euro, zusammen also knapp 24.000 Euro.

Das ist für eine Reinigungskraft eine unfassbare Summe, für einen Topmanager liegt sie knapp über dem Sozialhilfeanspruch. Ist es also zu viel? Oder zu wenig? Und woran soll man das messen? An der Zahl der medienwirksamen Auftritte? An der Anwesenheit im Parlament?

Ein Großteil der Arbeit von Politikern spielt sich nicht vor laufenden Kameras ab, sondern im Büro, in Ausschüssen, Sitzungen und zu Hause im Wahlkreis.

Und wie überall gibt es auch bei den Politikern solche und solche: Diejenigen, die auch nach einem 14-Stunden-Tag noch fleißig Akten wälzen, und diejenigen, die sich im Plenarsaal und bei Arbeitskreisen rar machen.

„Meist arbeitet ein Minister 14 bis 16 Stunden pro Tag – auch am Wochenende." Als Experte für den Mittelstand kennt sich der CDU-Abgeordnete Michael Fuchs mit Gehältern in der Wirtschaft aus. „Der Geschäftsführer eines 100-Mann-Betriebes verdient in der Regel mehr als das Doppelte eines Ministers", sagt er. „Und jeder Direktor einer Kreissparkasse bekommt doppelt so viel wie die Kanzlerin". Fuchs hat daher wenig Verständnis für überzogene Kritik an den Abgeordneten-Diäten.

Das Leben eines Politikers bietet aber auch angenehme Seiten: Sei es das begehrte Ticket für die Fußball-WM, Erste-Klasse-Freifahrt in der Bahn oder Business-Class im Flieger. Auch die Kostenpauschale ist nicht zu verachten – 3.868 Euro, die man ohne Beleg einfach ausgeben kann.

Es ist jedoch das Privileg der Altersvorsorge, das die Gemüter am meisten bewegt. Wahr ist: Politiker erweben in relativ kurzer Zeit Ansprüche auf hohe Pensionen, ohne selbst dazu beitragen zu müssen. Wer z. B. vier Jahre Minister war, bekommt 3.567 Euro Rente, wer acht Jahre durchhält darf sich auf 4.798 Euro pro Monat freuen.

Angesichts des öffentlichen Unmuts streben einige eine Reform der Altersbezüge an, in Nordrhein-Westfalen gilt bereits eine neue Regelung. Hier zahlt jeder Abgeordnete monatlich 1.540 Euro selbst in einen Pensionsfonds ein und auch die Kostenpauschale wurde ersatzlos gestrichen. Als Ausgleich stiegen die Diäten auf knapp 10.000 Euro. Mit dieser Reform stehen einem Abgeordneten nun möglicherweise nach zehn Jahren Parlament nur 900 Euro Rente statt 1.900 Euro zu.

Die Kehrseite der Medaille: Schon heute fehlen oftmals in der Politik die Fachleute, weil diese für die beim Staat gezahlten Einkommen nicht arbeiten wollen.

„Wenn wir in der Politik und in den Spitzen der Verwaltung gute Leute haben wollen, dann müssen wir sie auch ordentlich bezahlen", sagt der Vorsitzende des Beamtenbundes. Fest steht: Wem es in erster Linie ums große Geld geht, für den ist der Job eines Ministers oder eines Abgeordneten nicht attraktiv genug. Zu wenig Geld für viel zu viel Arbeit!

Die Aussage hat ihren Grund: Politiker, die ihre Aufgaben ernst nehmen, haben wenig Zeit für lukrative Zusatzjobs. 80 Stunden pro Woche seien für ihn normal gewesen, sagt der SPD-Politiker Hans-Jochen Vogel. Freie Wochenenden? Von wegen! Da muss man sich neben der eigenen Familie um die Basis im heimischen Wahlkreis kümmern. Eine Lösung der Geldfrage ist nicht in Sicht!

Quelle: nach stern, Nr. 36/2009, S. 32 ff.

Was im Ministerium verdient wird

JOB/AMT	TITEL*	GEHALT/BESOLDUNG**in Euro
Minister	Minister	12 860
Staatssekretär	Staatssekretär	11 300
Abteilungsleiter	Ministerialdirektor	9 200
Unterabteilungsleiter	Ministerialdirigent	7 900
Referatsleiter	Ministerialrat	4 700–6 600
Pressesprecher	Ministerialrat/-dirigent oder Angestellter	4 700–7 900
Referent	Regierungsrat	3 400–4 400
Sachbearbeiter	Inspektor oder Angestellter	2 200–3 600
Sekretär des Referatsleiters	Sekretär oder Angestellter	1 800–2 300
Mitarbeiter der Poststelle	Oberamtsgehilfe oder Angestellter	1 400–1 900
Personenschützer des Ministers	Kommissar, Ober- oder Hauptkommissar	2 200–4 000

* Angestellte tragen keine Amtsbezeichnung
** gerundet, ohne Stellen-, Amts- und Familienzulagen

infografik Quelle: BKA, BMI

Köhler forderte schon im Jahr 2009 mehr Verantwortung und Moral

Angesichts der Wirtschafts- und Finanzkrise forderte der ehemalige Bundespräsident Horst Köhler die Bundesregierung eindringlich zur Geschlossenheit auf. In seiner Berliner Rede erinnerte er zudem Manager und Banker an ihre Verantwortung und forderte mehr Moral in den Finanzmärkten.

Zu viele Leute hätten mit viel zu wenig eigenem Geld riesige Finanzhebel in Bewegung gesetzt, sagte Köhler. „Auch angesehene deutsche Bankinstitute haben beim Umgang mit dem Risiko zunehmend Durchblick und Weitsicht verloren." Die meisten hätten nur auf den kurzfristig zu erzielenden Gewinn geachtet.

Warten auf Selbstkritik der Verantwortlichen

Es gehe dabei auch um die Fragen der Verantwortung und des Anstands, erklärte der Bundespräsident. „Was vielen abhanden gekommen ist, das ist die Haltung: So etwas tut man nicht. Bis heute warten wir auf eine angemessene Selbstkritik der Verantwortlichen. Von einer angemessenen Selbstbeteiligung für den angerichteten Schaden ganz zu schweigen."
Die Welt erlebe das Ergebnis unzureichender Aufsicht und von Risiko-Entscheidungen ohne persönliche Haftung. „Wir erleben das Ergebnis von Freiheit ohne Verantwortung."

Forderung nach einem starken Staat

Köhler verurteilte die schrankenlose Freiheit der Finanzmärkte und verlangte einen Markt mit Regeln und Moral: „Es braucht einen starken Staat, der dem Markt Regeln setzt und für ihre Durchsetzung sorgt." Die verunsicherten Bürger bräuchten mehr Information und Erklärung.

Mehr internationale Zusammenarbeit

Köhler rief weiterhin zu mehr internationaler Zusammenarbeit auf. „Sicherheit, Wohlstand und Frieden wird es auch in den Industrieländern dauerhaft nur geben, wenn mehr Gerechtigkeit in die Welt kommt", sagte er.

Quelle: dpa, AFP, apn, t-online.de

Arbeitsaufgaben
1. Was wirft Köhler den Bankinstituten vor?
2. Was wirft Köhler den Verantwortlichen vor?
3. Welche Haltung ist seiner Ansicht nach vielen Verantwortlichen abhanden gekommen?
4. Welche Forderungen stellt der Bundespräsident?

Zur Diskussion gestellt

Arbeitsaufgabe
Was ist deine Meinung zu diesen Aussagen?

Bankiers statt Banker: Lehren der Lehman-Pleite

Leitartikel von STEFAN STAHL: Vor einem Jahr brach eine zentrale US-Bank zusammen
sts@augsburger-allgemeine.de

Vor einem Jahr stand die Weltwirtschaft am Abgrund. Die Amerikaner ließen ihre damals viertgrößte Investmentbank Lehman Brothers pleitegehen, ein fataler Fehler, schließlich wurde dadurch rund um den Globus der Glaube an die Finanzwirtschaft erschüttert. Es bestand vorübergehend sogar die Gefahr, dass die Menschen ihren Banken das Vertrauen entziehen und in Panik Geld abheben. Der Kapitalismus wäre kollabiert, schlimmer noch als infolge des 1929 ausgebrochenen fundamentalen ökonomischen Erdbebens. Eine derartige Katastrophe konnte nur durch das mutige Eingreifen von Regierungen und Notenbanken verhindert werden.

Das Schlimmste scheint jetzt hinter uns zu liegen. Zaghaft macht sich Optimismus breit. Die Krankheit mit dem Namen Gier, die für das Finanzdesaster verantwortlich ist, befällt jedoch schon wieder die Kapitalmärkte. Der Lehman-Kollaps war nur das deutlichste Symptom dieses Leidens. Noch während Politiker über die Lehren aus der Krise debattieren, entwickeln unbelehrbare Banker neue, nicht minder giftige Finanzprodukte.

Allen Besserungsschwüren zum Trotz wird eine weitere Zocker-Party vorbereitet. Der frühere US-Notenbank-Chef Greenspan spricht davon, die nächste Krise sei unvermeidbar. In fatalistisch-philosophischer Manier attestiert er dem Menschen eine Neigung zu „spekulativen Exzessen". Er selbst hat die Gier mit seiner Politik ausschweifend niedriger Zinsen angeheizt. So wurde der Wahnsinn, dass sich Menschen in den USA Häuser gekauft haben, die dazu nicht in der Lage waren, möglich.

Aber auch die Politik der Deregulierung der früheren britischen Premierministerin Thatcher und des Ex-US-Präsidenten Reagan leisteten einen Beitrag zu dieser Mentalität des Risikos und der Bereicherung. Die Staaten haben sich zu sehr aus der Wirtschaft zurückgezogen und den Finanzmärkten ein unverantwortlich hohes Maß an Freiheit eingeräumt.

Hier müssen die Regierungen ansetzen, wenn sie zumindest erreichen wollen, dass der Kater nach der nächsten Feier der Gier weniger verheerend ausfällt. Es mag eine Warnung sein, dass die Krise allein jedem Deutschen einen Wohlstandsverlust von rund 3000 Euro beschert, wie Berechnungen des DIW-Instituts zeigen. Bürger, die sich von sogenannten Experten Lehman-Zertifikate andrehen ließen, stehen noch viel schlechter da. Sie und andere Opfer der Krise haben es verdient, dass sich die Finanzbranche besinnt und zu ihren ehrbaren Wurzeln zurückkehrt.

Wir brauchen mehr solide und langfristig denkende Bankiers als renditehungrige und mit hohen Bonuszahlungen verdorbene Banker.

Quelle: Augsburger Allgemeine, 15.09.2009

Ex-Banker fordert Millionen

Der Ex-Chef des maroden Immobilienfinanzierers Hypo Real Estate (HRE), Georg Funke, streitet eineinhalb Jahre nach seinem Rauswurf vor Gericht um sein Millionengehalt. Am heutigen Donnerstag will der 55-Jährige gegen die Kündigung klagen und rund 3,5 Millionen Euro Gehalt nachfordern. Sollte er gewinnen, müssten die Steuerzahler für die Millionenrechnung aufkommen, da die HRE inzwischen vollständig dem Staat gehört.

Dass Funke selbst bei dem Gerichtstermin erscheint, gilt als unwahrscheinlich. In dem sogenannten Urkundsprozess werden weder Zeugen noch Sachverständige gehört, sondern nur etwa der Arbeitsvertrag geprüft. Eine vorläufige Entscheidung ist direkt im Anschluss möglich. Funke sei nicht geladen und könne sich durch einen Anwalt vertreten lassen, sagte ein Sprecher des Gerichts.

Im Drama um die HRE spielte Funke im Herbst 2008 die Hauptrolle: Unter seiner Führung war die HRE fast kollabiert und musste mit Hilfe von mehr als 100 Milliarden Euro gerettet werden. Dass ausgerechnet er nun um Millionen streiten will, sorgte unter anderem bei Aktionärsschützern für Fassungslosigkeit. Funke stand seit der Gründung der HRE an der Spitze des Konzerns und wurde nach der knapp verhinderten Pleite entlassen, obwohl sein Arbeitsvertrag eigentlich noch bis zum September 2013 läuft. Sein darin vereinbartes Festgehalt beträgt laut Geschäftsbericht 800 000 Euro pro Jahr – und das Geld will er bis zum Ende der Laufzeit haben. Die HRE legt an diesem Freitag die Zahlen für das erste Quartal vor.

HRE steckt in den roten Zahlen

Der Konzern steckt noch immer tief in den roten Zahlen und sieht frühestens für 2012 eine Rückkehr in die Gewinnzone. Unter dem Strich häufte die HRE bis zum Jahresende 2009 ein Minus von rund 2,2 Milliarden Euro an. Auch Funkes Nachfolger Axel Wieandt sorgte für Schlagzeilen, als er Ende März überraschend seinen Posten räumte. Zu den Hintergründen hieß es lediglich, Wieandt habe wegen „unterschiedlicher Auffassungen bezüglich der Geschäftsleitung" zwischen ihm und dem Bankenrettungsfonds SoFFin seinen Rücktritt angeboten. Auch soll es unterschiedliche Vorstellungen über das Gehalt gegeben haben. Allerdings kann sich Wieandt auf eine stattliche Betriebsrente seines Arbeitgebers einstellen. Einem Bericht des Magazins Stern zufolge, stehen Wieandt vom 60. Lebensjahr an pro Jahr rund 237 000 Euro zu. Ein Sprecher der HRE verwies auf den jüngsten Geschäftsbericht der Bank, in dem die Zahlungen geregelt sind. (dpa)

Quelle: Augsburger Allgemeine, 6.5.2010

Arbeitsaufgaben
1. Wer ist Georg Funke?
2. Welche Forderung stellt Georg Funke?
3. Warum wurde er entlassen?
4. Was sorgte bei Aktionärsschützern für Fassungslosigkeit?
5. Welche Rolle spielen die Steuerzahler, sollte er den Prozess gewinnen?
6. Wie ist die Meinung zu dieser Forderung?

Und wie denkst du darüber?

Arbeitsaufgabe
Kreuze die deiner Meinung nach richtigen Aussagen an!

☐ Jeder Manager hat das Recht, Verträge abzuschließen, die ihm ein hohes Einkommen ermöglichen.

☐ Ob ein Manager einer Firma zu wirtschaftlicher Stärke verhilft oder ob sie pleite geht, ist für die Einkommenshöhe, die vertraglich garantiert ist, unerheblich.

☐ Ein Manager sollte nur dann viel verdienen dürfen, wenn es dem Unternehmen wirtschaftlich gut geht.

☐ Ein Manager sollte grundsätzlich für Verluste, die unter seiner Firmenleitung entstehen, haften.

☐ Ein Manager sollte nur für die Verluste haften, die er persönlich durch klare Fehlentscheidungen zu verantworten hat.

☐ Die Einkommenshöhe der Managergehälter müsste grundsätzlich an den wirtschaftlichen Erfolg des Unternehmens geknüpft sein.

☐ Für Sportler müsste es eine Einkommensgrenze geben.

☐ Sportler dürfen so viel verdienen, wie es ihnen durch Vertragsverhandlungen möglich ist. Die Gehälter werden letztlich durch die Vereine bezahlt und der Steuerzahler hat damit nichts zu tun.

☐ Politiker sollen für ihre Arbeit so entlohnt werden wie z. Zt. üblich.

☐ Politiker sollen für ihre Arbeit geringer entlohnt werden.

☐ Politiker sollen für ihre Arbeit höher entlohnt werden.

☐ Wir müssen unsere Politiker vernünftig entlohnen, sonst gehen „wirklich gute Leute" nicht mehr in die Politik, weil sie in der freien Wirtschaft deutlich mehr verdienen können. Der Politik würde es dann immer mehr an gutem Personal mangeln.

☐ Es ist moralisch nicht zu rechtfertigen, wenn der Chef einer Bank ein Millionengehalt einfordern will, obwohl er für die Pleite der Bank verantwortlich ist.

☐ Es ist völlig gleichgültig, ob er für die Pleite verantwortlich ist; es geht nur um den Inhalt seines Arbeitsvertrags.

☐ Der Chef der Bank müsste so viel Anstand besitzen, auf die Nachforderung seines Gehalts zu verzichten, nachdem er die Bank an den Rand des Ruins getrieben hat.

☐ Ich würde an Stelle des ehemaligen Bankenchefs genauso handeln und den Rest meines Gehalts einklagen, auch wenn es moralisch nicht gerechtfertigt ist.

☐ Der Gesetzgeber müsste hier klare Grenzen setzen.

Thema 12 | Planspiel Börse

Lernziele

Funktionsweise der Wirtschaft kennenlernen
Prinzipien des Marktes verstehen
Risiken abschätzen
Auswirkungen wirtschaftlicher Gegebenheiten auf den Aktienkurs beobachten
Fachbegriffe kennenlernen
Rollenverteilung vornehmen
Kommunikation einüben
Sich mit dem Thema Aktien vertraut machen

Medien

1 Folienvorlage (Börsenspiel), 7 Informationsblätter

Zusatz: www.boerse-frankfurt.de/boersenspiel
www.stiftunglesen.de/boerse
www.boerse-frankfurt.de
www.planspiel-boerse.com

Folienvorlage

I. Hinführung

Folie
(Planspiel Börse)

TA: **Planspiel Börse**

II. Die Aktienbörse

Die Börse – ein Marktplatz
(Info-Blatt)

Die Börse ist ein Markt, auf dem Aktien, Wertpapiere, Währungen, bestimmte Waren und Dienstleistungen gehandelt werden.
Präsenzbörse – Computerbörse

Die Aktie – Grundwissen
(Info-Blatt)

- Die Aktie als Form der Kapitalbeschaffung für Unternehmen
- Die Aktie als Möglichkeit der Geldanlage
- Der Kurs – der Preis für eine Aktie
- Der Börsenindex als Spiegelbild der Wirtschaft
- Börsensegmente und Aktienfonds

III. Planspiel Börse

Die Spielregeln in Kürze (Info-Blatt)

Teilnahmebedingungen (Info-Blatt)

Tipps für die Aktienanlage zum Planspiel Börse (Info-Blatt)

IV. Ablaufplan

- Anmeldung durch die Schule bei dem örtlichen Finanzinstitut
- Einführungsveranstaltung
- Gruppenorganisation (Sprecher, Sitzungen, Beschlüsse)
- Bestellung Handelsblatt
- Eröffnung des Depots
- Börsenspiel
- Abschlussbesprechung
- Auswertung (Zeitungsbericht, Schülerzeitung, Jahresbericht)

Die Börse – ein Marktplatz

In Deutschland gibt es sieben Börsenplätze: München, Stuttgart, Hannover, Düsseldorf, Frankfurt, Berlin und Hamburg. Hier werden vor allem Aktien gehandelt.
Das Geschehen an der Börse ist auch ein Spiegelbild der wirtschaftlichen Lage eines Landes.

Wenn sich die Abwicklung des Wertpapiergeschäftes im Börsensaal vollzieht, spricht man von der Präsenzbörse. Daneben gibt es den Handel über ein Computersystem. Hier laufen Kauf und Verkauf nicht über Personen, sondern vollelektronisch über einen virtuellen Handelsplatz. Der Vorteil: Kauf- und Verkaufsaufträge lassen sich auch außerhalb der Börse an jedem beliebigen Standort, z. B. von einer Bank aus, vornehmen.

Die Börse ist ein Markt, in dem Angebot und Nachfrage den Preis der Aktie bestimmen. Die entsprechenden Geldwerte werden nur umgebucht, es werden keine konkreten Aktien angeboten bzw. entgegengenommen.
Der Aktienkäufer kann sich auf die korrekte Abwicklung des Geschäftsvorgangs verlassen, denn der Handelsplatz „Börse" kennt genaue Regeln und Richtlinien.

Foto: Deutsche Börse Group/Uwe Nölke

Deutsche Börse in Frankfurt: Hier werden Werte gehandelt.

Die Aktie – Grundwissen

Die Aktie – Kapitalbeschaffung für Unternehmen

Wenn ein Unternehmen auf dem Weltmarkt konkurrenzfähig sein will, muss die Technik auf dem neuesten Stand sein, Maschinen und Geräte sollten ständig erneuert werden und es muss auf eine kontinuierliche Weiterbildung der Mitarbeiter geachtet werden. Dies alles kostet Geld. Zur Beschaffung dieser finanziellen Mittel gibt es grundsätzlich zwei Möglichkeiten:

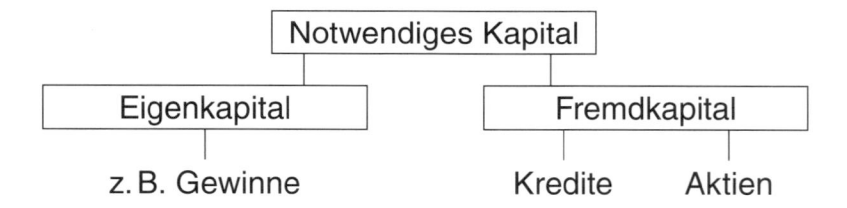

```
              Notwendiges Kapital
             /                   \
      Eigenkapital            Fremdkapital
           |                   /         \
      z. B. Gewinne        Kredite      Aktien
```

Entweder man nimmt die Gewinne des Unternehmens und finanziert damit die notwendigen Maßnahmen (Eigenkapital) oder die benötigten finanziellen Mittel müssen von außen kommen (Fremdkapital). Das Fremdkapital wiederum wird über die Form von Krediten beschafft oder das Unternehmen nutzt die Möglichkeit der Fremdfinanzierung über die Ausgabe von Aktien.

Das Unternehmen bietet Aktien auf dem Markt an und die Käufer finanzieren mit dem Geld, das sie in diese Aktien investieren, die Weiterentwicklung des Unternehmens.
Die Käufer investieren jedoch nur, wenn sie davon überzeugt sind, dass die Aktien eine Rendite abwerfen bzw. dass der Aktienwert steigt.

Die Aktie als Möglichkeit der Geldanlage

Aktien sind für Privatpersonen als Möglichkeit der Geldanlage überaus interessant.
Mit der Aktie erwirbt der Käufer einen Bruchteil eines Unternehmens und somit das Recht, an dem Gewinn teilzuhaben. Wenn ein Unternehmen Erfolg hat und Gewinne erzielt, so wird dieser in Form einer Dividende am Ende des Geschäftsjahres üblicherweise ausgezahlt. Natürlich können Gewinne auch zur Finanzierung von Investitionen verwendet werden.

Neben der Aussicht auf eine ordentliche Rendite möchte der Anleger natürlich auch, dass „seine" Aktie im Wert steigt und er beim Verkauf auf diesem Weg einen zusätzlichen Gewinn erzielt. Dabei unterscheidet man zwei Formen von Aktien:

Stammaktien sind die am meisten verbreitete Form. Der Aktionär hat das Recht auf Teilnahme an der jährlichen Hauptversammlung und auf die Dividende. Die ganze Bandbreite der Vorschriften regelt das Aktiengesetz.

Vorzugsaktien sind Wertpapiere, bei denen dem Aktionär gewisse Vorrechte eingeräumt werden. So gibt es z. B. Vorzugsaktien, die einen höheren Anspruch auf Dividende garantieren. Allerdings hat der Besitzer von Vorzugsaktien bei der Jahreshauptversammlung kein Stimmrecht.

Der Kurs – der Preis für eine Aktie

An der Börse treffen Angebot und Nachfrage für verschiedene Aktien zusammen. Je nachdem, ob Kauf- oder Verkaufsaufträge für eine Aktie überwiegen, verändert sich der Preis der Aktie nach unten oder nach oben.
Der Fachausdruck für den Preis einer Aktie ist der Kurs.

Der Markt entscheidet über den Kursverlauf:

Mehr Verkaufs- als Kaufaufträge → Der Kurs einer Aktie fällt.
Mehr Kauf- als Verkaufsaufträge → Der Kurs einer Aktie steigt.

Aktien als Geldanlage – Chancen und Risiken

Für Privatanleger sind die Aktien als Form der Geldanlage interessant, allerdings sind Aktiengeschäfte immer mit einem gewissen Risiko verbunden.
Risiken treten in verschiedenen Formen auf:

- Kursrisiko: Der Aktienkurs kann stark schwanken.
- Insolvenzrisiko: Wenn die Firma in Konkurs geht, kann das den Verlust des gesamten eingesetzten Kapitals bedeuten.
- Dividendenrisiko: Die Dividende kann gering ausfallen oder in ertragsschwachen Jahren auch ganz wegfallen.
- Börsencrash: Bei einem Börsencrash verlieren die Aktien in kürzester Zeit schnell an Wert, da viele Aktionäre ihre Aktien loswerden wollen – meist zu jedem Preis.

Der Börsenindex

Ein Index ist eine Durchschnittszahl zur Veranschaulichung der Kursentwicklung verschiedener Aktien. Aus einem Aktienindex kann man entnehmen, ob die Kurswerte gestiegen oder gefallen sind. Danach richtet sich manchmal die Kaufentscheidung.

Einige wichtige Indices (Mehrzahl von Index):

- Der DAX (= Deutscher Aktienindex) ist der wichtigste deutsche Aktienindex. Hier sind die 30 wichtigsten Aktienwerte zusammengefasst. Ein Auswahlkriterium für die Aufnahme in den DAX ist u.a. der Umsatz des Unternehmens.
- Der Dow-Jones-Index ist der wichtigste amerikanische Aktienindex. Hier sind die Kurswerte der 30 führenden Industrieunternehmen aufgelistet.
- Der TecDAX spiegelt den Technologiemarkt in Deutschland wider und ist ein Index für die 30 größten Technologieunternehmen unterhalb des DAX.

- Im MDAX sind die nach den DAX-Firmen folgenden 50 deutschen Unternehmen vertreten; Unternehmen mit mittlerer Börsenkapitalisierung.

Unter Börsenkapitalisierung versteht man die Anzahl der ausgegebenen Aktien multipliziert mit dem Kurswert.

Alle Börsenindices zusammen zeigen das Spiegelbild der aktuellen wirtschaftlichen Lage eines Landes. Bedeutende nationale und internationale Ereignisse wirtschaftlicher oder politischer Natur wirken sich sehr schnell auf den Kurs von Aktien aus.

ALLIANZ Versicherung (DE) ★★★☆

Go East!

+18,0 % seit Empfehlung

Die Allianz will ihre Expansion auf den wichtigsten asiatischen Märkten fortsetzen. Der deutsche Marktführer hat in China nun die Erlaubnis erhalten, sein Geschäft in weiteren Provinzen des Landes zu betreiben. Auch in Indien will der Versicherungsriese weiter wachsen. Vorstand Werner Zedelius betonte: „Für die geografische Expansion in Indien gibt es keine Grenze."

ISIN	DE0008404005	WKN	840 400
Kürzel	ALV Frankfurt	KGV 10e	8
Kürzel	– –	Marktkap.	37,1 Mrd. €
www.allianz.com		Videotext	n-tv 212

Ziel	Stopp	Akt. Kurs	Empf.-kurs	Performance
100,00 €	69,00 €	81,82 €	69,31 € 09.04.09	+18,0 %

Börsensegmente und Aktienfonds

An der Börse gibt es verschiedene Teilmärkte für Wertpapiere, sogenannte Börsensegmente. Dabei unterscheidet man drei Formen:

- Der Amtliche Handel ist durch strenge Zulassungsvoraussetzungen gekennzeichnet. Es dürfen nur Wertpapiere von seriösen Unternehmen gehandelt werden. Das Unternehmen muss mindestens drei Jahre bestehen, hohe Umsätze zeichnen und regelmäßig Bilanzen vorlegen.

- Der Geregelte Markt hat mildere Zulassungsvoraussetzungen. Hier sind Unternehmen zu finden, die die Voraussetzungen zur Zulassung zum Amtlichen Handel nicht oder noch nicht erfüllen.

- Im Freiverkehr gibt es keine besonderen Zulassungsvoraussetzungen. Hier entscheiden meist die Banken, ob sie die Aktien zum Handel zulassen oder nicht.

Der Anleger findet im Amtlichen Handel die größte Sicherheit. Eine weitere Möglichkeit, sein Geld relativ sicher anzulegen, bieten die Aktienfonds.
Konzept: Viele Menschen zahlen Geld ein. Der Fondsmanager kauft davon Aktien verschiedener Unternehmen. Vorteil: Das Risiko ist geringer, weil viele Aktien unterschiedlicher Unternehmen gekauft werden.
Ein weiterer Vorteil: Die Fonds werden von professionellen Geldanlegern verwaltet, die auf langjährige Erfahrung zurückblicken können.
Eine Garantie ist jedoch auch das nicht!

Planspiel Börse

Die Spielregeln in Kürze

- Das Planspiel Börse ist eine Initiative der Sparkassen-Finanzgruppe, die sich an Schüler von allgemein- und berufsbildenden Schulen wendet.
- Anmelden kann sich jede Schülergruppe, die von ihrer Sparkasse eine Depotnummer und ein Passwort bekommen hat.
- Nach der Anmeldung erfolgt die Freischaltung durch die Sparkasse und das Team erhält Zugang zu seinem Depot mit einem virtuellen Startkapital von 50.000 Euro.
- Zur Auswahl stehen 175 Wertpapiere, die über das Depot gehandelt werden können.
- Die Abrechnung der Depots erfolgt zweimal täglich (11.00 Uhr und 17.00 Uhr).
- Aufträge für Investmentfonds und festverzinsliche Wertpapiere werden nur einmal täglich um 17.00 Uhr abgerechnet.
- Bei den Abrechnungen werden erst die Verkäufe und dann die Käufe ausgeführt.
- Aufträge, die unvollständig, nicht plausibel oder mangels Kapital nicht ausführbar sind, werden zurückgewiesen.
- In ein Wertpapier können maximal 20.000 Euro investiert werden.
- Depots mit mehr als 500 Aufträgen werden disqualifiziert.
- Die Teams erhalten zur Spielmitte und zum Spielende Depotauszüge, weitere Zwischenbescheide werden jeweils zwei Wochen vor Spielmitte und Spielende erstellt.
- Teams, die bis zum vorletzten Tag, 10.45 Uhr, keine drei umsatzrelevanten Wertpapieraufträge erteilt haben, werden disqualifiziert und das Depot wird gesperrt.
- Gewonnen hat das Team, das zum Schluss den höchsten Depotwert oder den höchsten Ertrag mit nachhaltigen Wertpapieren erzielt hat.
- Der Depotinhalt muss zum Spielende nicht verkauft werden.

Quelle: www.planspiel-boerse.com

Planspiel Börse

Teilnahmebedingungen

- Am Planspiel können ausschließlich Spielgruppen teilnehmen, die im Besitz eines Depotausweises sind.
- Jede Spielgruppe muss aus mindestens zwei bis maximal acht Personen bestehen.
- Die Teilnehmer verpflichten sich, die im Rahmen des Planspiels Börse veröffentlichten Kurse und Nachrichten ausschließlich für private Zwecke zu nutzen. Eine gewerbliche Nutzung sowie aufgrund dieser Informationsgrundlage ausgesprochene Empfehlungen gegenüber Dritten sind nicht zulässig.

Ziel des Planspiels

Das Planspiel Börse ist ein Wertpapiertraining nach dem Prinzip des Learning by Doing. Es besteht grundsätzlich aus einer Mischung von Fiktion und Realität, bei der das Börsengeschehen in teilweise vereinfachter Form abgebildet wird. In Form eines Wettbewerbs versuchen die Teilnehmer, den fiktiven Wert ihres Depots durch geschickte Käufe und Verkäufe von Wertpapieren (die im zentralen Börsenspielcomputer in Höhe der realen Börsenkurse abgerechnet werden) bis zum Spielende möglichst zu erhöhen.

Depot und Spielkapital

- Für jede Spielgruppe wird ein Depot geführt, für das zu Beginn ein fiktives Startkapital von 50.000 Euro bereitgestellt wird.
- Die Spielgruppe teilt der Bank die Depot- und Teilnehmerdaten mit. Anschließend erfolgt die Freischaltung durch die Bank. Der Spielgruppenleiter erhält darüber eine Bestätigung per E-Mail.
- Das Spielkapital wird unverzinst im Depot mitgeführt. Eine Überziehung durch Teilnehmerorder ist nicht möglich.

PLANSPIEL BÖRSE **Team des AEG Oettingen machte in zehn Wochen über 3.500 Euro Gewinn**

Die Top Ten-Platzierungen

- **1. Platz:** Team „Zocker" (AEG Oettingen)
- **2. Platz:** „Aktien-Spekulatius" (Hans-Leipelt-Schule Donauwörth)
- **3. Platz:** „The8" (Knabenrealschule Heilig Kreuz Donauwörth)
- **4. Platz:** „GreenPeace" (Volksschule Oettingen)
- **5. Platz:** „No risk, no fun" (Mädchenrealschule St. Ursula Donauwörth)
- **6. Platz:** „Früchtis" (Ludwig-Bölkow-Schule Donauwörth)
- **7. Platz:** „Gummibärenbande" (Ludwig-Auer-Hauptschule Donauwörth)
- **8. Platz:** „Die Junkies" (Wirtschaftsschule Donauwörth)
- **9. Platz:** „G-Pommes" (Anton-Jaumann-Realschule Wemding)
- **10. Platz:** „Powerfrauen" (Gymnasium Donauwörth) (glori)

Quelle: K!ar.Text, Nr. 22/10, S. 34

Spielverlauf und Termine

- Das Spiel beginnt jeweils im Oktober und endet im Dezember eines Jahres. Aktuelle Termine können über www.planspiel-boerse.com abgerufen werden.
- Börsentage sind während dieser Zeit grundsätzlich alle Werktage von Montag bis einschließlich Freitag.

Quelle: www.planspiel-boerse.com

Tipps für die Aktienanlage zum Planspiel Börse

- Kaufen Sie nicht aufs Geratewohl, sondern setzen Sie sich zunächst mit den einzelnen Werten auseinander.
- Kaufen Sie nicht alles auf einmal, sondern verteilen Sie Ihre Käufe und Verkäufe zeitlich.
- Investieren Sie ausgewogen. D. h. wählen Sie Titel verschiedener Branchen aus.
- Konzentrieren Sie sich zunächst auf Titel, die Sie „kennen" und zu denen Sie dann in der Regel auch eine Meinung haben.
- Aufgrund der Unberechenbarkeit an den Aktienmärkten sollten Sie sich durchaus auch auf die „großen Player" konzentrieren.
- Schauen Sie auf den Trend (Kursverlauf) der ausgewählten Aktien. Sie können dauerhaft nur Gewinne erzielen, wenn der Trend (Kursverlauf) nach oben zeigt. „Gewinner" bleiben in aller Regel „Gewinner", „Verlierer" bleiben „Verlierer"!
- Arbeiten Sie durchaus mit Stopp-Loss-Aufträgen. TIPP: Halten Sie sich auch konsequent daran!!!
- Nur weil eine Aktie optisch niedrig bewertet ist, heißt das noch lange nicht, dass sie auch günstig ist.
- Betrachten Sie auch die konservativen, also die „langweiligen" Anlagemöglichkeiten. Kapitalerhalt ist ebenso wichtig! Sie können auch mit festverzinslichen Wertpapieren Kursgewinne erzielen. (wenn auch nicht in dieser Größenordnung)
Faustregel: Zinsen ↓ Kurse ↑ und umgekehrt

Quelle: Wertpapierabteilung Sparkasse Donauwörth, 2009

→ **Urkunde**
Planspiel Börse

12. Platz

beim 27. Planspiel Börse
der Sparkassen 2009

Spielgruppe

„Gummibärenbande"

Ludwig-Auer-Hauptschule
Donauwörth

Ŝ Sparkasse
Donauwörth

PLANSPIEL
BÖRSE

Otto Mayr: Geld- und Zahlungsverkehr · Best.-Nr. 504 © Brigg Pädagogik Verlag GmbH, Augsburg

Kleines Geld- und Wirtschaftslexikon

Aktie
Eine Urkunde, in der ein Miteigentumsrecht eines → Aktionärs an einer → Aktiengesellschaft verbrieft ist. Die Summe aller ausgegebenen Aktien stellt das Grundkapital einer Aktiengesellschaft dar.

Aktiengesellschaft (AG)
Eine mögliche Rechtsform für ein Unternehmen. Die Aktiengesellschaft beschafft sich durch die Ausgabe von → Aktien Eigenkapital. In einer Aktiengesellschaft treffen der Aufsichtsrat, → Vorstand und die → Hauptversammlung die wichtigen Entscheidungen.

Aktionär
Eigentümer einer Aktie und dadurch Miteigentümer an einer Aktiengesellschaft. Für die meisten Aktien gilt, dass jeder Aktionär pro Stück ein → Stimmrecht auf der → Hauptversammlung hat. Zudem hat der Aktionär ein Recht auf einen Gewinnanteil, die → Dividende.

Angebot
Ökonomisch versteht man unter dem Angebot die zum Tausch oder Verkauf offerierte Menge. Rechtlich stellt ein Angebot eine Willenserklärung zum Abschluss eines Vertrages dar. Vgl. → Nachfrage.

Arbeit
Arbeit dient dem Gelderwerb, der es wiederum ermöglicht, bestimmte Bedürfnisse wie z. B. nach Nahrung, Kleidung, Wohnung oder Urlaub zu befriedigen. Arbeit wird häufig mit Mühe, Last und Entbehrung verbunden, sie ist aber gleichzeitig Voraussetzung für die Erzielung individueller und gesellschaftlicher Vorteile und eines Fortschritts.

Arbeitslosenquote
Verhältnis aus der Anzahl der registrierten Arbeitslosen und der Zahl der abhängigen Erwerbspersonen. Unter abhängigen Erwerbspersonen versteht man Arbeiter, Angestellte, Beamte und die Arbeitslosen selbst, Selbstständige werden nicht berücksichtigt.

Arbeitslosenversicherung
Gesetzlich geregelte Einrichtung zum Schutz der Arbeitnehmer im Fall der Arbeitslosigkeit. Die finanziellen Beiträge zur Arbeitslosenversicherung werden vom Arbeitgeber und vom Arbeitnehmer je zur Hälfte aufgebracht.

Ausgaben
Barer oder unbarer Mittelabfluss bei privaten Haushalten, → Unternehmen oder beim → Staat; Gegensatz → Einnahmen.

Baisse
Meist länger andauernde Zeit von fallenden Wertpapierkursen an der Börse. Günstiger Zeitpunkt, um Wertpapiere zu einem guten Preis zu kaufen. Das Gegenteil ist die → Hausse.

Bank
Banken sind Dienstleistungsunternehmen, die → Geld verleihen (→ Kredit) und entgegennehmen, die bare und unbare Zahlungen ausführen, → Wertpapiere verwahren und Geld ihrer Kunden verwalten. Bankgeschäfte sind gesetzlich streng reguliert → Kreditinstitute.

Bankleitzahl
Die „Adresse" einer Bank, in Zahlen ausgedrückt, ähnlich der Postleitzahl. Sie wird für die Abwicklung des Zahlungsverkehrs benötigt.

Banknoten
Scheine, auf welchen ein bestimmter Betrag aufgedruckt ist. In der Euro-Währung gibt es Banknoten für 5, 10, 20, 50, 100, 200 und 500 Euro. Das alleinige Recht zur Ausgabe von Banknoten ist mit der Europäischen → Währungsunion von der → Deutschen Bundesbank auf die → Europäische Zentralbank übergegangen.

Bargeld
Gesetzliches Zahlungsmittel in Deutschland, das → Münzen und → Banknoten umfasst. Bargeld hat in verschiedenen Ländern eine unterschiedliche Form und durch Umtausch bei einer → Bank kann inländisches in ausländisches → Geld getauscht und wieder rückübertragen werden.

Bargeldloser Zahlungsverkehr
Bezeichnung für die Geldgeschäfte, die bargeldlos über die Banken abgewickelt werden. Dabei wird Geld von einem Konto auf ein anderes umgebucht, z. B. per → Überweisung oder → Lastschrift. Bares Geld wird nicht ausgetauscht.

Bärenmarkt (Bear-Market)
Im Gegensatz zum → Bullenmarkt erwartet man beim Bärenmarkt fallende Kurse.

beschränkt geschäftsfähig
Kinder und Jugendliche zwischen 7 und 18 Jahren gelten als beschränkt geschäftsfähig. Von ihnen abgeschlossene Kaufverträge haben allerdings im Rahmen ihres Taschengelds Gültigkeit („Taschengeldparagraf").

Börse
Handelsplatz, an dem beispielsweise bestimmte Güter oder Wertpapiere an- und verkauft werden. Je nach Waren oder Produkten unterscheidet man verschiedene Börsen. Spricht man von Börse, meint man zumeist den Handel mit Wertpapieren, obwohl es auch Waren- oder Produktenbörsen gibt. An die-

sen werden beispielsweise Güter wie Metalle, Getreide, Baumwolle, Gummi etc. gehandelt.

Börsen-Crash
Überraschender, plötzlicher Verfall der → Kurse. Der bekannteste Börsen-Crash fand am 25.10.1929 in den USA statt und gilt als Auslöser der darauf folgenden Weltwirtschaftskrise.

Boom
Hochphase der → Konjunktur; die maximale Leistungsfähigkeit der Wirtschaft ist erreicht. Der Boom bezeichnet eine der vier Phasen der zyklischen Bewegung der Konjunktur.

Broker
Englische Bezeichnung für Personen, die gegen Entgelt Geschäfte vermitteln (Makler). Insbesondere an den verschiedenen Börsen sind solche Makler zu finden (sog. Börsenmakler bzw. Kursmakler).

Bruttonationalprodukt
Wert aller Güter und Dienstleistungen, die in einem bestimmten Zeitraum von einer → Volkswirtschaft hergestellt bzw. erbracht wurden. Das Bruttonationalprodukt (BNP) dient zur Beurteilung der wirtschaftlichen Leistungsfähigkeit.

Buchführung
Systematische Erfassung aller Vorgänge, die sich aus den wirtschaftlichen Aktivitäten eines → Unternehmens ergeben.

Buchgeld
Mittel, die nicht bar, das heißt in Form von → Münzen oder → Banknoten, sondern als Guthaben auf einem → Konto gehalten werden. Buchgeld ist kein gesetzlich garantiertes, aber ein allgemein akzeptiertes Zahlungsmittel.

Bullenmarkt (Bull-Market)
Positive Stimmung der Börsenteilnehmer. Im Gegensatz zum → Bärenmarkt werden steigende Aktienkurse erwartet.

Dauerauftrag
Im Auftrag des Kontoinhabers wird regelmäßig von seinem Konto ein bestimmter Betrag zu einem bestimmten Termin auf ein bestimmtes Empfängerkonto überwiesen.

Dax
Kurzbezeichnung für Deutscher Aktienindex. Er spiegelt die Kursentwicklung von 30 ausgewählten, börsennotierten, deutschen → Aktien wider. Im DAX 100 sind 100 → Aktien vertreten.

Depot
Allgemeine Bezeichnung für die Aufbewahrung von (Wert-)Gegenständen bei Banken. Kauft man Wertpapiere, braucht man ein Depot, in dem diese geführt werden.

Deutsche Bundesbank
Die Deutsche Bundesbank verfügte, bis zu ihrer Ablösung durch die → Europäische Zentralbank, über das alleinige Recht zur Ausgabe auf Deutsche Mark lautende → Banknoten. Sie war verantwortlich für die Geldpolitik in Deutschland. Die Bundesbank stellt den → Banken → Kredite durch Ankauf von Wechsel (Diskontsatz) oder gegen die Verpfändung von Sicherheiten (Lombardsatz) zur Verfügung. Außerdem sichert sie die Abwicklung von Zahlungen zwischen Banken.

Devisen
→ Buchgeld in ausländischer → Währung.

Dispo, Dispositionskredit
Kredit, der auf einem Girokonto eingeräumt wird. Grundvoraussetzungen dafür sind die Volljährigkeit des Kreditnehmers und regelmäßige Geldeingänge. Im Gegensatz zum → Ratenkredit zahlt man beim Dispositionskredit nicht in festen Raten zurück, sondern muss selbst durch den nächsten Geldeingang für die Rückzahlung sorgen. In regelmäßigen Abständen prüft die Bank die Höhe des Dispos und entscheidet, ob er so beibehalten wird. Sie kann ihn allerdings auch erhöhen, verringern oder löschen.

Dividende
Gewinnanteil, der pro Aktie ausgegeben wird. Die → Hauptversammlung beschließt über die Höhe der Dividende.

Effekten
Handelbare Wertpapiere, → Aktien oder → festverzinsliche Wertpapiere. Aktien verbriefen ein Teilhaberrecht und ein Recht auf einen Gewinnanteil, festverzinsliche Wertpapiere ein Gläubigerrecht und das Recht auf einen Zinsanteil.

Effektiver Jahreszins
Tatsächliche Verzinsung, also inklusive der anfallenden Kosten, vgl. auch → Nominalzins.

Einkommen
Unter Einkommen versteht man die Mittel, die einer Person in einem bestimmten Zeitraum für selbstständige oder nicht selbstständige Arbeitstätigkeit zufließen.

Einnahmen
Barer oder unbarer Mittelzufluss bei privaten Haushalten, → Unternehmen oder beim → Staat; Gegensatz → Ausgaben.

Electronic Cash
Bargeldloses Bezahlen an der Kasse, beispielsweise mit einer ec- oder Kundenkarte.

Erlös
Die Anzahl der verkauften Güter multipliziert mit den jeweiligen Preisen.

Euro
Bezeichnung für die gemeinsame europäische → Währung.

eurocheque-Karte oder ec-Karte
Die ec-Karte erhält man erst, wenn man volljährig ist und regelmäßige Geldeingänge hat. Mit ihr kann man im In- und Ausland bargeldlos bezahlen und mit der PIN am Automaten Geld abheben.

Europäische Zentralbank
Am 01.01.1999 wurden umfassende Rechte der → Deutschen Bundesbank und zehn weiterer nationaler Notenbanken an die Europäische Zentralbank (EZB) übertragen. Durch die Zentralisierung der verschiedenen Aufgaben bei der EZB entstand aus vielen nationalen Währungsräumen (→ Währungsunion) ein einziger Währungsraum, mit für alle Mitglieder identischer und von der EZB verantworteter Geldpolitik. Zentrale Aufgabe der Europäischen Zentralbank ist die Sicherung der → Geldwertstabilität. Sitz der EZB ist Frankfurt am Main.

Expansion
Aufschwungphase der → Konjunktur, die eine zunehmende Leistungsfähigkeit der Wirtschaft beschreibt. Expansion bezeichnet eine der vier Phasen der zyklischen Bewegung der Konjunktur.

Export
Export bezeichnet die Ausfuhr von Waren oder Geld ins Ausland oder das Erbringen von Dienstleistungen im Ausland durch Inländer; Gegensatz → Import.

Festverzinsliche Wertpapiere
Auch Rentenpapiere genannt, anders als bei → Aktien erhält man feste Zinserträge.

Funktionen von Geld
Die wichtigsten Funktionen von Geld sind tauschen und Werte bewahren. Darüber hinaus dient es als Recheneinheit und macht dadurch Preise erst vergleichbar.

Fusion
Schließen sich zwei rechtlich selbstständige → Unternehmen zu einer rechtlichen Einheit zusammen, so spricht man von einer Fusion der Unternehmen.

Geld
Unsere Arbeitsdefinition lautet: Geld ist eine Vereinbarung in einer Gemeinschaft, etwas als Tauschmittel zu verwenden. Die klassische Ökonomie definiert Geld gewöhnlich nicht darüber, was es ist, sondern was es tut; d. h. nach seinen Funktionen. In diesem Sinne haben die konventionellen nationalen Währungen vier Funktionen. Erstens ermöglicht Geld Tauschbeziehungen zu vereinfachen (Tauschfunktion), zweitens kann der Wert jedes Gutes und jeder Dienstleistung in Geldeinheiten ausgedrückt werden (Rechenmittelfunktion). Drittens ermöglicht Geld, den Wert eines Gutes zu „konservieren" (Wertaufbewahrungsfunktion), vorausgesetzt es kommt nicht zu einer Geldentwertung (→ Inflation). Und viertens ist Geld ein gesetzliches, allgemein akzeptiertes Zahlungsmittel.

GeldKarte
Chip, der in der ec- oder Kundenkarte integriert ist und mit Geld (maximal 200 Euro) aufgeladen werden kann. Damit können zumeist kleinere Beträge z. B. im Parkhaus bargeldlos bezahlt werden.

Geldwertstabilität
Bleibt der Wert des → Geldes stabil, bedeutet dies, dass die Gütermenge, die man mit einer bestimmten Menge inländischen Geldes kaufen kann, über die Zeit konstant bleibt. Kann umgekehrt mit einer Einheit inländischer → Währung im Zeitablauf immer weniger gekauft werden, so sinkt der Wert des Geldes, es kommt zu einem Verlust der → Kaufkraft. Die Sicherung der Geldwertstabilität ist die wichtigste Aufgabe der Notenbank.

geschäftsfähig
Erst volljährige Personen, die weder geistesgestört noch entmündigt sind, sind voll geschäftsfähig. Von ihnen geschlossene Verträge besitzen uneingeschränkt Gültigkeit.

Gewinn
Übersteigen die → Erlöse die → Kosten wirtschaftlicher Aktivität, so liegt ein Gewinn vor; engl.: Profit; Gegensatz → Verlust.

Girokonto
Konto, über das bargeldlose Zahlungen abgewickelt werden, im Gegensatz zu → Sparkonten kann das Girokonto für Volljährige auch auf Kreditbasis geführt werden.

Gläubiger
Als Gläubiger wird eine Person oder ein → Unternehmen bezeichnet, welche(s) berechtigt ist, eine Leistung von einer anderen Person oder einem Unternehmen zu erhalten. Die Leistung kann z. B. in der Lieferung einer Ware oder eines Geldbetrages an den Gläubiger bestehen (Kreditor); Gegensatz → Schuldner.

Hauptversammlung
Die Gemeinschaft aller → Aktionäre, sie muss mindestens einmal jährlich einberufen werden. Auf der Hauptversammlung wird u. a. die Gewinnverteilung beschlossen.

Hausse
Zeitraum anhaltend steigender Wertpapierkurse, Gegensatz zu → Baisse.

Homebanking
Die Erledigung der Bankgeschäfte von zu Hause aus via Internet (→ Internet-Banking).

Import
Import bezeichnet die Einfuhr von Waren oder → Geld aus dem Ausland oder das Erbringen von Dienstleistungen im Inland durch Ausländer; Gegensatz → Export.

Inflation
Bezeichnung für die anhaltende Zunahme des allgemeinen Preisniveaus und des damit verbundenen Rückgangs der → Kaufkraft. Inflation entsteht dadurch, dass die Menge des vorhandenen Geldes stärker steigt als die Gütermenge. Somit ist dann für eine bestimmte gleichbleibende Sache immer mehr Geld aufzuwenden bzw. umgekehrt kann man mit einer Geldeinheit immer weniger dieser Sache kaufen. Es ist zwar mehr Geld da, man ist aber nicht wirklich reicher. Gemessen wird die Inflation durch einen periodischen Vergleich der Preise eines „Warenkorbes", der typische Waren und Dienstleistungen enthält. Vgl. auch → Geldwertstabilität.

Inflationsrate
In Prozent ausgedrückte Veränderung des allgemeinen Preisniveaus.

Internet-Banking
→ Online-Banking.

Investition
Investition im unternehmerischen Sinn bezeichnet die Anschaffung von Maschinen, die Einstellung neuer Mitarbeiter und alle weiteren Maßnahmen, die der Sicherung und Erhöhung des wirtschaftlichen Erfolges dienen.

Kaufkraft
Die Kaufkraft gibt an, welche Gütermenge mit einer bestimmten Geldmenge erworben werden kann → Geldwertstabilität.

Kapital
In der Volkswirtschaftslehre gebräuchliche Bezeichnung für den Produktionsfaktor, der Werkzeuge, Maschinen, maschinelle Anlagen und Bauten, welche alle für die Herstellung von Gütern Voraussetzung sind, umfasst. In der Betriebswirtschaftslehre wird das Vermögen eines Unternehmens, welches der Bilanz zu entnehmen ist, als Kapital bezeichnet.
Im engeren finanziellen Sinn stellt das Kapital eine Geldsumme dar, aus der man ein Einkommen beziehen kann. Die traditionellen Mittel zum Bezug dieses Einkommens sind Zinsen (Kreditvergabe) und Dividenden (Aktien). Im weiteren Sinne ist das Kapital eine Ressource, die das Leben verbessert. Dabei lassen sich folgende Arten von Kapital unterscheiden: Geldkapital, Sachkapital (Produktionsmittel wie Gebäude und Ausstattung), geistiges Kapital (z. B. Patente), soziales Kapital und natürliches Kapital. In neuerer Zeit wird das Wissen auch als eine Art des Kapitals, als sogenanntes Humankapital, angesehen.

Kontoauszug
Informiert über den aktuellen Kontostand des (Giro-) Kontos. Angezeigt wird der alte Kontostand, der sogenannte alte Saldo. Des Weiteren sind Einnahmen und Ausgaben verzeichnet und als Resultat der neue Kontostand oder Saldo. Üblicherweise zum Ende eines Vierteljahres führt die Bank einen Rechnungsabschluss durch. Wenn man dem nicht innerhalb von sechs Wochen widerspricht, erkennt man den Abschluss rechtlich an.

Konjunktur
Die Veränderung volkswirtschaftlicher Größen wie z. B. des → Bruttonationalprodukts oder der → Arbeitslosenquote im Zeitablauf wird als Konjunktur bezeichnet. Dabei wird unterstellt, dass die Schwankungen zyklisch in Wellenbewegung um einen Trend erfolgen. Dieser sogenannte Konjunkturzyklus wird in vier Phasen unterteilt: → Expansion (Aufschwung), → Boom (Hochphase), → Rezession (Abschwung), Depression (Tiefstand).

Konkurrenz
Intensiver Wettbewerb.

Konkurs
Moderne Form von Bankrott. Kann ein → Unternehmen die Zahlungsverpflichtungen an seine → Gläubiger nicht mehr erfüllen oder sinkt der Wert eines Unternehmens unter eine kritische Grenze, so muss Konkurs angemeldet werden, d. h., die Zahlungsunfähigkeit muss gerichtlich offenbart werden. Daraufhin werden durch Verkauf des Vermögens die Schulden (teilweise) beglichen.

Konto
Als → Girokonto bei einer → Bank geführtes Verzeichnis zur Erfassung aller wertmäßigen Veränderungen, vor allem des Geldeingangs und -abgangs. Darüber hinaus werden aber auch bei → Unternehmen oder beim → Staat Veränderungen von Beständen bzw. Werten auf Konten erfasst. Neuerdings gewinnen sogenannte Zeitkonten zunehmend an Bedeutung. Hier werden Überstunden gutgeschrieben, die dann als Freizeit aufgebraucht werden können.

Kosten
Finanzielle Aufwendungen für wirtschaftliche Aktivität wie z. B. die Herstellung von Waren. Vgl. auch → Erlöse.

Kredit
Zeitliche Überlassung von Geld gegen Zinsen. Je nach Laufzeit und Art der Rückzahlung werden unterschiedliche Kredite vergeben, → Dispositionskredit, Ratenkredit.

Kreditkarte
Mit der Kreditkarte kann man bei Vertragspartnern, die dem Kartensystem angeschlossen sind (Hotels, Tankstellen usw.), per Unterschrift bezahlen. Um eine Kreditkarte zu erhalten, muss man volljährig sein und ein bestimmtes Mindesteinkommen beziehen. Die Beträge werden in der Regel erst zu einem späteren Zeitpunkt per → Lastschrift vom Girokonto abgebucht.

Kreditgeber
Derjenige, der einen Kredit gewährt → Gläubiger.

Kreditinstitut
Oberbegriff für → Banken, Sparkassen, Girozentralen u. a. m.

Kreditnehmer
Derjenige, der einen Kredit aufnimmt → Schuldner.

Kunden- oder Servicekarte
Mit der Kunden- oder Servicekarte kann man am Automaten Geld abheben und Kontoauszüge ausdrucken lassen. Voraussetzung für solch eine Karte ist ein → Girokonto.

Kurs
Preis für einen Wertgegenstand, wie z. B. eine →Aktie. Der Kurs bildet sich durch → Angebot und → Nachfrage (Angebots- und Nachfragefunktion). Je standardisierter der Markt ist, auf dem ein Wertgegenstand angeboten wird, und je mehr Anbieter und Nachfrager am Handel teilnehmen, desto transparenter sind die Kurse.

Lastschrift
Regelmäßige, aber unterschiedlich hohe Beträge kann man innerhalb des → bargeldlosen Zahlungsverkehrs mit einer Lastschrift bezahlen. Dazu erteilt man dem Zahlungsempfänger die Erlaubnis, einen fälligen Rechnungsbetrag vom Girokonto abbuchen zu lassen (Einzugsermächtigung). Falls jemand unbefugt Geld abbuchen lässt, sollte man möglichst innerhalb von sechs Wochen bei seiner Bank widersprechen und den Betrag zurückbuchen lassen.

Management
Englische Bezeichnung für Führungskräfte, d. h. die Personen, die anderen innerhalb eines → Unternehmens Weisungen erteilen dürfen.

Markt
Ort, an dem → Angebot und → Nachfrage aufeinander treffen und wo sich dann der Preis bildet. Ein Markt kann durch das physische Aufeinandertreffen von Anbietern und Nachfragern gekennzeichnet sein, so z. B. auf einem Viehmarkt. Durch den Einsatz und Fortschritt moderner Kommunikationstechnik läuft das Marktgeschehen aber immer häufiger virtuell ab, wie z. B. an der → Börse.

Marktanteil
Relativer eigener Anteil am gesamten → Markt oder im Vergleich zum größten Konkurrenten. Als Messkriterium für den Marktanteil kann z. B. der → Erlös oder der Marktwert herangezogen werden.

Mindestreserve
Unter Mindestreserve versteht man die Bestände an finanziellen Mitteln, die von → Banken auf deren → Konto bei der Notenbank zu halten sind. Die Verpflichtung zur Haltung einer solchen Reserve dient der Sicherstellung, dass die Banken immer über genügend → Geld verfügen, um die → Nachfrage nach Geld zu befriedigen. In den USA erhielt die Notenbank ihren Namen aus dieser Reservehaltungspflicht (Federal Reserve Bank).

Monopol
Als Monopol wird eine Marktform verstanden, bei der entweder das → Angebot oder die → Nachfrage von einem einzigen Wirtschaftssubjekt ausgeht und somit ein großer Einfluss des Monopolisten auf die Preise besteht; Gegensatz: Vollkommene Konkurrenz.

Münzen
Münzgeld wird in Kurant- und Scheidemünzen unterschieden. Während bei Kurantmünzen der Metallwert und der aufgedruckte Betrag in Geldeinheiten übereinstimmen, liegt der aufgedruckte Wert von Scheidemünzen zum Teil erheblich über dem Metallwert.

Nachfrage
Ökonomisch versteht man unter der Nachfrage die Menge, die man zu erwerben oder zu tauschen bereit ist. Generell bezeichnet der Begriff Nachfrage die Absicht, eine Ware, Dienstleistung o. Ä. zu tauschen oder zu kaufen. Vgl. → Angebot.

Nasdaq
→ Börse in den USA, an der vor allem → Aktien von → Unternehmen aus dem Bereich Informationstechnologie, Biotechnologie, Medien gehandelt werden.

Natural- oder Sachgeld
Gegenstände oder Lebewesen wie z. B. Salz, Muscheln, Vieh oder Getreide, die vor der Erfindung von Münzen und Scheinen als Zwischentauschmittel eingesetzt wurden.

Naturaltausch
Der direkte Tausch von Gütern des täglichen Bedarfs: Fisch gegen Brot, Brot gegen Ziegel usw.

Nominalzins
Meist jährlich genannter Zinssatz ohne Berücksichtigung von Kosten, vgl. auch → effektiver Jahreszins.

Online-Banking
Zugriff auf Konten und Depots mittels elektronischer Geräte, wie z. B. PC, Laptop, PDA, Set-Top-Box, Mobiltelefon.

PIN, persönliche Identifikationsnummer
Geheimnummer zum Schutz vor:

- unberechtigtem Zugang zu Konten und Depots (beim Online-Banking)
- unbefugter Benutzung von Sicherheitsmedien (z. B. Chipkarte für Online-Banking)
- unbefugter Benutzung von Kunden-, ec- und Kreditkarten
- unbefugter Benutzung von mobilen Endgeräten (z. B. PDA, Handy)

Die PIN sollte möglichst nicht notiert werden! Den PIN-Brief niemals zusammen mit dem zu schützenden Gut (z. B. Chipkarte) aufbewahren.

Ratenkredit
Im Gegensatz zum → Dispositionskredit hat der Ratenkredit eine vereinbarte Laufzeit mit festen Rückzahlungsraten. Grundvoraussetzungen sind auch hier die Volljährigkeit des Kreditnehmers und regelmäßige Einkünfte.

rechtsfähig
Mit Vollendung der Geburt ist man rechtsfähig, ist „Träger von Rechten und Pflichten". Einige Unternehmen, beispielsweise Aktiengesellschaften, sind von ihrem Status her rechtsfähig, andere werden es durch einen Eintrag in ein Register, z. B. Vereine.

Rendite
Kennzahl, die, im Nachhinein betrachtet, den Erfolg aus wirtschaftlicher Aktivität ins Verhältnis zu anderen Größen wie dem → Umsatz oder dem eingesetzten → Kapital setzt und somit Aufschluss über den erzielten relativen Erfolg gibt. Vorab kann die (erwartete) Rendite als Anhaltspunkt für den Vergleich verschiedener Verwendungsmöglichkeiten von finanziellen Mitteln dienen.

Rezession
Abschwungphase der → Konjunktur; die Leistungsfähigkeit der Wirtschaft sinkt.

Sorten
→ Banknoten und → Münzen in ausländischer → Währung.

Soziale Marktwirtschaft
Im Rahmen einer Sozialen Marktwirtschaft greift der Staat vermehrt in den Wirtschaftsprozess ein, um bestimmte Ergebnisse, die von verschiedenen Interessengruppen gefordert werden, sicherzustellen. Die Folge ist ein komplexes Geflecht aus staatlicher Beschaffung und Umverteilung finanzieller Mittel, dem Einfluss verschiedenster Interessenverbände auf die Politiker und staatlicher Eingriffe in das Wirtschaftsgeschehen.

Schuldner
Als Schuldner wird eine Person oder ein → Unternehmen bezeichnet, welche(s) verpflichtet ist, eine Leistung zu erbringen.

Sparkonto
Im Gegensatz zum → Girokonto dient das Sparkonto der Vermögensbildung und -anlage und wird nur auf Guthabenbasis geführt.

Sparbuch
Das Sparbuch gibt Auskunft über das bei einer → Bank verfügbare Guthaben. Es wird mit einem von der Bank festgelegten → Zinssatz verzinst und dient der Ansammlung von Vermögen.

Sparen
Sparen bedeutet die Ansammlung von Vermögen durch Nichtkonsum von Teilen des → Einkommens. Die gesparten finanziellen Mittel könen wiederum für wirtschaftliche Aktivitäten (→ Investition) verwendet werden, indem → Banken → Geld, das z. B. auf einem → Sparbuch zur Verfügung gestellt wurde, an → Unternehmen weitergeben, damit diese → Gewinne erwirtschaften.

Spekulation
Begriff für Geschäfte, die auf die Erzielung eines → Gewinns gerichtet sind, wobei zur Gewinnerzielung ein Risiko, d. h. die Gefahr des Scheiterns, eingegangen wird. Es ist entscheidend, auf welcher Grundlage eine Spekulation eingegangen wird und ob Risiko und → Gewinn in einem angemessenen Verhältnis stehen.

Spekulationssteuer
Gewinne, die aus spekulativen Geschäften stammen, unterliegen einer Spekulationssteuer. Das deutsche Steuergesetz gibt eine detaillierte Aufzählung von Geschäften, deren → Gewinne zu versteuern sind und welche Mindestzeiträume und -gewinne maßgeblich sind.

Staat
Der Staat umfasst allgemein Bund, Länder und Gemeinden und stellt in der Volkswirtschaftslehre ein Wirtschaftssubjekt dar, dessen wirtschaftliche Aktivitäten sich im Staatshaushalt widerspiegeln. Dem Staat obliegen bestimmte hoheitliche Aufgaben, zu

deren Erfüllung die Staatsausgaben zur Verfügung stehen und die durch Staatseinnahmen oder → Staatsverschuldung finanziert werden.

Staatsverschuldung
Die Staatsverschuldung gibt wertmäßig über die Höhe der Schulden des → Staates Auskunft. Übersteigen die Staatsausgaben die → Einnahmen, so ist die Differenz durch eine zusätzliche Staatsverschuldung auszugleichen.

Steuern
Geldleistung an den → Staat, die keinen direkten Anspruch auf Gegenleistung beinhaltet. Mit dem gesamten Steueraufkommen finanziert der Staat die → Ausgaben, ohne dass eine Zahlung an den Staat einer Leistung vom Staat exakt zuzuordnen ist.

Stimmrecht
Jeder → Aktionär hat in der Regel pro → Aktie eine Stimme bei der → Hauptversammlung. Der Aktionär kann das Stimmrecht entweder selbst ausüben oder es durch eine schriftliche Vollmacht weitergeben.

Subvention
Staatliche Unterstützungszahlungen an → Unternehmen.

TAN
Transaktionsnummer, erhält man von der Bank, um in Verbindung mit einer separaten PIN über das Internet sicher Bankgeschäfte erledigen zu können.

Taschengeldparagraf
Er berechtigt Kinder und Jugendliche im Alter von 7 bis 18 Jahren dazu, im Rahmen ihres Taschengeldes ohne das Einverständnis ihrer Eltern Geschäfte zu tätigen. Bei Einkäufen, die das Taschengeld überschreiten, können Eltern den Kaufvertrag rückgängig machen.

Tauschwirtschaft
Eine reine Tauschwirtschaft, die auch als Naturaltauschwirtschaft bezeichnet wird, ist dadurch gekennzeichnet, dass eine Ware oder eine Dienstleistung direkt gegen eine andere Ware oder Dienstleistung getauscht wird. Entscheidend ist dabei, dass Leistung und Gegenleistung in einem für die Tauschpartner angemessenen Verhältnis stehen. Diese Tauschaktivität wird durch → Geld wesentlich vereinfacht.

Telefonbanking
Erledigen der Bankgeschäfte per Telefon.

Überweisung
Auf Grund eines Zahlungsauftrags wird innerhalb des → bargeldlosen Zahlungsverkehrs einmalig Geld von einem Konto auf ein anderes Konto transferiert.

Umsatz
→ Erlös

Unternehmen
Oberbegriff für wirtschaftliche Einheiten, in denen in der Regel mehrere Personen zur Erzeugung von Waren oder Dienstleistungen zusammenarbeiten.

Verlust
Übersteigen die → Kosten die → Erlöse wirtschaftlicher Aktivität, so liegt ein Verlust vor; engl.: Loss; Gegensatz → Gewinn.

Vertragsrecht
Verträge können grundsätzlich nur zwischen volljährigen Personen abgeschlossen werden. Die Handlung Kaufen fällt unter das Vertragsrecht. Daher sind Jugendliche unter 18 hier nur → beschränkt geschäftsfähig.

Volkswirtschaft
Die Gesamtheit aller wirtschaftlichen Einrichtungen und Aktivitäten innerhalb eines Staatsgebietes wird als Volkswirtschaft bezeichnet.

Vorstand
Geschäftsführendes Organ einer → Aktiengesellschaft (AG), wird vom Aufsichtsrat bestellt. Der Vorstand muss dem Aufsichtsrat regelmäßig über die Entwicklung der AG berichten.

Wachstum
Zunahmen des Ergebnisses wirtschaftlicher Aktivität, wie es in einer Steigerung des → Bruttonationalproduktes zum Ausdruck kommt.

Währung
Bezeichnet zum einen die Währungseinheiten eines Landes oder eines Gebietes wie z. B. Euro für die Europäische Union oder USD für United States Dollar. Zum anderen werden sämtliche gesetzliche Vorgaben bezüglich des Geldwesens eines Landes als Währung bezeichnet.

Währungsunion
Einführung einer gemeinsamen → Währung in mehreren Ländern und damit der Verzicht auf eine eigenständige Geldpolitik.

Wall Street
Finanzzentrum in den USA entlang einer Straße im Süden von Manhattan. Hier hat auch die größte → Börse der Welt, die New York Stock Exchange, ihren Sitz.

Wechselkurs
→ Kurs, zu dem ausländische → Währung in inländisches → Geld umgetauscht werden kann, also der Preis der ausländischen Währung für Inländer.

Wertpapiere
→ Effekten

Widerrufs- bzw. Rückgaberecht
Bestellungen, die von einem Verbraucher per Post, Telefon, Internet oder Fax getätigt wurden, oder in anderen Fällen, in denen ein Widerrufsrecht gesetzlich vorgesehen ist, können bis zu zwei Wochen nach der Belehrung über das Widerrufsrecht ohne Angabe von Gründen rückgängig gemacht werden. Wurde man nicht über dieses Recht belehrt, kann man bis zu sechs Monate nach Eingang der Waren vom Vertrag zurücktreten.

Wirtschaftsordnung
Die Wirtschaftsordnung eines Landes beschreibt die Form des wirtschaftlichen Zusammenlebens. Grundsätzlich unterscheidet man liberale Systeme (Freie Marktwirtschaft) und zentral gesteuerte Systeme (Zentralverwaltungswirtschaft).

Zins
Preis für die Nutzung von Kapital. Man unterscheidet sogenannte Soll-Zinsen, die die Bank dem Kunden für eine Kreditgewährung berechnet, und Haben-Zinsen, die sie für Einlagen an den Kunden vergütet.

Zinseszinsen
Zinsen, die nicht ausbezahlt werden, sondern dem Kapital zugeschlagen und somit mitverzinst werden.

Zinssatz
Zinshöhe, ausgedrückt in Prozent, für eine bestimmte Zeit (meist ein Jahr).

Quellennachweis

S. 45 Text „Mindestlöhne nutzen wenig", aus: iwd, Nr. 15, 9.4.2009, S. 7. S. 119 Text zu „Geänderte Geschäftsbedingungen", aus: Augsburger Allgemeine Zeitung, 20.10.2009, Sonja Krell. S. 136 Text zur Grafik „Was Schwarz-Gelb zum Regieren bleibt", aus: Augsburger Allgemeine Zeitung, 22.10.2009. S. 138 Zeitungsartikel „Kann der Staat jemals seine Schulden zurückzahlen?", aus: Augsburger Allgemeine Zeitung, 22.10.2009. S. 171 Zeitungsartikel „Guttenberg gegen Grenzen bei Bonuszahlungen", nach: Augsburger Allgemeine Zeitung, 7.9.2009. S. 175/176 nach: Stern, Nr. 36/2009, S. 32 ff. S. 177 Text „Köhler forderte schon im Jahr 2009 Verantwortung und Moral", nach: dpa, AFP, apn, t-online.de. S. 178 Zeitungsartikel „Bankiers statt Banker: Lehren der Lehmann-Pleite", aus: Augsburger Allgemeine Zeitung, 15.9.2009, Stefan Stahl. S. 179 Zeitungsartikel „Ex-Banker fordert Millionen", aus: Augsburger Allgemeine Zeitung, 6.5.2010.

Bildnachweis

S. 6 „Wer verdient was?": © Stern Nr. 2/2010, Titelbild. S. 8 Schaubild: © Erich Schmidt Verlag, aus: Informationen zur politischen Bildung, Nr. 294/2007, S. 27. S. 13–15 Schaubilder: © Stern Nr. 2/2010, S. 26–32. S. 17/24 Entgelttabellen: © VBM. S. 18/19/21 Schaubilder: IG Metall. S. 30 Autoverkäufer: © stockdisc, unitednetworker. S. 31–35 Entgeltgruppenübersichten: © IGM. S. 38/39 Grafik: Das Girokonto, Sparkasse Stuttgart, S. 16. S. 46 Schaubild „Mindestlöhne": © Deutscher Institutsverlag, eurostat. S. 52 Schaubild: © Erich Schmidt Verlag, aus: Informationen zur politischen Bildung, Nr. 293/2006, S. 9. S. 53/54 Zehn-Pfennig-Stück: Deutsche Bundesbank. S. 57/58 Mofa: Neckermann. S. 59 Sparbuch: VR-Bank. S. 65/66 VR-Bank. S. 74 Online-Kredit: © Targobank. S. 80 Handys: © MPR Frankfurt. S. 83 Grafik Taschengeld: VR-Bank. S. 84 Ankündigung Kinder- und Jugendspartag: VR-Bank. S. 87/91 Flintsteine: © Das Geldbuch, Bundesverband deutscher Banken, S. 10. S. 87/91 Fische: Archiv. S. 87/91/92 Manillen: © Norbert Luffy. S. 87/91 Antike griechische Silbermünze: © Das Geldbuch, Bundesverband deutscher Banken, S. 8. S. 90 Reise-Anzeige: TUI. S. 103 Dauerauftrag: © Das Geldbuch, Bundesverband deutscher Banken, S. 78. S. 104 Bankkarte: © Das Girokonto, Sparkasse Stuttgart, S. 9. S. 104 Geldkarte: Das Girokonto, Sparkasse Stuttgart, S. 11. S. 105 Traveler Cheque: © Das Girokonto, Sparkasse Stuttgart, S. 13. S. 106 Online-Banking: HypoVereinsbank. S. 106 EC-Karte: © Das Geldbuch, Bundesverband deutscher Banken, S. 75. S. 136 Grafik „Staatsverschuldung Deutschlands": Statistisches Bundesamt. S. 136 Grafik „Was Schwarz-Gelb zum Regieren bleibt": Bundesfinanzministerium. S. 137 Schulden-Uhr: © ullstein bild, aus: Informationen zur politischen Bildung, Nr. 288/2005, S. 49. S. 139 Waage, aus: Augsburger Allgemeine Zeitung 22.10.2009. S. 140 Schaubild „Abgrenzung von Gebühren und Beiträgen": © VFwF e.V., Forschungsstelle Finanzpolitik, aus: Informationen zur politischen Bildung, Nr. 288/2005, S. 5. S. 141 Artikel 105 GG: Deutsches Grundgesetz. S. 142 Schaubild „Die Aufteilung der Steuereinnahmen": © Erich Schmidt Verlag, aus: Informationen zur politischen Bildung, Nr. 288/2005, S. 7. S. 144 Schaubild „Einteilung der Steuern": © Erich Schmidt Verlag, aus: Informationen zur politischen Bildung, Nr. 288/2005, S. 18. S. 155/156/159/160 Bilder: Deutsche Bundesbank. S. 175/176 Grafik „Was im Ministerium verdient wird", aus: Stern, Nr. 36/2009, S. 36. S. 175/176 Angela Merkel: © RegierungOnline/Köhler. S. 175/176 Guido Westerwelle: © AA. S. 175/176 Ursula von der Leyen: © Dirk Vorderstraße. Karl-Theodor Freiherr von und zu Guttenberg: © Bundestagsbüro. S. 177 Horst Köhler: © Presse- und Informationsamt der Bundesregierung. S. 181 Bulle und Bär: © Eva Kröcher. S. 183 Börse Frankfurt, aus: VR Future, Nr. 4/2009, Donauwörth, S. 40, Foto: © Deutsche Börse Group/Uwe Nölke. S. 186 Börsenmakler: © DesertEagle. S. 187/188 www.planspiel-boerse.com. S. 188 Zeitungsausschnitt „Die Top Ten-Platzierungen", aus: Klar.Text, Nr. 22/2010, S. 34.

Besser mit Brigg Pädagogik!
So machen Sie Ihre Schüler/-innen fit für den Job!

Otto Mayr
Arbeit und Arbeitswelt
Grundlagen – Chancen – Praxisbeispiele

180 S., DIN A4,
mit Kopiervorlagen
Best.-Nr. 327

Praxisanleitung zur Einführung der Jugendlichen in die moderne Arbeitswelt. Fragen wie „Was ist Arbeitslosigkeit?" oder „Wie definiert sich der Industriestandort Deutschland?" werden hier schülernah durch viele praktische Beispiele, wissensvertiefende Arbeitsblätter, Zeitungsartikel und durch neuestes statistisches Material aufgearbeitet.

Weitere Infos, Leseproben und Inhaltsverzeichnisse unter
www.brigg-paedagogik.de

Otto Mayr
Beruf und Berufsfindung
Ausbildung – Betriebspraktikum – Bewerbungstraining

156 S., DIN A4,
mit Kopiervorlagen
Best.-Nr. 277

Praxisgerechte Kopiervorlagen, die Jugendlichen helfen, ihre Neigungen und Fähigkeiten herauszufinden. Der Band bietet Infos zu neuen Ausbildungsberufen – auch für lernschwächere Schüler/-innen. Wichtige Themen wie z. B. das Jugendarbeitsschutzgesetz werden behandelt und weiterführende Materialien u. a. für das **Betriebspraktikum** mitgeliefert. Mit Beispielen zu Bewerbungsschreiben und einem erprobten Bewerbungstraining.

Otto Mayr
Prüfungsfit
Arbeit/Wirtschaft/Technik
Physik/Chemie/Biologie
Geschichte/Sozialkunde/Erdkunde
Katholische Religion

128 S., DIN A4,
Kopiervorlagen mit Lösungen
Best.-Nr. 424

Der Band bietet umfangreiche, fachlich fundierte und optisch ansprechende **Fragenkataloge und Tests zur Prüfungsvorbereitung** für die Fächer Arbeit/Wirtschaft/Technik, Physik/Chemie/Biologie, Geschichte/Sozialkunde/Erdkunde und Katholische Religion. Mit „Modell"-Prüfungsarbeiten, Lösungen und zwei Bewertungsschlüsseln.

Hubert Albus
Training Mathematik
Kopiervorlagen mit Tests zu den neuen Prüfungsaufgaben
9. Klasse

136 S., DIN A4,
Kopiervorlagen mit Lösungen
Best.-Nr. 301

Mit diesen Materialien bereiten Sie Ihre Schüler optimal auf die neue Mathematikprüfung vor! Das Buch teilt sich in Übungs- und Testaufgaben **ohne und mit Taschenrechner/Formelsammlung**. Die Testaufgaben (jeweils mit Lösung) sind beliebig kombinierbar. So kann mit den Schülern mehrmals eine komplette Mathematikprüfung simuliert werden. Die Schüler gewinnen Sicherheit und bauen Prüfungsängste ab. Mit einer Übersicht über die neuen Standards in Mathematik.

Bestellcoupon

Ja, bitte senden Sie mir / uns mit Rechnung

_____ Expl. Best.-Nr. _____
_____ Expl. Best.-Nr. _____
_____ Expl. Best.-Nr. _____
_____ Expl. Best.-Nr. _____

Meine Anschrift lautet:

Name / Vorname

Straße

PLZ / Ort

E-Mail

Datum/Unterschrift   Telefon (für Rückfragen)

Bitte kopieren und einsenden/faxen an:

**Brigg Pädagogik Verlag GmbH
zu Hd. Herrn Franz-Josef Büchler
Zusamstr. 5
86165 Augsburg**

☐ Ja, bitte schicken Sie mir Ihren Gesamtkatalog zu.

Bequem bestellen per Telefon / Fax:
Tel.: 0821 / 45 54 94-17
Fax: 0821 / 45 54 94-19
Online: www.brigg-paedagogik.de

Besser mit Brigg Pädagogik!

Fächerübergreifende Kompetenzen für den leichten Berufseinstieg!

Medienkompetenz entwickeln und fördern von Anfang an

I. Brunner/B. Geyer/K. Hagenberger/V. Nitsche-Lorenz/K. Pensky/Johannes Schiller/S. Zöbeley

Medienkompetenz entwickeln und fördern von Anfang an

Grundlagen – innovative Projektideen – Unterrichtsskizzen – veränderbare Arbeitsmaterialien auf DVD

120 S., DIN A4, Querformat, mit Kopiervorlagen
Best.-Nr. 530

Dieser Band erleichtert Ihnen eine **konsequente Medienerziehung** in allen Klassenstufen – besonders auch in Förderklassen. Die Angebote können sofort ohne großen Vorbereitungsaufwand in die eigene Unterrichtsvorbereitung integriert werden. Dank Farbleitsystem für die Klassenstufen, durchgängiger Kennzeichnung des jeweiligen Kompetenzbereichs und der Verwendung aussagekräftiger Mediensymbole findet man sich schnell zurecht.

ASDF-Lernmodul

Karin Bornewasser/Christian Gerhart/Sieglinde Hofmann/Christina Utz

ASDF-Lernmodul

10-Finger-Tastschreiben leicht gemacht – durch multisensorisches Lernen

104 S., DIN A4, farbig
Kopiervorlagen mit Lösungen und **CD-ROM**
Best.-Nr. 423

Die umfassende Unterrichtshilfe zum Arbeitsheft!

Viele Schüler nutzen den Computer, doch nur wenige können Texte effektiv und ergonomisch über die Tastatur eingeben. Mit dem ASDF-Lernmodul lernen Schüler, **stressfrei und erfolgreich** mit zehn Fingern zu schreiben. Das Lernmodul umfasst 16 Einheiten zu je 45 Minuten. Übungsstunden und Leistungsnachweise sind optional geplant und ermöglichen dadurch einen flexiblen Unterricht.

Arbeitsheft ASDF-Lernmodul

Karin Bornewasser/Christian Gerhart/Sieglinde Hofmann/Christina Utz

Arbeitsheft ASDF-Lernmodul

Schülerheft mit Übungseinheiten zum Erlernen des Tastschreibens

56 S., DIN A4, Arbeitsheft
Best.-Nr. 673

Dieses **neue Schülerheft** zum beliebten Lehrgang „ASDF-Lernmodul" zum Erlernen des Tastschreibens am Computer mit allen Sinnen ist die perfekte Ergänzung zur Lehrerhandreichung. Es bietet eine **Vielzahl von Übungseinheiten**, die von den Schülern zu Hause oder auch in der Schule in Eigenregie erledigt werden können. Zur Selbstkontrolle sind Lösungen beigefügt.

Höflich währt am längsten!

Jochen Korte

Höflich währt am längsten!

Gezielte Schulaktionen zur nachhaltigen Verbesserung der Sozialkompetenz

128 S., DIN A4
Ideen für die Praxis
Best.-Nr. 387

Gegenwirken statt gewähren lassen! Dieser Band liefert außergewöhnliche, aber höchst effektive Vorschläge für **Projekte und Schulaktionen**, um das Verhalten der Schüler/-innen zu verbessern und in gewünschter Weise zu steuern. Nach einer kurzen Einführung in das Thema machen **konkrete Stundenentwürfe** mit Schritt-für-Schritt-Anleitungen die Umsetzung von Aktionen leicht.
Mit Projektskizzen, Arbeitsmaterial, Kopiervorlagen und vier ausführlichen Praxisbeispielen!

Bestellcoupon

Ja, bitte senden Sie mir / uns mit Rechnung

_____ Expl. Best.-Nr. _____

_____ Expl. Best.-Nr. _____

_____ Expl. Best.-Nr. _____

_____ Expl. Best.-Nr. _____

Meine Anschrift lautet:

Name / Vorname

Straße

PLZ / Ort

E-Mail

Datum/Unterschrift   Telefon (für Rückfragen)

Bitte kopieren und einsenden/faxen an:

**Brigg Pädagogik Verlag GmbH
zu Hd. Herrn Franz-Josef Büchler
Zusamstr. 5
86165 Augsburg**

☐ Ja, bitte schicken Sie mir Ihren Gesamtkatalog zu.

Bequem bestellen per Telefon/Fax:
Tel.: 0821/45 54 94-17
Fax: 0821/45 54 94-19
Online: www.brigg-paedagogik.de